NOMOSSTUDIUM

Prof. Dr. Wolfgang Wohlers
Universität Basel

Prof. Dr. Jan C. Schuhr
Universität Heidelberg

Prof. Dr. Hans Kudlich
Universität Erlangen-Nürnberg

Klausuren und Hausarbeiten im Strafrecht

7. Auflage

Die Deutsche Nationalbibliothek verzeichnet diese Publikation in
der Deutschen Nationalbibliografie; detaillierte bibliografische
Daten sind im Internet über http://dnb.d-nb.de abrufbar.

ISBN 978-3-8487-7433-3 (Print)
ISBN 978-3-7489-1434-1 (ePDF)

7. Auflage 2024
© Nomos Verlagsgesellschaft, Baden-Baden 2024. Gesamtverantwortung für Druck
und Herstellung bei der Nomos Verlagsgesellschaft mbH & Co. KG. Alle Rechte, auch die
des Nachdrucks von Auszügen, der fotomechanischen Wiedergabe und der Übersetzung,
vorbehalten.

Vorwort zur 7. Auflage

Auch die vorliegende 7. Auflage ist inhaltlich weitgehend unverändert, da sich das Format in diesem Umfang und dieser Gestaltung bewährt hat. Aktualisierungen betreffen insbesondere die Literaturhinweise in der Musterhausarbeit und die Hausarbeitenliste im Anhang, die jeweils auf den Stand Sommer 2023 gebracht worden. Außerdem wurde das Werk um ein Stichwortverzeichnis ergänzt.

Für ihre Unterstützung bei der Aktualisierung danken wir insbesondere den Herren *Jan Schäffler* und *Ali Demir* sowie Frau *Muriel Brixner* (alle Erlangen) und Frau *Sina Ness* (Heidelberg).

Basel im Januar 2024	Wolfgang Wohlers
Heidelberg im Januar 2024	Jan C. Schuhr
Erlangen im Januar 2024	Hans Kudlich

Aus dem Vorwort zur 6. Auflage

Auch die 5. Auflage des Werkes ist wieder freundlich aufgenommen worden, was nun bereits eine 6. Auflage erforderlich werden lässt. Auf gänzlich neue Teile haben wir diesmal verzichtet, um den Umfang des Werkes möglichst nicht ein drittes Mal in Folge weiter anschwellen zu lassen. Neben den allfälligen Korrekturen und Änderungen, die sich ergeben, weil auch die Autoren durch ihre Vorlesungstätigkeit immer dazu lernen und Dinge deshalb vielleicht noch einmal klarer darstellen wollen, sind insbesondere die Literaturhinweise in der Musterhausarbeit aktualisiert und die Hausarbeitenliste im Anhang auf einen aktuellen Stand bis in den Herbst 2019 gebracht worden.

Inhalt

1. Teil: Einführung in die Gutachtentechnik

- I. Die Unterscheidung von Gutachten und Urteil 11
- II. Die 4-Schritt-Methode der Gutachtentechnik 15
  1. Allgemeines 15
  2. Die Besonderheit des strafrechtlichen Gutachtens 15
- III. Die Besonderheiten der einzelnen Schrittfolgen 18
  1. Die These / Fragestellung 18
     a) Der Einleitungssatz für die Prüfung eines Straftatbestandes 18
     b) Der Einleitungssatz für die Prüfung eines einzelnen Straftatmerkmals 19
  2. Die Auslegung 20
  3. Die Subsumtion 22
  4. Die Konklusion 24
- IV. Die Ausnahmen von der strikten Anwendung des Gutachtenstils 25

2. Teil: Die Aufarbeitung des Sachverhalts

- I. Grundsatz: Der zur Bearbeitung gestellte Sachverhalt ist als Arbeitsgrundlage vollständig und unvoreingenommen zu erfassen 27
  1. Erfassen des Falles 27
  2. Prüfung des gestellten (nicht eines anderweitig bekannten) Falles 27
  3. »Echo-Prinzip« 27
- II. Grundsatz: Der gestellte Sachverhalt ist als feststehende Arbeitsgrundlage zu akzeptieren 29
- III. Exkurs: Ergänzung und Auslegung des »offenen« Sachverhalts 30
- IV. Zur Vertiefung: Die Feststellung innerer Tatsachen 32

3. Teil: Der Aufbau des Gutachtens

- I. Keine Vorbemerkungen, keine Diskussion des Aufbaus 34
- II. Chronologische Grobgliederung: Tatkomplexe 35
- III. Die Reihenfolge der zu prüfenden Personen 37
  1. Oberster Grundsatz: Übersichtlichkeit 37
  2. Aufbauregel: Die Strafbarkeit jeder Person ist gesondert für sich zu prüfen 38
  3. Aufbauregel: Inzidente Prüfungen und Verweisungen nach unten sind möglichst zu vermeiden 39

Inhalt

IV. Prüfungsreihenfolge und Prüfungsgegenstand innerhalb der Strafbarkeitsprüfung einer Person	42
1. Einschränkungen in der Aufgabenstellung und Auswahl der Straftatbestände	42
2. Übersichtlichkeit, zeitliche Abfolge und Schwere des Delikts	43
3. Zusammenspiel von AT und BT	44
4. Ergänzende Grundsätze	45
a) Immer noch keine Vorbemerkungen	45
b) Täter – Delikt – Tathandlung	46
c) Jeden Tatbestand einzeln prüfen	47
d) Privilegierung – Grunddelikt – Qualifikation	47
e) Merkmale separat prüfen und Gesetz nicht abschreiben	48
f) Alle Varianten prüfen	49
g) Floskeln vermeiden	50
h) Verweise bzgl. bereits geprüfter Teile	50
i) Rechtswidrigkeit und Schuld	51

4. Teil: Die Verarbeitung von Literatur und Rechtsprechung in Hausarbeiten

I. Die Funktion des »Fußnotenapparats«	52
II. Auseinandersetzung mit Quellen und Zitierregeln	54
1. Gesetz zitieren, nicht substituieren	54
2. Zitiert werden Rechtsauffassungen, nicht Einzelfalllösungen	54
3. Schwerpunktsetzung	54
4. Zitiertechnik	55
III. Recherche	59

5. Teil: Die Bearbeitung von Problemen und Meinungsständen

I. Grundsätze der Aufarbeitung von Meinungsständen	63
II. Argumentationstechnik für die Klausursituation	72

6. Teil: Formalien des Gutachtens

I. Allgemeines	74
1. Formale Gestaltung	74
2. Strukturierung der Gedankenführung und Überschriften	75
II. Die besonderen Formalien der Hausarbeit	79
1. Äußere Gestaltung	79
2. Insbesondere: Seiten- oder Zeichenbegrenzungen	80
3. Elektronische Ablieferung der Hausarbeit	81

	4. Gängige Bestandteile einer Hausarbeit	81
	a) Das Deckblatt	81
	b) Der Sachverhalt	82
	c) Das Literaturverzeichnis	82
	d) Das Abkürzungsverzeichnis	84
	e) Die Gliederung	84
	f) Exkurs: Stilfragen	84

Anhang A: Einführung in die Grundlagen der Auslegung und juristischen Argumentation 87
I. Allgemeines 87
II. Die Methoden der Auslegung 88
    1. Die grammatische Auslegung 88
    2. Die systematische Auslegung 90
    3. Die teleologische Auslegung 92
    4. Die historische Auslegung 94
    5. Das Zusammenspiel der Auslegungsmethoden 95
III. Wichtige juristische Argumentationstypen 97
    1. Argumentum a simile 97
    2. Argumentum a fortiori bzw. argumentum a maiore ad minus 98
    3. Argumentum e contrario 98
    4. Argumentum ad absurdum 99
    5. In dubio pro … 99

Anhang B: Praktische Hinweise zur Vorbereitung und zum Anfertigen von Übungsarbeiten 100

Anhang C: Beispiele kompletter Fallbearbeitungen 102
I. Vorbemerkung 102
II. Beispiel einer Klausurbearbeitung 102
III. Beispiel einer Hausarbeitsbearbeitung 111

Anhang D: Aufbau einer gerichtlichen Entscheidung 125

Anhang E: Literaturhinweise 136
I. Technik der Fallbearbeitung 136
II. Einige Ausgangspunkte zur Vertiefung 136

Musterhausarbeiten im Strafrecht in den Ausbildungszeitschriften 138

Stichwortverzeichnis 145

1. Teil:
Einführung in die Gutachtentechnik

Juristische Prüfungsarbeiten bestehen (nicht nur im Strafrecht) regelmäßig – zumindest in großen Teilen[1] – in Fallbearbeitungen. Es wird mithin ein Lebenssachverhalt vorgelegt, der (straf-)rechtlich zu würdigen ist. Die **Maxime** bei der Erstellung einer juristischen Übungs- oder Examensarbeit lautet dabei: **Das Gutachten ist grundsätzlich im Gutachtenstil abzufassen.** Dieser Satz klingt banal und selbstverständlich, ja fast schon zirkulär; er wird aber leider häufig missachtet. Da die methodisch richtige Darstellung der Lösung ein wesentlicher Teil der den Studierenden abverlangten Leistung ist, wiegen Fehler in diesem zentralen Bereich schwer. Eine gelungene Arbeit setzt zweierlei voraus:

1. Der Gutachtenstil muss korrekt angewandt werden.
2. Andere Stilarten sind nur dort und in dem Maße anzuwenden, in dem dies ausnahmsweise zulässig ist.

Nachfolgend soll zunächst die schulmäßige Anwendung des Gutachtenstils erläutert werden. In einem zweiten Schritt wird aufgezeigt, wann und wie der strenge Gutachtenstil durch andere Stilarten aufgelockert werden kann bzw. muss.

I. Die Unterscheidung von Gutachten und Urteil

Für das Verständnis des Gutachtenstils ist die Unterscheidung zwischen der Darstellungsform des Urteils und des Gutachtens wichtig.

Im **Urteil**[2] wird ein bereits vom Richter gefundenes Ergebnis den Erörterungen autoritativ vorangestellt (sog. Tenor) und anschließend durch die sogenannten Entscheidungsgründe gegenüber den Verfahrensbeteiligten (im Strafverfahren insbesondere Staatsanwaltschaft und Angeklagter) begründet.[3]

---

1 Gerade in Anfängerklausuren werden mitunter einige Zusatzfragen gestellt, die ebenso theoretische Grundlagen wie dogmatische Einzelfragen zum Gegenstand haben können. Ziel dieser Zusatzfragen ist zum einen, in der knappen Zeit von Anfängerklausuren ein breiteres Feld an Themen ansprechen zu können, zum anderen aber auch, solchen Kandidaten eine größere »Chance« zu geben, die den Stoff zwar »an sich« beherrschen, sich aber mit der Lösung von Fällen noch schwer tun. Indes ändert dies nichts daran, dass die Fallbearbeitungstechnik nicht nur mit Blick auf den späteren Studienverlauf beherrscht werden muss. Über die großen Notensprünge wird auch schon in Anfängerprüfungen üblicherweise aufgrund der Fallbearbeitung entschieden. Ein Beispiel für solche Zusatzfragen findet sich etwa in Fall 2a in *Kudlich*, Fälle zum Strafrecht Allgemeiner Teil, 2. Aufl. 2014.
2 Zu Form, Inhalt und Aufbau eines Urteils vgl. auch unten Anhang D.
3 Die Frage, welche Funktion die richterliche Begründung auch mit Blick auf andere Personen (etwa die Richter der übergeordneten Instanz) erfüllt, soll hier nicht vertieft werden.

Im Gegensatz hierzu soll das **Gutachten** das Ergebnis Schritt für Schritt entwickeln und den Leser (in der Prüfungssituation insbesondere Korrektor bzw. Übungsleiter[4]) durch diese Darstellung davon überzeugen, dass die vom Gutachter (Übungsteilnehmer) letztlich vorgeschlagene Lösung zutreffend ist. Dies bedingt eine abweichende Darstellungsform: Es muss eine Ausgangsfrage aufgeworfen (präzise, aber ergebnisoffen formuliert) und dann schrittweise unter ausführlicher Diskussion bzw. Abwägung der für und gegen die gewählte Lösung sprechenden Argumente beantwortet werden. Die Begründung steht dabei im Gutachten gerade *vor* dem Ergebnis. Aufgeworfene Fragen werden dabei vielfach in etliche Teilfragen zergliedert, die jeweils für sich gutachtlich (dh Begründung vor Resultat) zu beantworten sind und sich ggf. auch selbst wieder in Teilfragen gliedern. Das Endergebnis schließt das Gutachten ab.

3   Ausgangsfrage in diesem Sinne ist die Fallfrage (nach der Strafbarkeit; vgl. hierzu die Ausführungen im 3. Teil IV. 1). All das, was zu ihrer Beantwortung (bzw. zur Beantwortung ihrer direkten oder indirekten Teilfragen) nötig ist, gehört ins Gutachten, alles andere nicht. Deshalb hat es gerade (und nur) auf alle durch die Aufgabenstellung aufgeworfenen Rechtsfragen einzugehen.

Beispielssachverhalt:

Prof. P züchtet zu Studienzwecken verschiedene seltene Arten einheimischer Singvögel. Seine Haushälterin H hat Mitleid mit den Tieren, die ihr Leben in Käfigen verbringen müssen. In einem unbeobachteten Moment öffnet H die Käfige und lässt die Vögel entfliegen.

Strafbarkeit der H?

Lösung im Urteilsstil:

H **hat sich nicht strafbar gemacht**. Eine Strafbarkeit nach § 242 StGB scheidet aus, **weil** H die Vögel nicht weggenommen hat. Eine Wegnahme **setzt** neben dem Bruch fremden die Begründung neuen Gewahrsams **voraus**. H hat an den Vögeln, nachdem diese entflogen waren, keine Sachherrschaft **und damit** auch keinen Gewahrsam erlangt.

H hat sich auch nicht nach § 303 StGB strafbar gemacht. **Voraussetzung hierfür wäre** nämlich eine Beschädigung der Vögel. Hieran fehlt es, weil die Vögel – anders als etwa Exoten – in Freiheit existieren können und auch die bestimmungsgemäße Brauchbarkeit eines einheimischen Singvogels nicht darin besteht, zu Studienzwecken in einem Käfig gehalten zu werden.[5]

Lösung im (reinen) Gutachtenstil:

H **könnte sich dadurch**, dass sie die Vögel hat entfliegen lassen, des Diebstahls nach § 242 StGB **schuldig gemacht haben**. Dies setzt zunächst voraus, dass es sich bei den Vögeln um bewegliche Sachen handelt. Nach § 90a Satz 1 BGB sind Tiere zwar keine Sachen; selbst wenn man diese Vorschrift aus dem BGB auch streng auf das Strafrecht überträgt, sind jedoch gemäß § 90a Satz 3 BGB die für Sachen geltenden Vorschriften auf Tiere entsprechend anzuwenden. Bei den Vögeln handelt es sich um Tiere. Somit sind sie jedenfalls als Sachen im Sinne des § 242 StGB zu behandeln. Beweglich sind Sachen, die durch Körperkraft trans-

---

[4] Dass in der Ausbildung meist Gutachten verlangt werden, ist dabei keine akademische Willkür bzw. keine wirklichkeitsfremde »Trockenübung«. Gerade Juristen in der Ausbildung haben schon von jeher oft die Aufgabe gehabt, den eigentlichen Entscheidern in einem solchen Gutachten die Probleme des Falles und den überzeugendsten Lösungsweg als Hilfe bei der eigentlichen Entscheidungsfindung aufzubereiten. Solches kann auch heute noch von Referendaren oder auch von jungen Anwälten ohne Weiteres verlangt werden.

[5] Diese Frage ist nicht so eindeutig, wie sie hier dargestellt wird. Im »Ernstfall« wären weiterreichende, problemorientierte Ausführungen notwendig. Aus didaktischen Gründen ist hierauf im vorliegenden Zusammenhang verzichtet worden.

I. Die Unterscheidung von Gutachten und Urteil

portiert werden können. Singvögel sind weder aufgrund ihres Gewichtes noch aufgrund einer Verbindung mit einem festen Gegenstand nicht transportabel. Die Vögel sind **daher** bewegliche Sachen. Die Vögel müssten für H fremde Sachen sein. Fremd ist eine Sache **dann, wenn** sie nach den Regeln des bürgerlichen Rechts im Eigentum eines anderen steht. Hier **ist** lebensnah **davon auszugehen**, dass die von Prof. P gehaltenen und gezüchteten Vögel in seinem Eigentum stehen. Die Vögel sind für H mithin auch fremde Sachen.

Fraglich ist aber, ob H die Vögel weggenommen hat. Wegnahme im Sinne des § 242 StGB setzt den Bruch fremden und die Begründung neuen Gewahrsams voraus. Gewahrsam ist das vom Beherrschungswillen getragene tatsächliche Herrschaftsverhältnis über eine Sache. Ursprünglich hatte Prof. P die Sachherrschaft über die in den Käfigen gehaltenen Vögel. H hat die Sachherrschaft des Prof. P dadurch aufgehoben, dass sie die Vögel aus den Käfigen entfliegen ließ. H hat aber an den in die Freiheit entlassenen Vögeln keine neue Sachherrschaft begründet. Sie hat die Vögel damit nicht weggenommen und sich **somit** nicht nach § 242 StGB schuldig gemacht.

H könnte sich aber nach § 303 StGB schuldig gemacht haben. Wie bereits oben ausgeführt, handelt es sich bei den Vögeln um für H fremde Sachen. H müsste die Vögel beschädigt haben. Eine Beschädigung liegt vor, wenn die Sache entweder in der Substanz verletzt oder die bestimmungsgemäße Brauchbarkeit der Sache beeinträchtigt wird. Die Vögel gehen – anders als etwa Exoten – in Freiheit nicht zugrunde, sondern können ohne Weiteres existieren. Eine Substanzverletzung liegt daher nicht vor. Die bestimmungsgemäße Brauchbarkeit eines einheimischen Singvogels liegt nicht darin, dass er zu Zucht- oder Studienzwecken in einem Käfig gehalten wird, sondern darin, dass er seine Funktion im Rahmen des Naturhaushaltes erfüllt. Durch das Entfliegenlassen ist damit auch die bestimmungsgemäße Brauchbarkeit der Vögel nicht beeinträchtigt worden. H hat sich damit mangels einer Beschädigung der Vögel auch nicht nach § 303 StGB schuldig gemacht.

Den **Urteilsstil** erkennt man häufig daran, dass die einzelnen Sätze und Gedanken mit einem »denn« verbunden sind bzw. verbunden sein könnten. Weitere Signale des Urteilsstils sind die Formulierungen »… weil…«, »… da…« und »… nämlich…«. Formuliert man so, sollte stets geprüft werden, ob an dieser Stelle der Urteilsstil auch zulässig ist.

Den **Gutachtenstil** kennzeichnen dagegen Formulierungen wie »daher«, »somit«, »also«, »demnach«, »mithin«, »demzufolge« usw. Sie signalisieren, dass aus einer Problemdiskussion eine Schlussfolgerung gezogen wird.

Um einem nicht selten anzutreffenden Missverständnis vorzubeugen, sollte zweierlei beachtet werden:

(1) Gutachtenstil und Urteilsstil stehen zueinander nicht in einem Verhältnis von besser oder schlechter bzw. wissenschaftlicher oder weniger wissenschaftlich. Beide Textgattungen verfolgen vielmehr unterschiedliche Funktionen: Im Urteilsstil abgefasste Begründungen lassen sich meist schneller überblicken und ihre Ergebnisse zügiger weiterverarbeiten. Im Gutachtenstil verfasste Texte lassen sich hingegen beim Lesen einfacher auf Vollständigkeit und Schlüssigkeit der Begründung hin überprüfen. Vor allem aber kann man ein Gutachten schreiben, ohne bereits alle Ergebnisse und deren Begründungen zu überblicken; vielmehr lässt sich das Ergebnis im Zuge der Begutachtung der Ausgangsfrage entwickeln. Deshalb stellt der Gutachtenstil vor allem eine Vereinfachung für Studierende dar. Umgekehrt werden in der Praxis an Dritte gerichtete »Gutachten« nicht selten im Urteilsstil abgefasst.

(2) Gutachtenstil und Urteilsstil stehen auch nicht als Synonyme für »begründete und weniger begründete Entscheidung«, auch wenn der Umfang der beiden Textbeispiele diesen Eindruck erwecken könnte. In manchen Entscheidungen (nicht nur, aber vor allem auch) von Obergerichten lässt sich leicht sehen, wie umfangreich auch Urteile juristisch begründet sein können, während es umgekehrt auch in Gutachten legitim sein kann, einfache Fragen sehr kurz abzuhandeln. Freilich ist zuzugeben, dass im Einzelfall das Gutachten, das auf alle aufgeworfenen Rechtsfragen einzugehen hat, ausführlicher ausfallen wird als ein Urteil, bei dem das bereits gefundene und vorangestellte Ergebnis vielleicht nur auf einen Aspekt gestützt werden muss.

II. Die 4-Schritt-Methode der Gutachtentechnik

1. Allgemeines

Um die Darstellung im Gutachtenstil verstehen und anwenden zu können, muss man sich die einzuhaltenden Gedankenschritte einprägen.

Im Zusammenhang sehen die vier Schritte abstrakt wie folgt aus:

1. Schritt:	Es wird eine Frage aufgeworfen.
2. Schritt:	Es wird abstrakt definiert, welche Voraussetzungen vorliegen müssen, damit die Frage bejaht werden kann.
3. Schritt:	Es wird geprüft, ob im konkreten Fall diese Voraussetzungen erfüllt sind.
4. Schritt:	Die aufgeworfene Frage wird bejaht oder verneint.

In der Methodenlehre wird der 1. Schritt als **These**, der 2. Schritt als **Auslegung**, der 3. Schritt als **Subsumtion** und der 4. Schritt als **Konklusion** bezeichnet.

Bevor auf die bei den einzelnen Schritten zu beachtenden Aspekte eingegangen wird, soll die Gutachtentechnik noch einmal im Überblick an einem konkreten Beispiel dargestellt werden, das dem obigen Gutachtenbeispiel entnommen ist:

1. Schritt:	Fraglich ist aber, ob H die Vögel weggenommen hat.
2. Schritt:	Wegnahme im Sinne des § 242 StGB setzt den Bruch fremden und die Begründung neuen Gewahrsams voraus. Gewahrsam ist das vom Beherrschungswillen getragene tatsächliche Herrschaftsverhältnis über eine Sache.
3. Schritt:	Ursprünglich hatte Prof. P die Sachherrschaft über die in den Käfigen gehaltenen Vögel. H hat die Sachherrschaft des P dadurch aufgehoben, dass sie die Vögel aus den Käfigen entfliegen ließ. H hat aber an den unkontrolliert in die Freiheit entlassenen Vögeln keine neue Sachherrschaft begründet.
4. Schritt:	Sie hat die Vögel damit nicht weggenommen.

2. Die Besonderheit des strafrechtlichen Gutachtens

Demjenigen, der das gegebene Beispiel einer gutachtlichen Prüfung aufmerksam gelesen hat, wird bereits aufgefallen sein, dass die erläuterte Gutachtenmethode im Rahmen des strafrechtlichen Gutachtens auf jedes Merkmal eines Straftatbestandes einzeln angewandt wird. Die gutachtliche Prüfung eines Straftatbestandes setzt sich also aus mehreren gutachtlichen Prüfungen der einzelnen Merkmale (sowie ggf. weiterer Strafbarkeitsvoraussetzungen aus der allgemeinen Strafrechtsdogmatik[6]) zusammen.

---

[6] Also etwa der Prüfung, ob der Täter vorsätzlich gehandelt hat, ob ein Fall der Notwehr vorgelegen hat, ob er strafbefreiend von einem Versuch zurückgetreten ist etc.

9 Im Überblick sieht das Gutachten dann in etwa so aus:

Gutachtliche Prüfung des Straftatbestandes X

> Gutachtliche Prüfung des Straftatmerkmals X_1

> Gutachtliche Prüfung des Straftatmerkmals X_2

> Gutachtliche Prüfung des Straftatmerkmals X_3 ...

> Gutachtliche Prüfung des Straftatmerkmals X_n

Gutachtliche Prüfung des Straftatbestandes Y

> Gutachtliche Prüfung des Straftatmerkmals Y_1

> Gutachtliche Prüfung des Straftatmerkmals Y_2

> Gutachtliche Prüfung des Straftatmerkmals Y_3 ...

> Gutachtliche Prüfung des Straftatmerkmals Y_n

Bedingt ist dieser Aufbau dadurch, dass Strafrechtsnormen zum Teil sehr umfangreich sind (vgl. zB §§ 123, 315a, 315c StGB), so dass eine unstrukturierte Untersuchung unübersichtlich wäre.

Merke: Es ist **nicht** erforderlich, dass im Anschluss an den Einleitungssatz oder in diesen integriert der (auch dem Korrekturassistenten bekannte) **Tatbestand** aus dem Gesetz abgeschrieben oder sonst **wiedergegeben** wird. Die dafür erforderliche Zeit ist in der Behandlung von Rechtsfragen besser investiert. Es sollte vielmehr im Anschluss an den Einleitungssatz sofort mit der gutachtlichen Prüfung des ersten Straftatmerkmals begonnen werden. Durch das Wort »zunächst« kann man dem Leser anzeigen, dass auf die überflüssige Anführung des Gesetzestextes verzichtet und vielmehr sofort Merkmal für Merkmal geprüft wird. Zu den nachfolgenden Merkmalen kann dann mit Formulierungen wie: »Außerdem müsste…«, »Weiterhin ist erforderlich,…« oder »Zweite Voraussetzung ist,…« übergeleitet werden.

Bei Straftatbeständen, die **alternative Straftatmerkmale** enthalten, ist zu unterscheiden: Diejenigen Merkmale, deren Vorliegen offensichtlich zu verneinen ist, sind nicht zu erörtern.

Beispiel:
Führt der Einzeltäter T bei einem Diebstahl ein Stemmeisen bei sich, ist § 244 Abs. 1 Nr. 1 StGB zu prüfen. Kommt man zu dem Ergebnis, dass das Stemmeisen keine Waffe und kein gefährliches Werkzeug im Sinne des § 244 Abs. 1 Nr. 1a StGB darstellt, muss § 244 Abs. 1 Nr. 1b StGB geprüft werden. Die (zusätzliche) Prüfung des § 244 Abs. 1 Nr. 3 StGB hängt davon ab, ob zur Tatbegehung in eine Wohnung oder in eine andere Räumlichkeit eingebrochen wird. Von vornherein abwegig und daher in keinem Fall zu erörtern wäre aber § 244 Abs. 1 Nr. 2 StGB. Ein Einzeltäter ist offensichtlich kein Mitglied einer Bande!

Da in einem Gutachten die Rechtslage umfassend erörtert werden soll, wird die Prüfung weiterer alternativer Straftatmerkmale dagegen nicht dadurch überflüssig, dass man bereits ein anderes alternatives Straftatmerkmal bejaht hat. Dies liegt zum einen daran, dass in einem Gutachten alle relevanten Fragen erörtert werden sollen, damit es auch für den Leser hilfreich bleibt, der sich bei einem Merkmal anders entscheiden würde als das Gutachten. Zum anderen kann es auch praktisch – etwa für die Strafzumessung – bedeutsam sein, ob eines oder mehrere von alternativen Tatbestandsmerkmalen erfüllt ist.

Beispiel:
Wird das Opfer von einem Einzeltäter rücklings mit einem Totschläger niedergeschlagen, ist im Rahmen der gefährlichen Körperverletzung (§ 224 StGB) zunächst zu prüfen, ob die Tat »mittels einer Waffe oder eines anderen gefährlichen Werkzeugs« begangen wurde (§ 224 Abs. 1 Nr. 2 StGB). Auch wenn man dies bejaht, ist jedenfalls noch zu prüfen, ob zusätzlich ein »hinterlistiger Überfall« vorliegt (§ 224 Abs. 1 Nr. 3 StGB). Bei entsprechenden Anhaltspunkten im Sachverhalt muss auch noch eine »lebensgefährdende Behandlung« erörtert werden (§ 224 Abs. 1 Nr. 5 StGB). Nicht zu prüfen ist dagegen auch hier die Frage, ob die Tat »von mehreren gemeinschaftlich« begangen wurde (§ 224 Abs. 1 Nr. 4 StGB), da sie ganz offensichtlich nicht erfüllt ist. Ebenfalls abwegig wäre eine Erörterung des § 224 Abs. 1 Nr. 1 StGB.

Zusammengefasst gilt für die Erörterung alternativer Straftatmerkmale, dass im Gutachten sämtliche Merkmale abgehandelt werden müssen, die der Bearbeiter bei Erstellung der Lösungsskizze bejaht hat, sowie diejenigen, die nicht bereits von vornherein eindeutig zu verneinen sind.

III. Die Besonderheiten der einzelnen Schrittfolgen

1. Die These / Fragestellung

13 Zu unterscheiden ist hier zwischen dem Satz, mit dem die Prüfung eines Straftatbestandes eingeleitet wird, und dem Satz, mit dem die Prüfung eines einzelnen Straftatmerkmals beginnt.

a) Der Einleitungssatz für die Prüfung eines Straftatbestandes

14 Der **Einleitungssatz für die Prüfung eines Straftatbestandes** ist der Ausgangspunkt für die gesamte folgende gutachtliche Prüfung. Seine Aufgabe ist es, den Gegenstand der nachfolgenden Ausführungen für den Leser zu umreißen. Im strafrechtlichen Gutachten geht es jeweils um die Frage, ob sich eine Person durch ein konkretes Verhalten gemäß einer bestimmten Norm strafbar gemacht hat. Der im Konjunktiv zu formulierende Einleitungssatz muss daher den **Täter** benennen, dessen Verhalten gewürdigt werden soll. Außerdem ist der zu prüfende **Sachverhaltsausschnitt** zu kennzeichnen, dh das zu prüfende Verhalten des Täters (und ggf. besondere Umstände, unter denen es geschah) ist kurz, aber präzise zu bestimmen. Schließlich muss die **Straftat** und / oder die **Strafnorm** benannt werden, die der Täter verwirklicht haben könnte. Hierbei ist zu beachten, dass die Norm so genau wie möglich bezeichnet wird.

Beispiel:
Steht im Raume, dass der Täter einen Diebstahl als Mitglied einer Bande verübt hat, ist die zu prüfende Norm nicht einfach § 244 StGB oder § 244 Abs. 1 StGB, sondern § 244 Abs. 1 Nr. 2 StGB. Haben die Bandenmitglieder zusätzlich auch noch Schusswaffen mit sich geführt, wäre § 244 Abs. 1 Nr. 1a, 2 StGB zu prüfen.

Beispiele für die Formulierung des Einleitungssatzes
(vgl. auch noch unten 3. Teil IV.4.b):

Dadurch, dass F ... (kurze Beschreibung des zu prüfenden Verhaltens), könnte sie sich gemäß § ... StGB eines ... schuldig gemacht haben.

F könnte sich wegen eines ... gemäß § ... StGB strafbar gemacht haben, indem sie...(kurze Beschreibung des zu prüfenden Verhaltens).

Bezogen auf die oben genannten Beispiele (vgl. Seite 17) könnten die Einleitungssätze zB lauten:

T könnte sich wegen Einbruchsdiebstahls mit Waffen gemäß § 244 Abs. 1 Nr. 1a, b, Nr. 3 StGB strafbar gemacht haben, als er in die Wohnung des O eindrang und das im Schreibtisch des O befindliche Bargeld an sich nahm.

Dadurch, dass T den O rücklings mit einem Totschläger niedergeschlagen hat, könnte er sich einer gefährlichen Körperverletzung (§ 224 Abs. 1 Nr. 2, 3, 5 StGB) schuldig gemacht haben.

15 Kommt für ein und dieselbe Verhaltensweise eine Strafbarkeit nach mehreren Straftatbeständen in Betracht, muss der zu prüfende Sachverhaltsausschnitt nur im Einleitungssatz des ersten Straftatbestandes bezeichnet werden. Danach sind dann auch kürzere Formulierungen zulässig, soweit sich aus der Gliederung – etwa durch die Platzierung der Tatbestände innerhalb desselben Tatkomplexes – ergibt, dass die nachfolgenden Prüfungen das identische tatsächliche Geschehen betreffen:

III. Die Besonderheiten der einzelnen Schrittfolgen

Beispiele:
Außerdem könnte sich F nach § ... strafbar gemacht haben.
Außerdem könnte eine Strafbarkeit der F wegen ... (§ ...) gegeben sein.
Zu prüfen ist, ob sich F darüber hinaus wegen ... (§ ...) strafbar gemacht hat.
F könnte aber einen ... (§ ...) begangen haben. (Achtung: Dieser Satz bietet sich natürlich nur an, wenn zuvor eine Strafbarkeit abgelehnt wurde!)

Bezogen auf das obige Beispiel könnte man, nachdem man einen Bandendiebstahl geprüft (und bejaht) hat, formulieren:
Zu prüfen ist, ob sich T darüber hinaus auch wegen Hausfriedensbruchs (§ 123 StGB) strafbar gemacht hat.

Die angegebenen Informationen müssen der näheren Erörterung des jeweiligen Delikts und seiner einzelnen Voraussetzungen immer vorangehen. Fortgeschrittene Kandidaten können sie wohl auch in die Überschrift integrieren und dann den Obersatz entsprechend verknappen oder weglassen. So geschieht das mitunter auch in Lösungsbeispielen in der Ausbildungsliteratur. Dadurch wird etwas Zeit eingespart, die in Strafrechtsklausuren meist besonders knapp ist. Dem Anfänger ist dieses Vorgehen aber nicht anzuraten; im Gegenteil fördert das disziplinierte Ausformulieren eines Obersatzes auch beim ungeübten Gutachter eine stringente Gedankenführung.

b) Der Einleitungssatz für die Prüfung eines einzelnen Straftatmerkmals

Der **Einleitungssatz für die Prüfung eines einzelnen Straftatmerkmals** hat die Funktion, dem Leser zu zeigen, welches konkrete Straftatmerkmal gerade untersucht wird. Er dient damit sowohl der Gliederung als auch der Übersichtlichkeit der Darstellung. Ausreichend ist regelmäßig ein sehr kurzer Satz. Man nennt dies im Gutachtenschema das Aufwerfen der Frage, eine Formulierung in Frageform ist aber nicht nötig.

Beispiele:
Zu prüfen ist, ob das Fahrrad eine für X fremde Sache ist.
Y könnte den O grausam getötet haben.
Fraglich ist, ob Z Zueignungsabsicht hatte.

Vor jeder Erörterung, die mehrere Sätze umfasst, muss dem Leser klar mitgeteilt werden, worum es nun genau geht, dh welche Voraussetzung (in den Beispielen: welches Tatbestandsmerkmal) für eine positive Beantwortung der übergeordneten Frage (in den Beispielen: Bejahung des jeweiligen Tatbestandes) nun erörtert wird. Es ist wesentliches Qualitätsmerkmal juristischer Gebrauchstexte, dass an jeder Stelle klar ist, worum es geht, keine thematischen Abschweifungen erfolgen, die Abfolge der Gedanken die logischen Zusammenhänge der jeweiligen Voraussetzungen abbildet und stets deutlich wird, weshalb diese Voraussetzungen überhaupt bestehen. Notfalls ist dies knapp in einem Satz oder Nebensatz zu erläutern. Besser ist es, den Text so zu strukturieren, dass der Textzusammenhang die logischen Zusammenhänge zeigt.

Beispiel:
Etliche **Tatbestandsmerkmale** bestehen **ihrerseits** wieder **aus mehreren Merkmalen**: Nach dem Gesetzeswortlaut ist das zB bei der fremden beweglichen Sache in § 242 Abs. 1 StGB und dem gegenwärtigen rechtswidrigen Angriff in § 32 Abs. 2 StGB der Fall. Entsprechendes ergibt sich aus den Definitionen von Tatbestandsmerkmalen: So setzt zB eine Wegnahme

19

iSv § 242 Abs. 1 StGB voraus, dass 1. die Sache vor der Tat in fremdem Gewahrsam stand, 2. dieser Gewahrsam gebrochen wurde und 3. der Täter neuen, nicht notwendig eigenen Gewahrsam begründet hat (zB die Sache selbst in Gewahrsam genommen hat). Mindestens das erste der genannten Merkmale ist selbst wieder mehrgliedrig, denn schon der Gewahrsamsbegriff beinhaltet mehrere Voraussetzungen (eine tatsächliche und eine subjektive Beziehung zur Sache, die ihrerseits durch die Verkehrsanschauung überlagert werden), und der Gewahrsam muss fremd sein.

Ist das Vorliegen eines mehrgliedrigen Merkmals nicht gänzlich unproblematisch, sollte zunächst (erster Einleitungssatz) das »Gesamtmerkmal« benannt werden. Dann sind nacheinander die Einzelmerkmale (im hier und im Folgenden dargestellten Aufbau idR jeweils mit eigenem Einleitungssatz) zu prüfen, soweit sie voneinander getrennt werden können. Dabei ergeben sich ggf. (wie im Beispiel der Wegnahme) weitere Verschachtelungen. Sie bilden gerade die logische Struktur ab.

19 Fortgeschrittene Bearbeiter können Einleitungssätze einsparen, indem sie mit der präzisen Angabe der zu prüfenden Voraussetzungen (dazu sogleich: 2. Die Auslegung) beginnen und am Satzanfang das Merkmal benennen, das diese Voraussetzungen beinhaltet.

Beispiel: Beginn der Prüfung des Merkmals »fremd« beim Diebstahl eines Fahrrades begangen durch X:
»... war eine bewegliche Sache. Deren Fremdheit für X hängt davon ab, ob sie (zumindest auch) im Eigentum einer anderen Person stand. ...«

2. Die Auslegung

20 Ist die Frage aufgeworfen, ob ein bestimmtes Straftatmerkmal erfüllt ist, muss zunächst definiert werden, was abstrakt unter diesem Merkmal zu verstehen ist. Die Ausarbeitung einer abstrakten Definition bezeichnet man als Auslegung.

21 Der Bearbeiter eines juristischen Gutachtens muss die von ihm benötigten Begriffe grundsätzlich nicht selbst auslegen; es wird vielmehr erwartet, dass – zwar nicht unbedingt wörtlich, wohl aber der Sache nach – die Definitionen benutzt werden, die in Rechtsprechung und Literatur bereits entwickelt wurden.

22 Dies bedeutet, dass sich die »**Auslegung**« **unstreitiger Merkmale** im Gutachten darauf beschränkt, die allseits akzeptierte Definition des Merkmals niederzuschreiben. In Hausarbeiten kann diese Definition der Literatur (in der Regel den Kommentaren zum StGB) entnommen werden. Dies ist aus naheliegenden Gründen in der Klausursituation nicht möglich. Es wird zwar nicht erwartet, dass Studierende jede Definition beherrschen. Wichtige, häufig vorkommende Definitionen sollten aber wie Vokabeln gelernt werden, da die mühselige Erarbeitung einer Definition in der Klausur viel Zeit kostet und zudem mit dem Risiko behaftet ist, den Sinn eines Straftatmerkmals zu verfehlen. **Hinweis:** In der Anfängerübung stehen gemeinhin Probleme des Allgemeinen Teils im Vordergrund. Dies bedeutet, dass zumindest die Begriffe des Allgemeinen Teils beherrscht werden müssen (zB objektive Zurechnung, Vorsatz, Notwehr). Da die Prüfung eines Falls aber nur anhand der Tatbestände des Besonderen Teils erfolgen kann, sollten dem Bearbeiter auch die Definitionen zu den üblicherweise in der Anfängerübung herangezogenen Tatbeständen bekannt sein (insbesondere: §§ 123, 212, 211, 223, 224, 242, 303 StGB).

III. Die Besonderheiten der einzelnen Schrittfolgen

Bei **streitigen Merkmalen**, deren abstrakter Gehalt also umstritten ist, reicht es nicht aus, dem Gutachten einfach die Definition der hM zugrunde zu legen. Hier muss der Bearbeiter, wenn die verschiedenen Definitionen letztlich zu unterschiedlichen Ergebnissen führen (dh das Vorliegen des Merkmals nach einer Auffassung zu bejahen, nach der anderen zu verneinen ist), entscheiden, welcher Auslegung der Vorzug zu geben ist. An dieser Stelle werden dann die Methode und Technik der juristischen Auslegung wichtig, deren Grundlagen in Anhang A erläutert werden. Zur Technik der Behandlung eines Meinungsstandes vgl. im Einzelnen die Ausführungen im 5. Teil.

23

Ein **häufiger Fehler** bei der Auslegung der im Gutachten benötigten Begriffe besteht darin, dass keine fallbezogenen Definitionen entwickelt, sondern lediglich abstrakt Rechtsfragen erörtert werden. Der Bearbeiter soll prüfen, ob im konkreten Fall ein Straftatbestand erfüllt ist. Deshalb sind die Begriffe dieses Straftatbestandes mit Blick auf gerade diesen Sachverhalt auszulegen. Es ist also völlig unerheblich, ob zu einem Tatbestandsmerkmal ein Meinungsstreit existiert, wenn dieser im konkreten Fall keine Rolle spielt. Auch wenn es verlockend ist, einen bekannten oder mühselig erarbeiteten Streitstand darzustellen, muss hierauf verzichtet werden, wenn die Frage für die Lösung des konkreten Falls ohne Bedeutung ist.

24

Beispiele:

(1) T hat seinen Widersacher O im Keller eingesperrt, damit dieser ein Rendezvous verpasst. O tobt im Keller stundenlang herum. Bei diesem Sachverhalt wäre es völlig verfehlt, wenn der Bearbeiter bei der Auslegung des Begriffs »Freiheitsberaubung« auf die Frage eingeht, ob es maßgebend ist, dass sich der Betroffene fortbewegen will, oder eine Freiheitsberaubung auch bereits dann vorliegt, wenn der Betroffene nicht bemerkt, dass er eingesperrt ist (vgl. Fischer, StGB, 64. Aufl. 2017, § 239 Rn. 3 mwN). Ebenfalls verfehlt wäre es, zu erörtern, ob auch eine ganz kurzfristige Einsperrung als Freiheitsberaubung anzusehen ist. Beide Fragen sind im konkreten Fall ohne Bedeutung, da O bemerkt hat, dass er eingesperrt wurde, und dieser Zustand auch längere Zeit angedauert hat.

(2) A hat dem T das Angebot gemacht, gegen ein Entgelt von 1.000 EUR ein Bild aus dem Haus des O zu entwenden. A schlägt vor, dass sich T, der dem O unbekannt ist, zum Haus des O begeben, dort klingeln, dann den ahnungslosen O sofort überwältigen und das Bild entwenden soll. T, der sich in Geldnöten befindet, stimmt dem Angebot zu. Er begibt sich zum Haus des O und klingelt an der Tür. Als O öffnet, schlägt er ihn sofort nieder. Das Bild findet T allerdings nicht.

Bei diesem Sachverhalt wäre es, wenn man die Strafbarkeit des T wegen eines versuchten Raubes (§§ 249, 22 StGB) untersucht, unangebracht, sich lang und breit mit der (strittigen) Frage auseinanderzusetzen, ob bereits im Klingeln an der Tür ein unmittelbares Ansetzen iSd § 22 StGB zu sehen ist. Da sich das Verhalten des T nicht im Warten bzw. Klingeln erschöpft, sondern er vielmehr (zur Verwirklichung eines einheitlichen Entschlusses) auch noch den O niedergeschlagen und damit die im Rahmen des § 249 StGB erforderliche Gewaltanwendung zum Zwecke der Wegnahme ausgeübt hat, hat er bereits einen Teil des objektiven Tatbestandes verwirklicht und spätestens damit nach unstreitiger Auffassung die Schwelle zum unmittelbaren Ansetzen überschritten – ob und ggf. wann das auch schon vorher der Fall war, ist für die Lösung hier nicht erheblich.[7]

---

[7] Vertretbar dürfte aber sein, diese Frage kurz anzureißen, und dann darauf hinzuweisen, dass es auf sie nicht ankommt, weil/wenn jedenfalls zu einem späteren Zeitpunkt ein unmittelbares Ansetzen vorliegt.

Ebenso verfehlt wäre es, bei der Prüfung, ob A sich einer Anstiftung zum Raub (§§ 249, 26 StGB) schuldig gemacht hat, die Frage zu problematisieren, ob auch das bloße Schaffen einer zur Tat anreizenden Situation ausreicht, ein »Bestimmen« iSd § 26 StGB zu bejahen. Da sich aus dem Sachverhalt ergibt, dass A den T sogar überredet hat, den O zu überfallen, würde eine Erörterung dieser wiederum umstrittenen Frage an dem konkret zu bearbeitenden Fall vorbeigehen.[8]

3. Die Subsumtion

25 In diesem Schritt wird geprüft, ob in dem zu bearbeitenden Fall die im Rahmen der Auslegung ermittelten, abstrakten Voraussetzungen für die Bejahung eines Straftatmerkmals gegeben sind. Es soll also festgestellt werden, ob der Sachverhalt unter die geprüfte Norm bzw. Definition »passt«.

26 Gerade an dieser Stelle des Gutachtens haben die Bearbeiter erfahrungsgemäß die meisten Schwierigkeiten. Diese resultieren im Wesentlichen daraus, dass es den Studierenden schwerfällt, einen **konkreten Fallbezug herzustellen**.

Beispiel:

Das OLG Köln hatte die Frage zu entscheiden, ob das vorübergehende Auftreten von Durchfall nach einem Angsterlebnis als eine erhebliche Beeinträchtigung des körperlichen Wohlbefindens und damit als körperliche Misshandlung iSd § 223 StGB anzusehen ist. Die folgende Passage aus der Entscheidung (NJW 1997, 2191 (2192)) zeigt, wie die konkrete Rechtsfrage und der konkrete Fall im Zuge der Subsumtion gleichzeitig behandelt werden können, ohne miteinander vermengt zu werden:

»Nach den Feststellungen[9] haben die telefonischen Drohungen des Angeklagten beim Nebenkläger mehrfach das Auftreten von Durchfällen bewirkt. (...) Schreck, Angst und Aufregung führen häufig zu Schweißausbruch, Herzklopfen oder verstärkter Verdauungstätigkeit. Dabei handelt es sich lediglich um Symptome psychosomatischer Vorgänge, die zwar auf den engen Zusammenhang von Seele und Körper hinweisen, im Allgemeinen jedoch vom gesunden Menschen ohne Weiteres vertragen und allenfalls als lästig empfunden werden. Anders als etwa Magenschmerzen, Übelkeit, Erbrechen, Schlaflosigkeit oder Schwindelgefühle (vgl. BayObLG, DJZ 1931, 368) verursacht das vorübergehende Auftreten von Durchfall nach einem Angsterlebnis keine so schwerwiegende Beeinträchtigung des körperlichen Wohlbefindens, dass die Erheblichkeitsschwelle erreicht oder überschritten wäre, zumal viele Menschen in zahlreichen Lebenssituationen (zB infolge von Flugangst beim Reisen, von Examensangst bei Prüfungen o. ä.) von derartigen Symptomen betroffen werden, ohne dass sie darin in der Regel mehr als eine kurze, insgesamt unerhebliche Beeinträchtigung sehen, der man keine Bedeutung beizumessen braucht.«

27 Wie das obige Beispiel zeigt, ist die saubere Arbeit mit dem Sachverhalt nicht nur Grundlage jeder gelungenen Prüfungsarbeit; sie ist auch grundlegende Voraussetzung erfolgreicher juristischer Arbeit in der Praxis. Eine gelungene Subsumtion zeichnet sich dadurch aus, dass dem Sachverhalt konkrete, tatsächliche Umstände entnommen werden, anhand derer aufgezeigt werden kann, dass die Voraussetzungen der abstrakten Definition im konkreten Einzelfall erfüllt sind. Sind solche Anhaltspunkte im Sachver-

---

8 Zu erörtern wäre dagegen, wie es sich auf die Anstiftung zum Raub auswirkt, dass T zur Wegnahme einer fremden beweglichen Sache schon vorher entschlossen war, ob also die »Aufstiftung«, dies mit Gewalt zu tun, sich als Anstiftung oder nur als psychische Beihilfe auswirkt.
9 Im Gutachten stünde hier: »Nach Sachverhalt ...«.

III. Die Besonderheiten der einzelnen Schrittfolgen

halt nicht ausdrücklich enthalten, ist zu prüfen, ob eine lebensnahe ergänzende Sachverhaltsauslegung weiterhilft (vgl. hierzu im Einzelnen den Exkurs 2. Teil III.).

Häufige Fehler bei der Subsumtion bestehen darin, dass **anstelle** einer Subsumtion **lediglich der Sachverhalt wiedergegeben** oder die Subsumtion **durch die Behauptung ersetzt** wird, die Voraussetzungen seien gegeben.

Sachverhalt:
Schläger S tritt dem Rentner R mit seinem schweren Springerstiefel in den Unterleib.

Negativbeispiele:
... Fraglich ist, ob es sich bei dem Springerstiefel des S um ein gefährliches Werkzeug im Sinne des § 224 Abs. 1 Nr. 2 StGB handelt. Ein gefährliches Werkzeug ist jeder bewegliche Gegenstand, der nach seiner Beschaffenheit und der Art und Weise seiner Verwendung im konkreten Fall geeignet ist, erhebliche Verletzungen herbeizuführen. *Dies ist hier der Fall.*

... Fraglich ist, ob es sich bei dem Springerstiefel des S um ein gefährliches Werkzeug im Sinne des § 224 Abs. 1 Nr. 2 StGB handelt. Ein gefährliches Werkzeug ist jeder bewegliche Gegenstand, der nach seiner Beschaffenheit und der Art und Weise seiner Verwendung im konkreten Fall geeignet ist, erhebliche Verletzungen herbeizuführen. *S hat dem R mit einem schweren Springerstiefel in den Unterleib getreten. S hat daher ein gefährliches Werkzeug benutzt.*

Positivbeispiel:
... Fraglich ist, ob es sich bei dem Springerstiefel des S um ein gefährliches Werkzeug im Sinne des § 224 Abs. 1 Nr. 2 StGB handelt. Ein gefährliches Werkzeug ist jeder bewegliche Gegenstand, der nach seiner Beschaffenheit und der Art und Weise seiner Verwendung im konkreten Fall geeignet ist, erhebliche Verletzungen herbeizuführen. Bei den Springerstiefeln handelt es sich um schweres Schuhwerk. *Tritte mit Schuhen dieser Art können, insbesondere, wenn es sich um Tritte in den Unterleib handelt, zu inneren Verletzungen führen.* Die Stiefel stellen daher nach ihrer konkreten Verwendung durch S ein gefährliches Werkzeug dar.

Merke: Der fehlende konkrete Fallbezug kann auch nicht dadurch ersetzt bzw. verdeckt werden, dass die Behauptung aufgestellt wird, die Anforderungen seien »offensichtlich«, »eindeutig« oder »zweifellos« gegeben. Auch starke Worte entbinden nicht von einer fallorientierten, inhaltlichen Argumentation.

Aber: Andererseits wird man bei offensichtlicher Einschlägigkeit eines Merkmals nicht immer eine ausführliche Subsumtion erwarten. Natürlich kann man bei der Wegnahme eines Geldbeutels darlegen, dass »Sachen« körperliche Gegenstände sind und dass der Geldbeutel über materielle Substanz und körperliche Ausdehnung verfügt und somit ein körperlicher Gegenstand ist. – Man muss das aber nicht, denn die Sacheigenschaft des Geldbeutels wird unstreitig sein. Dann macht es keinen Sinn, die Frage erst ausführlich aufzuwerfen, um sie dann mit einer bloßen Behauptung zu beantworten. Vielmehr sollte man sich dann bei der Subsumtion sogleich mit der begründungslosen Feststellung begnügen. Vgl. dazu näher unten IV.

Beispiel:
... Dafür müsste der Geldbeutel, ein körperlicher Gegenstand und mithin eine Sache, für A fremd gewesen sein.

4. Die Konklusion

28 Nachdem man die ersten drei Schritte der Gutachtenmethode durchgeführt hat ist zunächst – bevor man sich dem nächsten Merkmal zuwendet – das Ergebnis der Prüfung festzuhalten.

Beispiele:

Mithin hat X den O körperlich misshandelt.

Damit steht fest, dass Y den O körperlich misshandelt hat.

Also hat Z den O körperlich misshandelt.

29 Ist das Vorliegen eines Tatbestandsmerkmals verneint bzw. ein Rechtfertigungs- oder Schuldausschlussgrund bejaht worden, dann ist das daraus folgende Ergebnis dieses Prüfungsabschnitts – nämlich dass der Beteiligte sich nicht in der erörterten Hinsicht strafbar gemacht hat – ebenfalls in einem Schlusssatz festzuhalten.

Beispiele:

... Damit steht fest, dass A nicht vorsätzlich gehandelt hat. A hat sich damit nicht nach § 303 StGB strafbar gemacht.

... Das Verhalten von B ist somit durch § 32 StGB gerechtfertigt. B hat sich daher nicht nach § 223 StGB strafbar gemacht.

IV. Die Ausnahmen von der strikten Anwendung des Gutachtenstils

Ein Gutachten, bei dem alle Straftatmerkmale ohne Ausnahme im **strengen Gutachtenstil** geprüft werden, ist weder für den Leser noch für den Bearbeiter eine Freude. Um dem Bearbeiter unnötige Schreibarbeit zu ersparen und eine (auch der Lesbarkeit des Gutachtens förderliche) **Schwerpunktbildung** zu ermöglichen, ist es zulässig, den strengen Gutachtenstil allein bei den problematischen Straftatmerkmalen anzuwenden, bei eindeutig zu bejahenden Merkmalen aber im **Urteilsstil** zu schreiben.

Gerade dem Anfänger fällt es schwer, zu erkennen, wann eine streng gutachtenmäßige Prüfung angezeigt ist und wann vom Urteilsstil Gebrauch gemacht werden darf. Als Regel kann man sich merken:

Überall dort, wo der Bearbeiter einerseits zeigen will, dass er ein Straftatmerkmal nicht übersehen hat, andererseits aber die Begründung und das Ergebnis eindeutig sind, kann der Urteilsstil angewandt werden.

Überall dort, wo sich der Bearbeiter bei seinen Überlegungen vor dem Niederschreiben des Gutachtens länger über ein Tatbestandsmerkmal Gedanken gemacht hat oder er sich sogar unsicher ist, ob er es bejahen soll oder nicht, ist auf jeden Fall der Gutachtenstil geboten.

Der im Gutachten benutzte **Urteilsstil** zeichnet sich dadurch aus, dass im Anschluss an die Behauptung, dass das Merkmal vorliege, die Auslegung direkt in die Subsumtion integriert wird.

Beispiele:
A handelte vorsätzlich. Es war sein Ziel, den O zu töten, um an dessen Geld heranzukommen (dolus directus 1. Grades).
Das Verhalten des B war kausal für den Unfall. Die Nichtbeachtung der Vorfahrt durch B kann nämlich nicht hinweggedacht werden, ohne dass der Zusammenstoß mit dem Pkw des Q entfällt.

Nachdem oben schon darauf hingewiesen wurde, dass sich Gutachten- und Urteilsstil weniger nach dem Umfang der Begründung als vielmehr nach der Reihenfolge von Ergebnis und Begründung unterscheiden, gilt Folgendes:

(1) Wenn im Gutachten auf den Urteilsstil zurückgegriffen wird, sollte das nur bei klaren Punkten erfolgen, bei denen keine längere Begründung erwartet wird. Allein **deshalb** werden im Ergebnis »Urteilsstil-Passagen« im Gutachten so aussehen wie im vorangegangenen Beispiel und de facto begründungsarm ausfallen.

(2) Mit Blick auf Prüfungsökonomie / Zeitmanagement kommt es freilich vorrangig darauf an, inhaltlich entbehrliche Einleitungen wegzulassen und Auslegung und Subsumtion so zu integrieren, dass alles Wesentliche – und kein Wort mehr – für den Fall passgenau geschrieben wird. Wenn man erst danach das Ergebnis ausspricht, bleibt man bei einem **knappen Gutachtenstil** (Begründung vor Ergebnis) und benötigt dafür auch nicht mehr Zeit oder Platz als im knappen Urteilsstil.

Beispiele:
A ging es gerade darum, O zu töten. Er handelte vorsätzlich (in der Variante des dolus directus 1. Grades).

Wäre B nicht an der roten Ampel weitergefahren, wäre es nicht zum Zusammenstoß mit dessen Pkw gekommen. Bs Verhalten war also kausal für den Unfall.

32 Jedenfalls in der Fortgeschrittenenübung und auch im Examen sollte bei völlig unproblematischen Merkmalen der knappe Urteils- oder Gutachtenstil durch den noch kürzeren **Behauptungsstil** ersetzt werden (anders sind die Arbeiten schon rein zeitlich nicht zu bewältigen). Auch wo dies möglich ist, sollte aber auf die Angabe der angewendeten Vorschriften keinesfalls verzichtet werden.

Beispiele:

Die Brieftasche des X ist eine für A fremde, bewegliche Sache. A müsste die Brieftasche weggenommen haben... (Es folgt die Prüfung des inhaltlich problematischen Tatbestandsmerkmals der »Wegnahme« im strengen Gutachtenstil).

Durch den Pistolenschuss hat T den O getötet (§ 212 StGB). Fraglich ist, ob die Tat als Mord qualifiziert ist... (Es folgt die Prüfung der inhaltlich problematischen Mordmerkmale im strengen Gutachtenstil).

33 Abschließend sei zu diesem Punkt angemerkt, dass sich das Gespür für die richtige Schwerpunktbildung bei der intensiven Beschäftigung mit strafrechtlichen Fällen mit der Zeit einstellt. Ziel sollte es sein, letztlich dahin zu kommen, dass nur noch die tatsächlich zweifelhaften Straftatmerkmale im reinen Gutachtenstil abgehandelt werden. An dieser Stelle ist aber auch auf die Gefahren hinzuweisen, die mit der Anwendung anderer Stilarten verbunden sind: Wird etwa die Bedeutung eines Straftatmerkmals falsch eingeschätzt, schneidet sich der Bearbeiter durch die Abweichung vom Gutachtenstil regelmäßig die Erörterung wichtiger rechtlicher Fragen ab, was dann einen Mangel des Gutachtens darstellt. Dies gilt unabhängig davon, ob der Bearbeiter das »richtige« Ergebnis getroffen hat. Da es im juristischen Bereich zweifelsfrei richtige Ergebnisse praktisch kaum gibt, werden Punkte in juristischen Prüfungsarbeiten nicht für das Ergebnis, sondern für die Herleitung und Begründung verteilt. Für den Anfänger folgt hieraus die Faustregel, im Zweifel lieber einmal zu viel als einmal zu wenig den (strengen) Gutachtenstil anzuwenden.

2. Teil:
Die Aufarbeitung des Sachverhalts

I. Grundsatz: Der zur Bearbeitung gestellte Sachverhalt ist als Arbeitsgrundlage vollständig und unvoreingenommen zu erfassen

1. Erfassen des Falles

Die Aufgabe der Studierenden besteht darin, **den ausgegebenen Fall** gutachtlich zu **bearbeiten**. Voraussetzung hierfür ist, dass der Bearbeiter den Sachverhalt genau erfasst. Werden Teile des Sachverhalts bei der Lösung ausgeklammert oder wird der Sachverhalt falsch interpretiert, löst der Bearbeiter nicht den vom Aufgabensteller entworfenen, sondern einen von ihm selbst erfundenen Fall. Da dieser Sachverhalt mit dem ausgegebenen Sachverhalt nicht deckungsgleich ist, kann auch die Lösung nicht mit der vom Aufgabensteller erwarteten Lösung korrespondieren. 34

Um die Gefahr einer falschen Weichenstellung so gering wie möglich zu halten, muss sich der Bearbeiter darum bemühen, den Sachverhalt zunächst unvoreingenommen in allen mitgeteilten Einzelheiten zu verinnerlichen. Soweit der Fall vom Ablauf oder den handelnden Personen her komplizierter gestaltet ist, sollte er mithilfe einer Zeittafel und / oder Skizze aufgearbeitet werden. 35

2. Prüfung des gestellten (nicht eines anderweitig bekannten) Falles

Die Gefahr einer irreparablen Fehleinschätzung des Sachverhalts besteht insbesondere dann, wenn der Versuch unternommen wird, den gestellten Sachverhalt mit einem (aus der Vorlesung, Übung oder einem Lehrbuch) bekannten Fall zur Deckung zu bringen. Die **»Suche nach dem bekannten Fall«** erschwert die unvoreingenommene Beurteilung des tatsächlich zur Bearbeitung gestellten Falls und sollte daher stets unterbleiben. Oder anders ausgedrückt: Natürlich ist es wichtig und hilfreich, bekannte und häufig auftretende Sachverhaltsstrukturen und ihre wesentlichen Lösungsschritte zu kennen;[1] das entbindet den Kandidaten aber nicht von der Prüfung, **ob** im konkreten Fall diese Struktur überhaupt vorliegt, und ebenso wenig davon, über **den konkreten Fall** zu schreiben statt auswendig gelernte Floskeln aneinanderzureihen. 36

3. »Echo-Prinzip«

Potenziell sind **alle Angaben im Sachverhalt für die Lösung von Bedeutung**. Aufgabensteller setzen als Hilfestellung für die Bearbeiter »Zaunpfähle«. Ziel der Bearbeiter muss es sein, diese zu erkennen und aufzugreifen (»Echo-Prinzip«). Soweit (»prominente«) Sachverhaltsangaben für die vom Bearbeiter gewählte Lösung nicht relevant sind, sollte dies stets Anlass sein, die Lösung zumindest nochmals zu überdenken; denn 37

---

[1] Also etwa: Bei der *aberratio ictus* die Kenntnis des rechtlichen Umstandes, dass und der Gründe, warum eine Vorsatzstrafbarkeit hinsichtlich des tatsächlich getroffenen Objekts nicht besteht; das Wissen um die Erforderlichkeit einer anschließenden Prüfung eines Versuchs zum Nachteil des anvisierten und einer Fahrlässigkeitsstrafbarkeit zum Nachteil des tatsächlich getroffenen Objekts, evtl. sogar mit »Textbausteinen«, wie etwa dann bei der Fahrlässigkeit in typischen *aberratio-ictus*-Fällen die Sorgfaltspflichtverletzung begründet werden kann.

es kann leicht sein, dass dann entweder der Sachverhalt nicht zutreffend erfasst wurde oder bei der Erarbeitung der Lösung ein Fehler unterlaufen ist. Ausnahmen ergeben sich, wenn der Aufgabensteller auch solche Angaben in den Sachverhalt aufnimmt, die allein den Zweck haben, das Verhalten der handelnden Personen plausibel erscheinen zu lassen. Diese Angaben sind dann aber in der Regel eindeutig als schmückendes Beiwerk zu erkennen. Kein »Hintergrundkolorit« in diesem Sinne sind insbesondere die mitgeteilten Motive und Ziele der handelnden Personen, da diese für die Prüfung des Vorsatzes und anderer subjektiver Tatbestandsmerkmale von Bedeutung sind (vgl. »Zur Vertiefung« 2. Teil II.).

Beispiele:

(1) Der N ist in finanziellen Schwierigkeiten. Um an das Geld seines Erbonkels O heranzukommen, setzt er den Killer K auf den O an.

Hier ist das Motiv des N wichtig für die Frage, ob sich N nicht nur wegen Anstiftung zum Totschlag (§§ 212, 26 StGB), sondern möglicherweise auch wegen Anstiftung zum Mord (§§ 211, 26, 28 Abs. 2 StGB) strafbar gemacht hat (Mordmerkmale: Habgier, niedriger Beweggrund).

(2) Dem T ist bekannt, dass die Rentnerin R einen größeren Geldbetrag bei sich trägt. Er glaubt, dass die R das Geld in ihrer Handtasche hat. Um an das Geld zu kommen, beschließt er, die Handtasche in einem unbeobachteten Moment an sich zu bringen. So geschieht es. Als R die Handtasche neben sich auf eine Parkbank stellt, greift T zu und läuft mit der Tasche weg, während die R laut nach Hilfe ruft.

Hier ergibt sich aus dem Sachverhalt, dass es dem T nur darum geht, an das Geld der R heranzukommen; die Handtasche nimmt er nur deswegen mit, weil er in der Handtasche das Geld vermutet. Hinsichtlich der Handtasche fehlt ihm damit die Zueignungsabsicht (vgl. Fischer, StGB, 64. Aufl. 2017, § 242 Rn. 41b mwN).

II. Grundsatz: Der gestellte Sachverhalt ist als feststehende Arbeitsgrundlage zu akzeptieren

Der Sachverhalt ist als **feststehend zu akzeptieren**. Auch für den Bearbeiter unwahrscheinlich anmutende Darstellungen des Geschehens sind als tatsächlich geschehen hinzunehmen.

Beispiel:
Der T wird von einem Arzt darüber aufgeklärt, dass er HIV-positiv ist. Der Arzt erläutert ihm, dass er von jetzt an keinen ungeschützten Geschlechtsverkehr mehr praktizieren dürfe, da er anderenfalls seine Partner dem Risiko der Infizierung aussetze. T ist bestürzt und verzweifelt über seine Situation. Er kommt zu dem Entschluss, nun, wo alles zu Ende sei, wenigstens noch eine schöne Zeit zu verleben. T klärt in der Folgezeit seine Partnerinnen, mit denen er ungeschützten Geschlechtsverkehr hat, nicht über seine Infizierung auf. Mit dem Risiko, dass er das Virus beim Geschlechtsverkehr überträgt, **findet er sich ab.** (Alternative: Das Risiko, dass er die Infizierung beim Geschlechtsverkehr überträgt, **nimmt T billigend in Kauf**.)

Die Angaben im Beispielssachverhalt beziehen sich auf die Anforderungen, die nach hL bzw. Rechtsprechung an den bedingten Vorsatz (dolus eventualis) zu stellen sind. Findet sich im Sachverhalt eine solche Angabe, ist der Bearbeiter zwar nicht der Aufgabe enthoben, zu prüfen, ob der Täter mit Vorsatz (im Beispiel: Körperverletzungs- bzw. Tötungsvorsatz) gehandelt hat. Da aufgrund der Angaben im Sachverhalt das Ergebnis aber bereits vom Aufgabensteller vorgegeben wurde, muss die Prüfung nicht im schulmäßigen Gutachtenstil erfolgen, sondern sollte abgekürzt werden, zB:

»T müsste mit Vorsatz gehandelt haben. T ist durch den Arzt darüber aufgeklärt worden, dass ungeschützter Geschlechtsverkehr zu einer Infizierung des jeweiligen Intimpartners führen kann. Laut Sachverhalt hat T sich mit dieser Möglichkeit abgefunden (Alternative: Laut Sachverhalt hat T dies billigend in Kauf genommen.). T hat somit mit bedingtem Vorsatz im Hinblick auf eine Infizierung seiner Intimpartner gehandelt.«

Verbindlich sind auch (freilich selten auftretende) vom Aufgabensteller vorgegebene **rechtliche Wertungen** des Geschehens, während die den handelnden Personen vom Aufgabensteller in den Mund gelegten »**Rechtsansichten**« vom Bearbeiter durchaus zu prüfen sind.

Beispiel:
Bauer B hat den X, der sein erntereifes Maisfeld überquert hat, mit einem Schuss aus seinem Jagdgewehr getötet. Vor der Polizei gibt B an, er habe sich einige Wochen vor dem Geschehen bei seinem Anwalt erkundigt. Dieser habe ihm gesagt, er brauche es nicht zu dulden, dass sein Eigentum verletzt werde. Das Recht brauche dem Unrecht nicht zu weichen, es sei daher gerechtfertigt, wenn er das Betreten seines Feldes mit allen Mitteln verhindere.

In diesem Fall hat der Bearbeiter ua zu prüfen, ob Bauer B gerechtfertigt gehandelt hat. Wird dies vom Bearbeiter (zutreffenderweise) verneint, ist dann allerdings ein Irrtum des B zu prüfen, da der Bearbeiter davon auszugehen hat, der Täter habe tatsächlich geglaubt, gerechtfertigt zu handeln. Die Behauptung des B darf nicht (ohne sich hierfür aus dem Sachverhalt ergebende **sichere** Anhaltspunkte) als bloße Schutzbehauptung abgetan werden.

III. Exkurs: Ergänzung und Auslegung des »offenen« Sachverhalts

40 Erfahrungsgemäß haben insbesondere die Bearbeiter einer Hausarbeit regelmäßig den Eindruck, dass der zur Bearbeitung gestellte Sachverhalt unvollständig bzw. »offen« ist. Hinsichtlich des **offenen Sachverhalts** ist zunächst die Faustregel zu beherzigen, dass, wenn **Alternativlösungen** gewollt sind, dies vom Aufgabensteller ausdrücklich hervorgehoben wird.

Beispiele:
Wie wäre der Fall zu beurteilen, wenn nicht aufgeklärt werden kann, ob ....
Macht es einen Unterschied, wenn ....
Ändert sich an der rechtlichen Beurteilung etwas, wenn ....

41 Fehlt es an einer solchen ausdrücklichen Offenheit des Sachverhalts, meint der Bearbeiter aber gleichwohl Lücken zu erkennen, so ist es seine Aufgabe, den im Sachverhalt geschilderten **Geschehensablauf »lebensnah« so zu ergänzen,** dass eine Lösung auf eindeutiger Tatsachengrundlage möglich ist. Im Einzelfall erfordert diese »lebensnahe« Ergänzung des Sachverhalts einiges Fingerspitzengefühl; allgemeingültige Regeln lassen sich nur in sehr begrenztem Rahmen aufstellen:

42 Grundsätzlich ist davon auszugehen, dass bei Umständen, die nicht ausdrücklich mitgeteilt wurden, der Sachverhalt dem »Regelfall«, dh der Lebenswirklichkeit (im Sinne eines statistischen Normalfalls) entspricht. Sind aus der Sicht des Bearbeiters zwei einander ausschließende Sachverhaltsgestaltungen in gleichem Maße wahrscheinlich (was der klare Ausnahmefall sein wird!), ist die Lösung zu wählen, die mit den im Sachverhalt ausdrücklich mitgeteilten Umständen am besten in Einklang zu bringen ist.

Beispiele:
(1) Lautet der Sachverhalt dahin gehend, dass der T von seiner Versicherung zu Unrecht 500.000 EUR erhalten hat, ist lebensnah davon auszugehen, dass die Zahlung unbar durch eine Banküberweisung stattgefunden hat. Es widerspricht der Lebenserfahrung, dass Versicherungen derartige Beträge bar auszahlen.
Heißt es aber im Sachverhalt, der T werde überfallen, als er mit dem Geld das Gebäude der Versicherung verlässt, ist diese Sachverhaltsangabe zu akzeptieren. Hier ist es ein schwerer Fehler, den ausdrücklichen Sachverhalt mit dem Hinweis darauf, dass Versicherungen gemeinhin solche Beträge nicht bar auszahlen, in Frage zu stellen.
(2) T gibt – über einen 15 m breiten, unüberwindbaren Kanal hinweg – auf den O einen Schuss ab, um diesen zu töten. O bricht getroffen zusammen. T erkennt, dass er O am Bein getroffen hat und dieser nun zwar bewegungsunfähig, aber nicht tödlich verletzt ist. Nunmehr bekommt T Mitleid mit O und läuft davon.
Bei der Prüfung, ob T möglicherweise strafbefreiend von dem Versuch des Totschlags (§§ 212, 22 StGB) zurückgetreten ist (vgl. § 24 StGB), kommt es darauf an, ob T nach Abgabe des Schusses die Möglichkeit hatte, seine ursprünglich beabsichtigte Tat noch zu vollenden. Ist dies nicht der Fall, ist der Versuch fehlgeschlagen, und ein strafbefreiender Rücktritt scheidet aus (entweder mangels Freiwilligkeit der Tataufgabe oder aber weil man die Anwendbarkeit des § 24 StGB bereits gänzlich verneint). Maßgebend ist hier deshalb, ob T noch die Möglichkeit hatte, weitere Schüsse auf den am Boden liegenden O abzugeben. Teilt der Sachverhalt nicht mit, um was für eine Waffe es sich gehandelt hat, wäre es – an-

III. Exkurs: Ergänzung und Auslegung des »offenen« Sachverhalts

gesichts der heutigen Waffentechnik – lebensfremd, davon auszugehen, dass T nicht mehr in der Lage ist, einen weiteren Schuss abzugeben. Selbst dann, wenn sich aus dem Sachverhalt Anhaltspunkte dafür ergeben würden, dass in der Waffe des T nur noch eine Patrone war, wäre weiter zu überlegen, ob es nicht lebensnah ist, dass ein Schütze noch Ersatzmunition mit sich führt. Hier ist der Sachverhalt dann daraufhin zu untersuchen, ob angesichts des Vorgeschehens davon auszugehen ist, dass T Ersatzpatronen mitgenommen hat. Dies wird man im Zweifel bejahen können, wenn sich T bewusst auf die Situation vorbereitet hat; man wird es eher verneinen müssen, wenn die Situation für T überraschend kam und er die Waffe (zu welchen Zwecken?) nur zufällig bei sich führte. Und wenn der Sachverhalt sogar eindeutig feststellt, dass T »mit der letzten ihm zur Verfügung stehenden Patrone« geschossen hat o. ä., ist kein Raum für Spekulationen darüber, dass es doch untypisch sei, dass ein Schütze nur eine Patrone bei sich hat.

43 Mit Vorsicht ist der Ratschlag zu behandeln, den Sachverhalt im Zweifel »problemfreundlich« auszulegen. Eine »problemorientierte« Auslegung des Sachverhalts kann leicht zu einer problemfixierten werden, oder anders gewendet: Der Bearbeiter begibt sich in die Gefahr, den Sachverhalt zu verbiegen, um sich so die Möglichkeit zu eröffnen, das ihm bekannte Problem X behandeln zu können (sog. »Sachverhaltsquetsche«). Zu warnen ist in diesem Zusammenhang insbesondere vor der vorschnellen Annahme von Irrtümern, die nicht im Sachverhalt mitgeteilt sind, die der Bearbeiter aber meint annehmen zu müssen (besser: zu können), weil er den geschilderten Geschehensablauf für absurd hält.[2] Gerade die **Annahme von Irrtümern ist nicht lebensnah**. Solange sich nicht (eindeutig) aus dem Sachverhalt ergibt, dass die innere Vorstellung des Täters nicht mit dem tatsächlichen äußeren Geschehen übereinstimmt, ist im Zweifel davon auszugehen, dass der Täter das äußere Geschehen (selbst wenn dieses ungewöhnlich erscheint) zutreffend erkannt und eingeschätzt hat.

44 Bleibt der Sachverhalt auch nach allen Bemühungen um eine ergänzende lebensnahe Auslegung in einem Punkt offen, besteht die letzte Möglichkeit, eine sonst notwendige (aber nicht ausdrücklich verlangte) Alternativlösung zu vermeiden, darin, den Grundsatz »in dubio pro reo« anzuwenden.[3] Hierbei ist allerdings Vorsicht geboten, und die Anwendung dieses Grundsatzes ist einer lebensnahen Auslegung des Sachverhalts jedenfalls nachgeordnet. Um sich den Vorwurf zu ersparen, vorzeitig (und damit methodisch fehlerhaft) zum Grundsatz »in dubio pro reo« Zuflucht genommen zu haben, ist es anzuraten, im Gutachten selbst – bei der Erörterung des relevanten Prüfungspunktes – darzulegen, warum eine lebensnahe Sachverhaltsergänzung nicht zu einem eindeutigen Ergebnis führt. Erst dann, wenn der Bearbeiter (auch sich selbst gegenüber) überzeugend begründet hat, dass eine eindeutige Tatsachengrundlage nicht zu ermitteln ist, sind alle ernsthaft in Betracht gezogenen Sachverhaltsvarianten rechtlich durchzuspielen und anschließend nach dem Grundsatz »in dubio pro reo« das für den Täter[4] günstigste Ergebnis weiterzuverwenden.

Merke: Der Grundsatz »in dubio pro reo« ist in keinem Fall bei Rechtsfragen anzuwenden (näher dazu unten Anhang A III. 5.). Diese sind stets – unabhängig davon, wie schwierig dies ist – einer eindeutigen Lösung zuzuführen (ausführlich zur dabei nötigen Problemerörterung unten 5. Teil).

---

2 Vgl. beispielhaft die »unglaublichen« Sachverhalte, die einigen Entscheidungen des Bundesgerichtshofes zugrunde liegen (BGHSt 32, 38 = Siriusfall; BGHSt 35, 347 = Katzenkönigfall; BGHSt 40, 299 = Münzhändlerfall).
3 Zur Bedeutung von »in dubio pro reo« (= im Zweifel für den Angeklagten) siehe unten A. III.5.
4 Bei mehreren Tätern muss ggf. jeweils eine andere Sachverhaltsalternative zugrunde gelegt werden.

IV. Zur Vertiefung: Die Feststellung innerer Tatsachen

45 Besondere Probleme bereitet in strafrechtlichen Klausuren und Hausarbeiten die Feststellung subjektiver Tatbestandsmerkmale (Vorsatz, Zueignungsabsicht, Bereicherungsabsicht usw). Enthält der Sachverhalt keine ausdrücklichen Angaben über die innere Einstellung des Täters zur Tat, muss der Bearbeiter – wie der Richter, wenn der Angeklagte keine Angaben zu seinen Vorstellungen während der Tat macht – **die innere Einstellung aus dem äußeren Verhalten des Täters und den Umständen der Tat erschließen.**

46 Hinsichtlich des kognitiven Vorsatzelementes sind beim Täter, wenn im Sachverhalt keine entgegenstehenden Angaben enthalten sind (beispielsweise: nicht unerhebliche Alkoholisierung des Täters zur Tatzeit; der Täter steht unter Schock oder weist aus anderen Gründen eine abnorme psychische Verfassung auf), das Wissen und die Vorstellungskräfte eines durchschnittlichen »Normalbürgers« zu unterstellen. Was konkret als der Wissensstand eines »Normalbürgers« anzusehen ist, muss der Bearbeiter aufgrund seiner Lebenserfahrung entscheiden (und ggf. auch begründen). Dies bedeutet, dass zB bei offensichtlich gefährlichen Verhaltensweisen eher davon auszugehen ist, dass der Täter die Gefährlichkeit und damit die Möglichkeit des Deliktserfolgs erkannt hat; bei einem Erfolgseintritt als Ergebnis eines komplizierten und nicht alltäglichen Kausalverlaufs dürfte das Wissen des Täters um die Möglichkeit eines Erfolgseintritts dagegen eher zweifelhaft sein. Entscheidend kann weiter sein, ob es sich um eine von langer Hand geplante oder aber um eine Spontantat handelt, bei der es naheliegen kann, dass der Täter bestimmte, nicht offensichtlich auf der Hand liegende Konsequenzen seines Tuns schlicht nicht wahrgenommen hat. Auch hier ist im Übrigen der Sachverhalt – unabhängig davon, dass man diesen möglicherweise als »absurd« empfindet – als Arbeitsgrundlage hinzunehmen.

Beispiel:
Lautet der Sachverhalt dahin gehend, dass A eine vergiftete Wurst in den Vorgarten seines ihm verhassten Nachbarn wirft, ist, wenn nicht – wie von A gewollt – der Hund des N, sondern dessen Kinder von der Wurst essen und daran sterben, die Frage zu entscheiden, ob A auch im Hinblick auf eine Tötung der Kinder mit Vorsatz gehandelt hat oder nur einer fahrlässigen Tötung schuldig ist. Enthält der Sachverhalt keine ausdrücklichen Hinweise, kommt es auf die oben genannten Kriterien an: Hat A spontan gehandelt oder hat er die objektiv gefahrvolle Tat überlegt ausgeführt? Wenn der Sachverhalt allerdings ausdrücklich vorgibt, dass A an die im Garten spielenden Kinder nicht gedacht hat oder aber davon ausgegangen ist, dass diese von der Wurst nicht essen werden, mag dies zwar »lebensfremd« sein, muss aber bei der Bearbeitung akzeptiert werden (die Bearbeitung läuft dann auf die Problemstellung der *aberratio ictus* hinaus).

47 Hinsichtlich des (in seiner Berechtigung auch grundsätzlich umstrittenen, von der hM aber anerkannten) voluntativen Vorsatzelementes gelten die gleichen Grundsätze. Auch die Antwort auf die Frage, ob sich der Täter mit dem Eintritt des deliktischen Erfolges abgefunden bzw. diesen billigend in Kauf genommen hat, ist – soweit der Aufgabensteller ein bestimmtes Ergebnis nicht ausdrücklich vorgibt – ebenfalls aus den äußeren Umständen der Tatbegehung abzuleiten. Entscheidende Kriterien können hier sein: die **Motivlage** des Täters (ist ein plausibles Motiv für sein Verhalten erkennbar?), die **Persönlichkeitsstruktur** und die **psychische Verfassung** des Täters sowie die **objektive Gefährlichkeit des Täterverhaltens.** Der BGH geht in ständiger Rechtsprechung

IV. Zur Vertiefung: Die Feststellung innerer Tatsachen

von folgendem Grundsatz aus: Je gefährlicher ein Verhalten ist, desto näher liegt die Annahme von (Tötungs-)Vorsatz.[5] Als weiteres Kriterium kommen die Bemühungen des Täters in Betracht, einer von ihm erkannten Gefährlichkeit zu begegnen. Beachte: Gerade dieser Gesichtspunkt kann je nach konkreter Fallgestaltung für oder gegen das Vorliegen des voluntativen Vorsatzelementes sprechen!

Schließlich kann auch das Verhalten des Täters nach der Tat – mit einer gewissen Vorsicht[6] – Indizwert haben: Ist der Täter beispielsweise geschockt von dem, was passiert ist, kann dies dafür sprechen, dass er entweder gar nicht erkannt hatte, dass es zu einem derartigen Erfolg kommen konnte (= Fehlen des kognitiven Vorsatzelementes), oder dass er die Möglichkeit des Erfolgseintritts zwar als solche erkannt, nicht aber ernsthaft ins Auge gefasst hat (dann würde unter Zugrundelegung der hM das voluntative Vorsatzelement fehlen).

48

---

5 Wer etwa eine Schuss- oder Stichwaffe gegen empfindliche Körperteile, wie Kopf, Bauch oder Brust richtet, wird regelmäßig auch die damit verbundenen Gefahren kennen und billigen. Umgekehrt ist allerdings gerade bei Delikten mit besonders hohen Strafen im Falle unwahrscheinlicherer Geschehnisverläufe *dolus eventualis* nur mit besonderer Zurückhaltung festzustellen (vgl. zur „Hemmschwellentheorie" insbes. BGHSt 36, 1 [6 ff.] und BGHSt 57, 183).
6 Mit einer »gewissen Vorsicht« deshalb, weil es nach § 8 StGB zur Beurteilung des Vorsatzes (ebenso wie aller anderen Deliktsmerkmale, für die keine besonderen zeitlichen Vorgaben bestehen) allein auf die Zeit ankommt, zu der der Täter gehandelt hat oder im Falle eines Unterlassens hätte handeln müssen (Koinzidenzprinzip bzw. Simultanitätsprinzip).

3. Teil:
Der Aufbau des Gutachtens

I. Keine Vorbemerkungen, keine Diskussion des Aufbaus

49 Das Gutachten darf **weder Aufbau- noch methodische Hinweise irgendeiner Art** enthalten. Der vom Bearbeiter gewählte Aufbau und sein methodisches Vorgehen müssen allein durch die Bearbeitung überzeugen (eine aus sachlichen oder methodischen Gründen unvertretbare Vorgehensweise würde im Übrigen auch durch eine etwaige Begründung nicht »geheilt« werden).

50 Andere Vorbemerkungen sind ebenso unzulässig. Auf keinen Fall darf der Bearbeiter zB seine Auslegung des Sachverhalts, die evtl. für die strafrechtliche Beurteilung wesentliche »zivilrechtliche Seite des Falls« oder die Frage, ob eine bestimmte Person als Täter oder Teilnehmer zu betrachten ist, quasi im Wege eines Vorworts dem eigentlichen Gutachten voranstellen. Ebenso wenig darf der Bearbeiter begründen, warum er die Strafbarkeit einer Person vor der Strafbarkeit einer anderen Person, ein bestimmtes Delikt vor einem anderen Delikt prüft (zB § 212 StGB vor § 211 StGB).

51 In der Regel ist auch nicht zu begründen, warum nach Auffassung des Bearbeiters ein bestimmtes Straftatmerkmal an einer bestimmten Stelle im Straftataufbau einzuordnen ist, wie zB bei § 240 Abs. 2 StGB, der von einigen Autoren als (negatives) Tatbestandsmerkmal,[1] von den meisten hingegen als spezieller Rechtfertigungsgrund[2] angesehen wird.

52 Eine Klarstellung erfordert diese Regel dort, wo die Einordnung **für das Ergebnis eine Rolle** spielt. Zum Beispiel kann in Fällen einer Pflichtenkollision die Frage, ob der Vortäter rechtswidrig gehandelt hat und seine Tat insoweit zB mögliche Haupttat einer strafbaren Teilnahme ist, davon abhängen, ob die Pflichtenkollision als rechtfertigend und folglich im Rahmen der Rechtswidrigkeit behandelt[3] oder erst als Frage der Schuld aufgefasst wird.[4] Auch das ist nicht als Aufbaufrage zu diskutieren. Zu diskutieren ist aber unter dem Prüfungspunkt der Rechtswidrigkeit der Tat, ob die Rechtswidrigkeit aufgrund einer rechtfertigenden Pflichtenkollision ausgeschlossen ist. Das ist eine Rechtsfrage im Gegensatz zur bloßen Aufbaufrage. Viele derartige Fragen sind allerdings mit der Zeit »ausdiskutiert«. Auch dafür ist die Pflichtenkollision ein Beispiel. In den meisten Fällen wird man sie heute ohne weitere Umschweife als Frage der Rechtswidrigkeit behandeln dürfen (was lange umstritten war).

---

1 Vgl. ua Schönke/Schröder/*Eisele*, 29. Aufl. 2014, vor § 13 Rn. 66 sowie ebd. *Eser/Eisele* § 240 Rn. 16; *Schröder* ZStW 65 (1953), 201 f.; zum Streitstand *Rönnau* LK-StGB 12. Aufl. 2007, vor § 32 Rn. 35 ff.
2 S. insbesondere BGHSt 2, 194 (195 f.); 35, 270 (275 f.); differenzierend *Toepel* in: NK-StGB 5. Aufl. 2017, § 240 Rn. 137 ff.
3 Vgl. BGHSt 47, 318 (322); 48, 307 (311) und ua *Hruschka*, Dreher-FS (1977), S. 189, 210; *Neumann* in: NK-StGB, 5. Aufl. 2017, § 34 Rn. 124.
4 Vgl. ua *Jescheck/Weigend* AT, 5. Aufl. 1996, § 33 V 2; *Gallas*, Mezger-FS (1954), S. 311, 332.

II. Chronologische Grobgliederung: Tatkomplexe

Gutachten werden üblicherweise zunächst **im Groben chronologisch** gegliedert. Die einzelnen Blöcke nennt man »Tatkomplexe«. Übungsarbeiten für Anfänger sind allerdings oft so gestaltet, dass sie nur einen Tatkomplex enthalten. Dann ist diese Gliederungsstufe zu übergehen und keinesfalls eine unnötige Aufspaltung des Sachverhalts vorzunehmen. 53

Jedem Tatkomplex gibt der Bearbeiter eine fortlaufende Nummer und eine eigene große Überschrift. Es ist üblich, aber nicht zwingend, den Tatkomplex darin durch eine knappe, unjuristische Kennzeichnung des tatsächlichen Geschehens zu bezeichnen. 54

Beispiele:
1. Tatkomplex: Das Geschehen an der Tankstelle
2. Tatkomplex: Der Streit
3. Tatkomplex: Mit Alkohol am Steuer
4. Tatkomplex: Die Ereignisse vor Gericht

Wer ganz genau wissen möchte, wo eine Trennung in mehrere Tatkomplexe erfolgen sollte, muss – neben der auch im Folgenden immer wieder ausschlaggebenden Teilnahmelehre – Konkurrenzen und Verfahrensrecht beherrschen: IdR sollte der Tatkomplex eine prozessuale Tat abbilden (dh ein Geschehen, das für denselben Beschuldigten nicht in unterschiedliche Strafverfahren zu trennen ist). Schon daraus folgt, dass die Grenzen der Tatkomplexe im Allgemeinen durch die Unterscheidung zwischen Tateinheit (§ 52 StGB) und Tatmehrheit (§ 53 StGB) abgesteckt werden.[5] Deshalb lautet der typische letzte Satz eines strafrechtlichen Gutachtens (bei den Konkurrenzen im Gesamtergebnis): »Die Taten der verschiedenen Tatkomplexe stehen zueinander in Tatmehrheit (§ 53 StGB).« oder (gleichbedeutend) »Die Taten der verschiedenen Tatkomplexe konkurrieren real (§ 53 StGB)«. 55

Meist genügt es, einfach eine grobe chronologische Einteilung vorzunehmen. Ferner werden die gerade genannten Kriterien (wie alle Aufbauregeln) bisweilen von anderen Belangen, va der Übersichtlichkeit, verdrängt. So prüft man die Anstiftung und Beihilfe zu einer Tat im selben Tatkomplex wie die Tat selbst, auch wenn sie lange zuvor erfolgten. Sonst ließe sich gar nicht beurteilen, ob überhaupt eine teilnahmefähige Haupttat vorliegt. 56

---

[5] Als *„Tateinheit"* (= *„Idealkonkurrenz"*) bezeichnet man das Verhältnis mehrerer durch dasselbe Verhalten begangener Delikte, soweit sie nicht im Wege der Spezialität, Subsidiarität oder Konsumtion (sog. unechte Konkurrenzen) hinter anderen zurücktreten. Davon ist der Begriff der *„Tatmehrheit"* (= *„Realkonkurrenz"*) zu unterscheiden. Sie liegt vor, wenn die verschiedenen Delikte durch unterschiedliche Handlungen des Täters verwirklicht werden (und diese auch nicht rechtlich zu einer einheitlichen Tat verklammert sind).

3. Teil: Der Aufbau des Gutachtens

57 Es ist zulässig, das ganze Gutachten chronologisch zu gliedern (mit den nötigen Umstellungen bei der Teilnahme). Meist ist es aber übersichtlicher, **innerhalb der einzelnen Tatkomplexe**
1. nach Personen zu gliedern und dann innerhalb der Strafbarkeit einer Person
2. nach thematischen Deliktsgruppen, die man ihrerseits nach der »Schwere des Delikts« sortiert.[6]

---

[6] Letztlich folgt auch dies prozessualen Belangen: Gegliedert wird so, dass das Gutachten die prozessuale Möglichkeit sowohl der gesonderten Verfolgung einzelner Personen als auch der Beschränkung der Strafverfolgung auf die schwerwiegendsten Tatvorwürfe (§ 154a StPO, soweit nicht schon Konkurrenzen eingreifen) abbildet. Nur dann ist es zur Vorbereitung des Prozesses (bzw. der Verteidigung) geeignet, was die originäre praktische Funktion von Gutachten ist.

III. Die Reihenfolge der zu prüfenden Personen

Aufbauprobleme ergeben sich insbesondere dann, wenn die Strafbarkeit mehrerer Personen zu prüfen ist. Als Erstes ist allerdings im **Bearbeitervermerk** unter dem Sachverhalt nachzusehen, wessen Strafbarkeit überhaupt zu prüfen ist, und das Gutachten strikt darauf zu beschränken.

Beispiele:
Meist wird aufgezählt, wessen Strafbarkeit zu prüfen ist, was implizit alle anderen Beteiligten ausschließt (und ggf. zu inzidenter Prüfung zwingt, siehe unten 3.), zB:
Wie haben A, B und C sich strafbar gemacht?
Hat A sich strafbar gemacht?
Es gibt aber auch explizite Einschränkungen, zB:
Nehmen Sie in einem Gutachten, das auf alle aufgeworfenen Rechtsfragen eingeht, zur Strafbarkeit der Beteiligten Stellung. Die Erörterung der Strafbarkeit von D ist erlassen.

Grundsätzlich hat der Bearbeiter im Übrigen zwar einen gewissen Spielraum bei der Gestaltung des Gutachtenaufbaus. Gerade dann, wenn die Strafbarkeit mehrerer Personen in Frage steht, sind jedoch im Einzelfall auch zwingende Aufbauregeln zu beachten.

Merke: Es gibt keinen Grundsatz, der besagt, dass die Strafbarkeit einer Person in jedem Fall zwingend en bloc zu prüfen ist. Insbesondere in einigen Fällen »verschränkter« Teilnahme (zwei oder mehr Beteiligte sind einmal Täter, einmal Teilnehmer der Tat des anderen) ist das gar nicht sinnvoll möglich. Umgekehrt sollte aber ein Gliederungsschema möglichst konsequent durchgehalten werden. Wer nach Personen aufbaut, sollte deren Erörterung innerhalb eines Tatkomplexes nicht unnötig auseinanderreißen.

1. Oberster Grundsatz: Übersichtlichkeit

Der Aufbau des Gutachtens verfolgt keinen Selbstzweck, sondern soll es dem Leser erleichtern, den Gedankengängen des Bearbeiters zu folgen. Liegen keine Besonderheiten vor, die eine bestimmte Prüfungsreihenfolge aus logischen Gründen vorgeben (vgl. hierzu die nachfolgenden Aufbauregeln), ist der Aufbau so zu gestalten, dass die Arbeit möglichst übersichtlich gerät.

Dies bedeutet, dass einerseits dem im Sachverhalt geschilderten Geschehensablauf Rechnung zu tragen ist und andererseits die Strafbarkeitsprüfungen so zusammenzufassen sind, dass die Strafbarkeit der einzelnen handelnden Personen möglichst zusammenhängend untersucht wird. Dabei ist mit der »**tatnächsten**« **Person** bzw. der »Zentralfigur des Geschehens« zu beginnen.

Hieraus folgt:

- Schildert der Sachverhalt nur ein einziges, in sich abgeschlossenes Ereignis, beginnt man mit der »Hauptfigur« und prüft die Strafbarkeit dieser Person umfassend. Dann wendet man sich der nächsten Person zu usw.
- Besteht die Sachverhaltsschilderung aus mehreren (evtl. zeitlich auseinanderliegenden), jeweils in sich abgeschlossenen oder wenigstens voneinander trennbaren Ereignissen, bietet es sich an, den Sachverhalt in Handlungsabschnitte zu unterteilen. Innerhalb dieser Abschnitte ist wiederum nach Personen getrennt zu prüfen, wobei

man dann mit der »Zentralfigur« beginnt. **Praktischer Hinweis:** Bei der Einteilung des Sachverhalts in Handlungsabschnitte kann man sich in den meisten Fällen bereits an der grafischen Gestaltung des ausgeteilten Sachverhalts (nämlich den Absätzen!) orientieren.

Merke: Unabdingbar ist die Aufteilung in Handlungsabschnitte dann, wenn die Rolle der Haupttäter und Teilnehmer zwischen den verschiedenen, im Sachverhalt geschilderten Ereignissen wechselt – vgl. dazu die folgenden Grundsätze.

2. Aufbauregel: Die Strafbarkeit jeder Person ist gesondert für sich zu prüfen

63 Verwirklicht eine Person bereits allein das ganze Delikt, sollte sie zunächst als Alleintäter geprüft werden, ohne dass dabei die Frage der Täterschaft überhaupt problematisiert wird (es sei denn, sie wäre von bloßer Teilnahme abzugrenzen). Im Rahmen der Prüfung der Strafbarkeit der anderen Personen (als Mittäter) wird dann untersucht, ob die Voraussetzungen einer mittäterschaftlichen Begehung vorliegen.

Beispiel:
Sachverhalt: A, B und C kommen überein, den P zu überfallen und um sein Bargeld zu erleichtern. Während C Schmiere steht, nähern sich A und B dem P. A schlägt den P, der von B festgehalten wird, nieder und nimmt ihm dann das Geld weg.

Hier erfüllt A in seiner Person alle Straftatmerkmale des § 249 StGB. A sollte daher zunächst allein (ohne Eingehen auf eine mögliche Mittäterschaft von B und C) geprüft werden. Anschließend ist zu untersuchen, ob B bzw. C die Straftat des A als mittäterschaftliches Delikt zugerechnet werden kann. (Soweit ein Mittäter nicht alle Tatbestandsmerkmale selbst verwirklicht hat, beruht seine Strafbarkeit als Täter auf § 25 Abs. 2 StGB, der die Funktion einer *Zurechnungsnorm* hat. Gemäß § 25 Abs. 2 StGB ist jedem Mittäter jeder Beitrag der anderen *wie eigenes Verhalten zuzurechnen*.). Das Verhalten von B und C ist relevant bei der Frage, ob im Schmierestehen bzw. Festhalten ein hinreichender eigener Tatbeitrag liegt. Die Prüfung der Strafbarkeit von B (bzw. C) könnte wie folgt eingeleitet werden:

»B könnte sich dadurch, dass er den P festhielt, als Mittäter des durch A begangenen Raubes schuldig gemacht haben (§§ 249, 25 Abs. 2 StGB). Dann müssten A und B die Straftat gemeinschaftlich begangen haben. Voraussetzung hierfür ist... (Es folgt die Prüfung der Voraussetzungen der Mittäterschaft).

64 **Ausnahmen** von der Einzelprüfung werden gemacht, wenn:

(1) mehrere Personen identische Handlungen vornehmen, die der Sachverhalt nicht näher aufschlüsselt bzw. wie das Handeln nur einer Person schildert

Beispiel:
A und B dringen in die Wohnung des E ein. Sie durchwühlen den Schreibtisch des E und nehmen einige Wertpapiere und eine größere Menge Bargeld an sich ....

Hier sind A und B (zumindest hinsichtlich des hier interessierenden Teils des Sachverhalts) quasi als eine Person zu behandeln. Sie können zusammen als Mittäter geprüft werden, ohne dass dies im Einzelnen problematisiert werden muss. Die Prüfung könnte hinsichtlich des Diebstahls zB so beginnen:

»A und B haben einige Wertpapiere und eine größere Menge Geld aus dem Schreibtisch des E an sich genommen. Hierdurch könnten sie als Mittäter (§ 25 Abs. 2 StGB) den Tatbestand der §§ 242, 243 Abs. 1 S. 2 Nr. 1 StGB verwirklicht haben. Voraussetzung hierfür ist, dass A und B fremde bewegliche Sachen weggenommen haben ...«

III. Die Reihenfolge der zu prüfenden Personen

oder

(2) mehrere Personen ein Delikt so begehen, dass jeder Täter allein nur einen Teil verwirklicht, keiner aber das Ganze.

Beispiel:
A und B überfallen den Passanten P. A schlägt den P nieder; B nimmt dem benommen am Boden liegenden P das Geld aus der Brieftasche.

Hinsichtlich des Raubes (§ 249 StGB) haben A und B jeweils nur einen Teil des Delikts verwirklicht: A die Gewaltanwendung und B die Wegnahme. Bei der Prüfung des § 249 StGB sind A und B daher zwingend zusammen zu prüfen. Anders als im obigen Beispielsfall muss hier allerdings auch das Vorliegen der Voraussetzungen einer Mittäterschaft im Einzelnen geprüft werden.

Einige Übungsleiter befürworten auch in den oben genannten Ausnahmekonstellationen eine strikt getrennte Prüfung. Dann wäre zunächst die Strafbarkeit einer Person zu prüfen. Verwirklicht diese Person alle Tatbestandsmerkmale in eigener Person, ergeben sich keine Probleme; die mögliche Mittäterschaft weiterer Personen ist dabei noch nicht zu erwähnen. Verwirklicht dagegen der Täter nicht alle Tatbestandsmerkmale, ist im Rahmen des objektiven Tatbestandes zu prüfen, ob ihm die von einer anderen Person verwirklichten Tatbestandselemente über § 25 Abs. 2 StGB zurechenbar sind. Bezogen auf den Beispielsfall bedeutet dies, dass man zunächst prüfen würde, ob sich A wegen Raubes (§ 249 StGB) strafbar gemacht hat. Im objektiven Tatbestand wäre zunächst festzustellen, dass A Gewalt (zum Zwecke der Wegnahme) angewendet hat. In einem weiteren Prüfungsschritt wäre zu untersuchen, ob die Wegnahme durch B dem A über § 25 Abs. 2 StGB zugerechnet werden kann.

Prüft man in solchen Fällen A und B von vornherein gemeinsam, spart das etwas Zeit und Platz, weil nicht mehrfach zur Erörterung der Mittäterschaft angesetzt werden muss. Der Bearbeiter muss dabei aber darauf achten, dass er letztlich für jeden Täter einen vollständigen Nachweis seiner Strafbarkeit führt, dh sowohl für A als auch für B sämtliche Voraussetzungen dargetan werden. Vor allem wenn zwischen A und B Unterschiede im subjektiven Tatbestand bestehen, kann eine getrennte Prüfung daher übersichtlicher und uU sogar schneller sein.

3. Aufbauregel: Inzidente Prüfungen und Verweisungen nach unten sind möglichst zu vermeiden

Weder Inzidentprüfungen noch Verweisungen nach unten bedeuten einen sachlichen Fehler (obwohl viele Korrektoren sie als „verboten" ansehen). Sie machen das Gutachten aber unübersichtlich, und zwar nicht nur für den Leser, sondern im Regelfall auch für den Bearbeiter selbst (der leicht in der Aufregung der Klausur vergisst, was er später eigentlich noch schreiben wollte).[7] Die hieraus resultierenden Gefahren lassen sich oft ohne Aufwand durch eine geschicktere Reihenfolge vermeiden.[8]

Hinzuweisen ist insbesondere auf folgende Fallgestaltungen, wobei eine strikte Reihenfolge bei der Prüfung zu empfehlen ist:

---

[7] Verweisungen nach oben bergen hingegen regelmäßig keine solchen Gefahren und sind allgemein akzeptiert (vgl. dazu unten 3. Teil IV.4.h.).
[8] Wem allerdings in der Klausur erst später auffällt, dass eine andere Reihenfolge besser gewesen wäre, muss deshalb noch lange nicht seinen Aufbau korrigieren.

(1) Sind **Rechtfertigungsprobleme** zu behandeln, ist streng historisch (chronologisch) zu prüfen, da die mögliche Rechtfertigung einer Person Bedeutung für die Strafbarkeit einer anderen Person haben kann.

Beispiel:

Sachverhalt: A beleidigt den B. B schlägt daraufhin dem A ins Gesicht. A schlägt zurück.

Hier ist zunächst die Strafbarkeit des A wegen § 185 StGB zu untersuchen. Hat A sich nach § 185 StGB schuldig gemacht, kann die Körperverletzung durch B möglicherweise gemäß § 32 StGB gerechtfertigt sein (Problem: Gegenwärtigkeit des Angriffs?). Erst wenn man geprüft hat, ob das Verhalten des B rechtswidrig oder gerechtfertigt ist, kann beurteilt werden, ob die zweite Handlung des A, nämlich die Körperverletzung, gerechtfertigt ist (denn die Rechtfertigung der Körperverletzung durch A ist abhängig davon, ob der Schlag des B ein rechtswidriger Angriff ist oder nicht).

(2) **Haupttäter** sind stets *vor* etwaigen **Anstiftern** und / oder **Gehilfen** zu prüfen, da die vorsätzliche, rechtswidrige Haupttat Voraussetzung einer Strafbarkeit der Teilnehmer ist.

Beispiel:

Sachverhalt: B stiftet den A an, den P zu überfallen und auszurauben. C leiht dem A seinen Totschläger. A führt die Tat aus.

Hier ist zunächst zwingend die Strafbarkeit des A nach den §§ 249, 250 StGB zu prüfen, da die Straftat des A als Haupttat Voraussetzung für eine Strafbarkeit des B als Anstifter bzw. des C als Gehilfen ist.

(3) Die (Nicht-)Strafbarkeit des potenziellen »**Werkzeugs**«[9] ist *vor* der Strafbarkeit des potenziellen »**mittelbaren Täters**« zu prüfen. Anderenfalls müsste im Rahmen der Strafbarkeitsprüfung des potenziellen mittelbaren Täters und zwar bei dem Prüfungspunkt »Werkzeugqualität des Tatmittlers« eine eher zu vermeidende inzidente Prüfung der Strafbarkeit des Tatmittlers erfolgen.

Beispiel:

Sachverhalt: A will seinen Nebenbuhler N aus dem Weg schaffen. Er spielt dem Polizeikommissar P falsche Informationen zu, nach denen N als Großdealer im Kokaingeschäft tätig ist. P verhaftet den N; A hat freie Bahn.

Hier ist zunächst die Strafbarkeit des P zu prüfen. Nach der Feststellung, dass P gerechtfertigt gehandelt hat (§ 127 Abs. 2 StPO), kann dann die Strafbarkeit des A (§§ 239, 25 Abs. 1 2. Alt StGB) geprüft werden (P als gerechtfertigt handelndes Werkzeug des A).

(4) Im Einzelfall kann sich aus der obigen Aufbauregel zwingend ein »**gebrochener Aufbau**« ergeben.

Beispiel:

B steht bei einem Einbruch des A Schmiere. Zur Belohnung informiert A den B darüber, dass bei X ohne große Schwierigkeiten eingebrochen werden kann. B bricht daraufhin am nächsten Tag bei X ein.

---

9 Alternativ wird das „Werkzeug" auch als „Tatmittler" oder „Vordermann" bezeichnet.

III. Die Reihenfolge der zu prüfenden Personen

Prüfungsabfolge:
1. Strafbarkeit des A wegen des ersten Einbruchs: §§ 242, 243 Abs. 1 S. 2 Nr. 1 StGB
2. Strafbarkeit des B
   a) Beihilfe wegen des Schmierestehens: §§ 242, 243 Abs. 1 S. 2 Nr. 1, 27 StGB
   b) Der eigene Einbruch des B: §§ 242, 243 Abs. 1 S. 2 Nr. 1 StGB
3. Strafbarkeit des A hinsichtlich des zweiten Einbruchs: §§ 242, 243 Abs. 1 S. 2 Nr. 1, 26 StGB

(5) **Ausnahmsweise** ist eine **Inzidentprüfung** nicht nur zulässig, sondern sogar unumgänglich, wenn der potenzielle Haupttäter, Tatmittler oder gerechtfertigt handelnde Täter nach dem Bearbeitervermerk nicht zu prüfen ist. Gleiches kann gelten, wenn er laut Sachverhalt verstorben ist. Vielfach wird nämlich angegeben, die **Strafbarkeit eines Toten** müsse (in Anlehnung an die Praxis, die kein Interesse daran hat, ein Strafverfahren gegen einen Toten zu führen) nicht eigenständig unter seinem Namen geprüft werden.[10]

Merke: Nur dann, wenn das Verhalten des Verstorbenen Bedeutung für die Strafbarkeit einer noch lebenden Person hat, wird es inzident im Rahmen der Strafbarkeitsprüfung dieser Person untersucht.

Beispiel:
Sachverhalt: A beleidigt B. B geht mit einem Messer auf A los. A erschießt den B.

Hier darf allein die Strafbarkeit des noch lebenden A geprüft werden. Man beginnt mit der möglichen Strafbarkeit nach § 185 StGB. Dann prüft man eine Strafbarkeit nach § 212 StGB. Hier ist im Rahmen der Frage, ob der Schuss des A durch Notwehr (§ 32 StGB) gerechtfertigt ist, zu prüfen, ob der Angriff des B mit dem Messer rechtswidrig war. An dieser Stelle ist nun inzident die Strafbarkeit des toten B zu untersuchen.

---

10 »Zwingend« ist auch das nicht, deshalb sollte ein wohl durchdacht erstellter Sachverhalt hierzu einen Hinweis im Bearbeitervermerk enthalten. Wird das vom Aufgabensteller versäumt (indem nur nach der »Strafbarkeit der Beteiligten« gefragt wird), sollte man aber an diese (wiederum mit Blick auf das Prozessrecht sinnvolle) »Regel« denken.

IV. Prüfungsreihenfolge und Prüfungsgegenstand innerhalb der Strafbarkeitsprüfung einer Person

1. Einschränkungen in der Aufgabenstellung und Auswahl der Straftatbestände

69 Ausgangspunkt der gutachtlichen Bearbeitung ist stets die **Fallfrage**. In strafrechtlichen Arbeiten wird regelmäßig nach der Strafbarkeit gefragt. Zu klären ist dann, ob sich eine bestimmte Person strafbar gemacht hat, dh konkreter: aufgrund welcher Straftatbestände die einzelnen Beteiligten zu bestrafen sind.

70 Nicht selten **schränken** Aufgabensteller den **Prüfungsbereich im Bearbeitervermerk ein**. Gerade in der Anfängerübung werden in der Regel das Nebenstrafrecht (zB Betäubungsmittelgesetz, Straßenverkehrsgesetz) und manchmal sogar Teile des Kernstrafrechts von der Prüfung ausgenommen. Zum Teil wird der Prüfungsbereich sogar ausdrücklich auf bestimmte Deliktsgruppen beschränkt.

Beispiele:
Hat A sich strafbar gemacht? (Straßenverkehrsdelikte sind nicht zu prüfen.)
Hat A sich wegen eines Tötungsdelikts strafbar gemacht?
Hat A sich nach dem StGB strafbar gemacht?

71 Ist der Prüfungsbereich auf das StGB eingeschränkt, hat dies allein zur Folge, dass nur Straftatbestände des StGB, nicht aber solche des Nebenstrafrechts zu prüfen sind. **Rechtfertigungsgründe** aus anderen Gesetzen (zB § 228 BGB, § 127 StPO) betrifft diese Einschränkung nicht, sie sind selbstverständlich zu prüfen. Auch ist – wenn es darauf ankommt – die Eigentumslage an einer Sache nach den hierfür maßgeblichen Normen des BGB zu beurteilen.

Ist allgemein nach der Strafbarkeit der Beteiligten gefragt (zB: »Strafbarkeit der Beteiligten?«, »Hat A sich strafbar gemacht?«), sind zwar auch strafrechtliche Nebengesetze, nicht aber Ordnungswidrigkeiten zu prüfen.

72 Die Einschränkungen nach dem Bearbeitervermerk können **auch andere Fragen** des Aufbaus als den Prüfungsumfang bei einer einzelnen Person betreffen. So können zB ganze Tatkomplexe und Personen von der Prüfung ausgenommen werden (was dann zur Folge haben kann, dass an anderer Stelle inzidente Prüfungen erforderlich werden). Sie sind stets zu beachten. Besonders leicht gerät dies aber bei der Erörterung einer einzelnen Person und der Suche nach einschlägigen Deliktstatbeständen aus dem Blick.

73 Im Rahmen der Aufgabenstellung soll die **Rechtslage umfassend dargestellt** werden. Es sind deshalb alle Straftatbestände in die Prüfung einzubeziehen, deren Erörterung nicht von vornherein als abwegig erscheinen muss. Zu prüfen sind:

- alle Straftatbestände, bei denen zumindest **Teile** des objektiven Tatbestands **erfüllt sind** (entscheidend ist der im Sachverhalt geschilderte objektive Geschehensablauf; zu beachten ist aber auch die Modifizierung der Straftatbestände durch die gesetzlich fixierten und durch Rechtsprechung und Lehre entwickelten Regelungen des AT, wie insbesondere etwa die Möglichkeit, Delikte durch Unterlassen oder in mittelbarer Täterschaft zu begehen);
- alle Straftatbestände, welche die handelnden Personen **erfüllen wollten** (entscheidend sind die im Sachverhalt entweder ausdrücklich geschilderten oder im Wege einer lebensnahen Sachverhaltsergänzung hineinzuinterpretierenden Vorstellungen,

IV. Prüfungsreihenfolge und Prüfungsgegenstand innerhalb der Strafbarkeitsprüfung

Motive, Beweggründe und Ziele der handelnden Personen – maßgeblich sind dabei regelmäßig Tatsachen und nur ausnahmsweise rechtliche Vorstellungen der Beteiligten, die aber uU als Hinweis in den Sachverhalt eingefügt werden).

Im Zweifel sollte man dahin tendieren, **lieber einen Straftatbestand zu viel** als einen zu wenig zu prüfen. Es ist weniger schädlich, einen überflüssigen Straftatbestand „anzuprüfen", als einen – aus der Sicht des Aufgabenstellers/Korrektors – relevanten Straftatbestand nicht angesprochen zu haben.

Erörterungen zur Straffrage (Strafzumessung im engeren und weiteren Sinne) sind im studentischen Gutachten nicht anzustellen. Es wird regelmäßig wohl auch keine Stellungnahme erwartet, ob ein minder schwerer bzw. besonders schwerer Fall vorliegt oder eine etwaige Strafe zur Bewährung ausgesetzt werden kann oder muss. Die Frage, wie eine Person konkret zu bestrafen ist, kann aufgrund eines kurzen Papiersachverhalts überhaupt nicht angemessen beurteilt werden. Erörterungen zur Strafzumessung sind deshalb nur dann anzustellen, wenn dies vom Aufgabensteller ausdrücklich verlangt wird.

74

Ausnahme: Zu prüfen ist (wenn der Sachverhalt hierfür Anhaltspunkte enthält), ob einer der zu verschiedenen Straftatbeständen geregelten sog. **benannten besonders schweren Fälle** (zB § 243 Abs. 1 S. 2 StGB[11]) gegeben ist.[12] Wenn man sich dann mit diesen befasst, dürfte in einzelnen Klausuren von sehr guten Bearbeitern auch erwartet werden, dass ausnahmsweise etwaige »unbenannte besonders schwere Fälle« erörtert werden, falls die Regelbeispiele scheitern, der Sachverhalt aber »nahe an einem Regelbeispiel liegt«.

75

2. Übersichtlichkeit, zeitliche Abfolge und Schwere des Delikts

Um der Gefahr zu begegnen, strafbare Verhaltensweisen zu übersehen, sollte man sich grundsätzlich an der Abfolge des historischen Geschehens orientieren. Nur dann, wenn durch eine Handlung bzw. im Rahmen mehrerer als Einheit zusammengehörender Handlungen verschiedene Tatbestände verwirklicht werden, ist mit den gewichtigeren Delikten zu beginnen (»Dickschiffe nach vorn«).

76

---

11 Beachte: Durch das 6. StrRG (Sechstes Gesetz zur Reform des Strafrechts) sind 1998 für eine ganze Reihe von Straftatbeständen benannte besonders schwere Fälle eingeführt worden, so etwa in § 263 Abs. 3 S. 2 StGB. Für die Prüfung gelten die gleichen Grundsätze wie bei § 243 StGB.

12 § 243 StGB ist hier die unter prüfungstechnischen Gesichtspunkten wichtigste Norm. Sie ist – anders als zB § 244 StGB – kein Qualifikationstatbestand iSd § 242 StGB, sondern eine Strafzumessungsregel, die allerdings praktisch wie ein Qualifikationstatbestand behandelt wird. Für den Prüfungsaufbau ist aber zu beachten, dass es sich nicht um einen eigenständigen Tatbestand handelt (häufiger Fehler!). Falsch wäre es also zu formulieren: »T könnte sich gemäß § 243 StGB strafbar gemacht haben.« Richtig ist es, die Frage, ob die Voraussetzungen des § 243 StGB erfüllt sind, im Rahmen der Prüfung des § 242 StGB als letzten Prüfungspunkt (nach der Schuldprüfung) anzusprechen.
Dabei sollte auch der Regelcharakter klargestellt werden, zB in Form der Frage, ob bei erfülltem Regelbeispiel ein »hinreichend typischer Fall« vorliegt, bzw. – wenn kein Regelbeispiel erfüllt ist – ob ein »unbenannter besonders schwerer Fall« vorliegt, obwohl inhaltlich dazu selten etwas zu sagen sein wird. Auch § 243 Abs. 2 StGB ist zu beachten.
Weil es sich um eine Strafzumessungsregel handelt, kommt es auf die Vorschrift nicht an, wenn eine Qualifikation nach § 244 StGB vorliegt (denn dann wird die Strafe aus jener und nicht aus § 242 StGB zugemessen).

3. Zusammenspiel von AT und BT

77 Die Bearbeitung eines Strafrechtsfalles beginnt zwingend damit, dass man sich die Straftatbestände heraussucht, die bei dem jeweils gegebenen Sachverhalt möglicherweise einschlägig sein könnten. Ausgangspunkt einer Strafbarkeitsprüfung sind in keinem Fall Normen des Allgemeinen Teils, sondern stets die Straftatbestände des Besonderen Teils (§§ 80 ff. StGB). Diese definieren die einzelnen Verhaltensweisen, die eine strafrechtliche Verantwortlichkeit begründen können (beispielhaft: Mord = § 211 StGB; Körperverletzung = § 223 StGB; Nötigung = § 240 StGB; Diebstahl = § 242 StGB; Betrug = § 263 StGB; Sachbeschädigung = § 303 StGB).

78 Bei den Normen des Allgemeinen Teils handelt es sich um Regelungen, die grundsätzlich für alle Straftatbestände Geltung beanspruchen und die der Gesetzgeber aus redaktionellen Gründen »vor die Klammer gezogen« hat, um die einzelnen Deliktsbeschreibungen zu entlasten. Der Sache nach sind die Normen des Allgemeinen Teils (AT) also in die jeweils zu prüfenden Straftatbestände des Besonderen Teils (BT) »hineinzulesen«. Für die universitären Fallbearbeitungen sind in erster Linie die Normen des AT unmittelbar relevant, in denen die Voraussetzungen der Strafbarkeit geregelt werden. Konkret sind dies die §§ 13–37 StGB.

79 Beispielhaft: Würde man sich allein auf die Straftatbestände des BT beschränken, wäre ein Totschlag bereits und stets dann gegeben, wenn der Täter »einen Menschen tötet« (§ 212 StGB).[13] Dass das nicht richtig sein kann, zeigt sich bereits daran, dass es dann unerheblich wäre,

- ob der Täter überhaupt erkannt hat bzw. erkennen konnte, dass er einen Menschen töten würde (relevant für die Prüfung von §§ 15, 16 StGB),
- dass sich der Täter möglicherweise nur gegen einen Angreifer gewehrt hat (relevant bzgl. § 32 StGB),
- ob sich der Täter bei Begehung der Tat in einem Zustand der Unzurechnungsfähigkeit befand (relevant nach §§ 20, 21 StGB).

80 Alle oben beispielhaft genannten Problemstellungen werden durch Normen des AT geregelt (vgl. §§ 15, 20, 32 StGB). Diese Normen müssen bei der Prüfung der Strafbarkeit berücksichtigt werden. Der erweiterte (aber immer noch nicht vollständige!) Tatbestand des § 212 StGB müsste dann gelesen werden als: »Wer einen Menschen *vorsätzlich* tötet, *ohne dass seine Tat durch Notwehr geboten war*, macht sich strafbar, wenn er *bei Begehung der Tat nicht wegen einer krankhaften seelischen Störung, wegen einer tiefgreifenden Bewusstseinsstörung oder wegen Schwachsinns oder einer schweren anderen seelischen Abartigkeit unfähig war, das Unrecht der Tat einzusehen oder nach dieser Einsicht zu handeln.*«

81 Der AT enthält Normen, die die Straftatbestände des BT nicht nur ergänzen, sondern modifizieren. So kann zB neben dem in § 212 StGB als Grundtypus geregelten vorsätzlichen vollendeten Totschlag auch ein versuchter Totschlag (§§ 212, 22 StGB), ein Totschlag durch Unterlassen (§§ 212, 13 StGB), die Anstiftung zum Totschlag (§§ 212, 26 StGB) oder auch ein versuchter Totschlag in mittelbarer Täterschaft durch Unterlassen (§§ 212, 13, 22, 25 Abs. 1 Alt. 2 StGB) zu prüfen sein. Wichtig ist, dass in keinem Fall

---

13 Hinweis: Der Zusatz »ohne Mörder zu sein« ist nach allgemeiner Auffassung ein redaktioneller Fehler des Gesetzgebers. Die Prüfung des Totschlags setzt nicht die negative Prüfung des Mordes voraus. Im Gutachten kann man diesen Zusatz schlicht (dh: ohne Begründung) unter den Tisch fallen lassen.

IV. Prüfungsreihenfolge und Prüfungsgegenstand innerhalb der Strafbarkeitsprüfung

unspezifiziert »Versuch« oder »Anstiftung« geprüft wird. Eine Anstiftung als solche gibt es gar nicht, sondern nur die Anstiftung zu einem konkreten Delikt. In der Überschrift über der jeweiligen Prüfung muss man aber durchaus bereits klarstellen, in welcher Form das Delikt geprüft wird (zB: Strafbarkeit wegen versuchten Totschlags, §§ 212 Abs. 1, 22 StGB – ob dabei § 23 StGB gleich hinzuzitiert wird, steht im Belieben des Bearbeiters).

Merke: Die Strafbarkeitsprüfung nimmt ihren Ausgangspunkt stets und zwingend bei einem Straftatbestand des BT. Die Normen des AT werden nur im Rahmen der Prüfung eines Straftatbestandes herangezogen.

Die Aufgabe, die Regelungen des BT und AT so zusammenzuführen, dass ein Gesamtsystem der Strafbarkeitsvoraussetzungen erkennbar (und darstellbar) wird, versucht die Strafrechtswissenschaft durch die Lehre vom Straftataufbau zu bewältigen. Die im Einzelnen in den Lehrbüchern des AT dargestellte **Lehre des Straftataufbaus** soll also die grundlegenden Strukturen der den einzelnen Straftatbeständen des BT implizit zugrundeliegenden Systematik aufzeigen (vgl. *Jescheck/Weigend*, StrafR AT, 5. Aufl., § 21; *Roxin*, StrafR AT, 4. Aufl., Teilbd. 1, § 7). Hieraus folgt: Die Bearbeitung eines Strafrechtsfalles setzt nicht nur voraus, dass der Bearbeiter Kenntnisse über die spezifischen Inhalte der jeweils einschlägigen Straftatbestände des BT besitzt; ihm muss darüber hinaus die Systematik des Straftataufbaus geläufig sein, da er anderenfalls nicht in der Lage ist, die Regelungen des AT in angemessener Weise bei seiner Prüfung zu berücksichtigen.

82

4. Ergänzende Grundsätze

a) Immer noch keine Vorbemerkungen

Das Gutachten enthält keinerlei Vorbemerkungen – weder ganz am Anfang noch vor einzelnen Tatbeständen (vgl. bereits oben 3. Teil I.). Lehrbücher erörtern zwar manche mehrfach relevante Fragen in abstrakter Weise vorab (zB die der Handlungsqualität – dazu sogleich), Gutachten haben aber den Fall konkret zu erörtern und können deshalb dem Aufbau von Lehrbüchern oft nicht folgen.

83

Einige Einzelfälle:

84

- Dass das StGB (bzw. das deutsche Recht) überhaupt auf den zu beurteilenden Fall Anwendung finden kann (vgl. §§ 3 ff. StGB), wird grds. unterstellt. Nur wenn ausdrücklich danach gefragt ist oder der Sachverhalt explizit Umstände erwähnt, die Zweifel daran erwecken könnten, geht man auf diese Fragen ein. IdR ist das dann entweder eine Zusatzfrage oder in die Prüfung der einzelnen Tatbestände zu integrieren (und ggf. unterschiedlich zu beantworten).
- Ebenso ist die Frage, ob eine rechtlich relevante Handlung vorliegt, in die Prüfung des jeweiligen Tatbestandes zu integrieren und keinesfalls in Form einer Vorbemerkung abzuhandeln. Das zeigt folgendes

Beispiel:
A, B und C streiten sich. A schubst B von einer kleinen Klippe. B fällt weich in das Beet des C, zerstört aber das dortige Gemüse und dessen Schutznetz. Im Fallen schreit B eine Beleidigung zu C.

Bzgl. einer Sachbeschädigung stand das Verhalten des B unter *vis absoluta*, dh es folgte einfach den Naturgesetzen. Da B sein Verhalten nicht steuern konnte, lag keine strafrechtlich relevante Handlung vor. Für den im selben Verhalten enthaltenen Ruf hingegen gilt das nicht. Vorab wäre die Frage nach der Handlungsqualität also gar nicht zu beantworten. Sie stellt sich vielmehr immer nur im Rahmen eines konkreten Delikts und dort bei der Tathandlung.

- Gleiches gilt für die Frage, ob eine Person Täter (§ 25 StGB) oder Teilnehmer (§§ 26, 27 StGB) ist, ob ein vollendetes oder nur ein versuchtes Delikt (§§ 22 f. StGB) bzw. ein aktives Tun oder nur ein Unterlassen (§ 13 StGB) gegeben ist.

Beispiele:

(1) Ist nicht ohne Weiteres klar, ob das Delikt vollendet oder im Versuch steckengeblieben ist, sollte man mit der Prüfung des vollendeten Delikts beginnen. Stellt sich dann heraus, dass ein Tatbestandsmerkmal nicht erfüllt (und damit eine Vollendung des Delikts ausgeschlossen) ist, kann diese Prüfung mit negativem Ergebnis abgeschlossen und sodann (unter einer neuen Prüfungsziffer) zur Prüfung des entsprechenden versuchten Delikts übergegangen werden. Ist dagegen von vornherein klar, dass es an einer Vollendung fehlt, kann man sich die Prüfung des vollendeten Delikts ersparen. Man beginnt hier sinnvollerweise sofort und ohne eine Begründung für dieses Vorgehen zu geben mit der Prüfung des versuchten Delikts. Im Rahmen dieser Prüfung (nicht aber in der Form eines Vorwortes!) ist dann kurz darzulegen, dass es an einer Vollendung fehlt (nur dann ist überhaupt Raum für eine Prüfung des versuchten Delikts).

(2) Ist unklar, ob B, der bei einem von A begangenen Einbruch »Schmiere« gestanden hat, als Mittäter oder nur als Gehilfe des A anzusehen ist, sollte man die Prüfung der Strafbarkeit des B zunächst (wiederum: ohne das methodische Vorgehen als solches zu begründen) mit einer Prüfung der §§ 242, 25 Abs. 2 StGB beginnen. Stellt sich heraus, dass B sich als Mittäter schuldig gemacht hat, entfällt eine Prüfung der Beihilfe zum Diebstahl (§§ 242, 27 StGB). Sind die Voraussetzungen einer Mittäterschaft dagegen nicht erfüllt, wird im Anschluss an die negative Prüfung der §§ 242, 25 Abs. 2 StGB (unter einer neuen Prüfungsziffer) Beihilfe zum Diebstahl geprüft.

- Auch etwaige **zivilrechtliche** oder **öffentlich-rechtliche** »**Vorfragen**« sind ausschließlich im Rahmen der Tatbestands- bzw. Rechtfertigungs- oder Schuldprüfung anhand eines konkreten Straftatmerkmals (zB »fremd« bei § 242 StGB; »rechtswidrig« bei § 32 StGB) zu erörtern.

Beachte: Auf die Beantwortung derartiger Fragestellungen aus anderen Rechtsgebieten ist dabei grundsätzlich die gleiche Sorgfalt zu verwenden wie bei originär strafrechtlichen Problemstellungen. Allerdings dürfte es in der Klausursituation dabei angehen, dass man sich auf die Darlegung der »hM« beschränkt.

b) Täter – Delikt – Tathandlung

85   Der Bearbeiter hat in einem **Einleitungssatz** (oder der Überschrift) **genau** anzugeben, welcher Täter durch welche konkrete Handlung / Unterlassung welchen Straftatbestand (genaue Bezeichnung!) verwirklicht haben soll (vgl. oben 1. Teil III.1.a).

Beispiele:

A könnte dadurch, dass er ..., einen ... nach § ... begangen haben.

A könnte sich eines ... gemäß § ... schuldig gemacht haben, indem er ...

A könnte sich wegen .... (§ ...) strafbar gemacht haben, als er ...

IV. Prüfungsreihenfolge und Prüfungsgegenstand innerhalb der Strafbarkeitsprüfung

c) Jeden Tatbestand einzeln prüfen

Selbst wenn mehrere Tatbestände ein gemeinsames Merkmal haben und alle an diesem scheitern, sind sie nicht gemeinsam zu prüfen. Man kann dann aber uU im Rahmen der Prüfung des ersten dieser Tatbestände dem Ergebnis (dass die betreffende Person sich nicht wegen eines solchen Delikts strafbar gemacht hat) noch die Bemerkung anfügen, dass aus demselben Grund, an dem die Strafbarkeit hier scheiterte, keine Strafbarkeit nach den übrigen (aufzuzählenden) Delikten in Betracht kommt.

Tatbestände, die zueinander exklusiv sind, dh nur alternativ in Betracht kommen (etwa § 242 StGB zu § 263 StGB oder – nach hL – § 249 StGB zu § 253 StGB), dürfen ebenfalls nicht zusammengefasst geprüft werden. Man beginnt hier sinnvollerweise mit dem Delikt, das man im Ergebnis ablehnen wird. Für die Abgrenzung des Diebstahls vom Sachbetrug ist zB maßgebend, ob das Tatobjekt vom Täter weggenommen wurde (dann Diebstahl) oder das Opfer über die Sache verfügt hat (dann Betrug). Kommt man bei der Erstellung der Lösungsskizze zu dem Ergebnis, dass eine Vermögensverfügung vorliegt, beginnt man mit der Prüfung des Diebstahls. Dort lehnt man dann eine Wegnahme ab und verneint damit eine Strafbarkeit nach § 242 StGB. Anschließend wird § 263 StGB geprüft und bejaht.

d) Privilegierung – Grunddelikt – Qualifikation

Qualifikationstatbestände sind ebenfalls grds. selbstständig zu prüfen. Ob man zunächst mit dem Grunddelikt beginnt oder gleich den Qualifikationstatbestand (dann natürlich einschließlich der Merkmale des Grunddelikts!) prüft, ist eine Frage des Ermessens. Ziel ist es, einerseits in möglichst kurzer Zeit eine möglichst übersichtliche Lösung zu verfassen; andererseits spricht viel für einen Aufbau, mit dem man sich Probleme nicht vorschnell »abschneidet«. Wenn eine Körperverletzung mit einem Bierkrug durch Notwehr gerechtfertigt ist, hat man keine sinnvolle Möglichkeit mehr, die Subsumtion des Bierkruges unter das Merkmal des gefährlichen Werkzeugs (§ 224 Abs. 1 Nr. 2 Alt. 2 StGB) unterzubringen, wenn man mit der isolierten Prüfung des § 223 StGB beginnt und die Rechtswidrigkeit verneint. Wird dagegen das Grunddelikt bejaht und nur die Qualifikation verneint, ist es unschädlich, mit dem Grunddelikt zu beginnen, dieses zu bejahen und dann die Qualifikation gesondert zu prüfen und abzulehnen. Sind sowohl der Grundtatbestand als auch die Qualifikation im Ergebnis zu bejahen, kann man sich daran orientieren, wo die Hauptprobleme liegen. Ist der Grundtatbestand ein »Selbstgänger«, lohnt es sich nicht, ihn gesondert zu prüfen; man beginnt gleich mit der Qualifikation (und integriert das Grunddelikt).[14] Liegen die Probleme des Falles im Grundtatbestand (zB bei der objektiven Zurechnung), kann es die Prüfung übersichtlicher machen, wenn man zunächst nur das Grunddelikt prüft und die Prüfung der Qualifikation ggf. (= wenn das Grunddelikt bejaht wurde) in einem weiteren Prüfungsschritt anschließt.

Privilegierungstatbestände (zB § 216 StGB im Verhältnis zu den §§ 211, 212 StGB) sind stets vor dem Grunddelikt zu prüfen, da der Privilegierungstatbestand die Anwendung des Grundtatbestands (und auch etwaige Qualifizierungen) sperrt. Beispiel: Tötet der Neffe seinen Erbonkel auf dessen ausdrückliches und ernsthaftes Verlangen hin,

---

14 Die (gesonderte) Prüfung des Grundtatbestandes entfällt, wenn die Qualifikation bejaht wurde.

bleibt es bei der Anwendung des § 216 StGB auch dann, wenn der Neffe aus Habgier gehandelt hat.[15]

e) Merkmale separat prüfen und Gesetz nicht abschreiben

90 Jedes Straftatmerkmal ist einzeln für sich zu prüfen. Mehrgliedrige Merkmale führen ggf. zu verschachtelten Fragestellungen (siehe 1. Teil III.1.b). Problematische Merkmale sind im Gutachtenstil, eindeutig gegebene Tatbestandsmerkmale im abgekürzten Gutachtenstil oder im Urteilsstil abzuhandeln (vgl. hierzu bereits oben 1. Teil IV.).

91 Überflüssig ist es, am Anfang der Tatbestandsprüfung den Tatbestand insgesamt aus dem Gesetz abzuschreiben, da dieser als bekannt vorausgesetzt wird. Der Bearbeiter muss dem Leser nur jeweils aufzeigen, welches Merkmal er gerade prüft.

92 Erst nachdem ein Tatbestandsmerkmal bejaht wurde, darf zum nächsten Merkmal übergegangen werden.[16] Auf keinen Fall dürfen alle für den Tatbestand notwendigen Definitionen an den Anfang gestellt und dann insgesamt subsumiert werden, da eine solche Prüfung zu unübersichtlich ist.

Negativbeispiel:

A könnte sich dadurch, dass er dem B von hinten mit einem Totschläger auf den Kopf schlug, einer gefährlichen Körperverletzung gemäß § 224 Abs. 1 Nr. 2, 3, 5 StGB schuldig gemacht haben.

Der objektive Tatbestand wäre erfüllt, wenn A einen anderen mittels einer Waffe, insbesondere eines Messers oder eines anderen gefährlichen Werkzeugs oder mittels eines hinterlistigen Überfalls körperlich misshandelt oder an der Gesundheit geschädigt hätte.

Eine körperliche Misshandlung ist jede unangemessene Behandlung, die entweder das körperliche Wohlbefinden oder die körperliche Unversehrtheit nicht nur unerheblich beeinträchtigt. Eine Gesundheitsschädigung ist das Hervorrufen oder Steigern eines, wenn auch vorübergehenden, pathologischen Zustands. Werkzeug ist jeder Gegenstand, mittels dessen durch Einwirkung auf den Körper eine Verletzung zugefügt werden kann. Gefährlich ist das Werkzeug, wenn es nach seiner objektiven Beschaffenheit und nach der Art seiner Verwendung im Einzelfall geeignet ist, erhebliche Körperverletzungen hervorzurufen. Ein Überfall ist ein Angriff, dessen der Angegriffene sich nicht versieht und auf den er sich nicht vorbereiten kann. Hinterlistig ist der Überfall, wenn der Täter seine Angriffsabsicht verdeckt, um dem anderen dessen Verteidigungsmöglichkeit zu erschweren.

Es ist davon auszugehen, dass B durch den Schlag mit dem Totschläger zumindest nicht unerhebliche Schmerzen erlitten hat. Sein körperliches Wohlbefinden ist damit jedenfalls mehr als nur unerheblich beeinträchtigt worden. Aus dem Sachverhalt ergibt sich nicht,

---

15 Das ernstliche Verlangen des Getöteten braucht nicht der einzige Beweggrund zu sein. Es genügt nach hM, wenn es bestimmender Tatantrieb war (vgl. *Schneider* in: MüKo-StGB, Bd. IVm 3. Aufl. 2017, § 216 Rn. 26 ff.). Zwar muss auch Habgier „bewusstseinsdominant" sein, und ob wirklich beide höchst unterschiedlichen Motive den Tatentschluss maßgeblich hervorgerufen haben, wäre, wenn es primär um die Begrifflichkeit ginge, eingehend zu prüfen. Letztlich kommt es wegen der Sperrwirkung von § 216 StGB aber allein darauf an, ob das Verlangen des Verletzten für den Täter maßgeblicher Gesichtspunkt war.

16 Ausnahmen sind im Rahmen der Tatbestandsprüfung grundsätzlich dann möglich, wenn ein gemeinhin später zu prüfendes Merkmal offensichtlich nicht gegeben ist. Praktisch bedeutsam ist dies insbesondere dann, wenn der Vorsatz eindeutig zu verneinen ist. In der Anfängerübung sollte indes auch in diesen Fällen (soweit die Zeit und der Umfang der Arbeit dies zulassen) die schulmäßige Vorgehensweise eingehalten werden. Die Rechtswidrigkeit oder Schuld sollte grundsätzlich nicht vor Bejahung des objektiven und subjektiven Tatbestandes untersucht werden. Instruktiv und vertiefend zum »Springen im strafrechtlichen Gutachten« *Hardtung* JuS 1996, 610 ff., 706 ff. und 807 ff.

IV. Prüfungsreihenfolge und Prüfungsgegenstand innerhalb der Strafbarkeitsprüfung

dass B aufgrund des Schlages mit dem Totschläger ärztlicher Behandlung bedurfte. Von einer Gesundheitsschädigung kann daher nicht ausgegangen werden. Das Verhalten des A war für den Deliktserfolg kausal, weil der Schlag mit dem Totschläger nicht hinweggedacht werden kann, ohne dass die Verletzung des B entfällt. Fraglich ist, ob ...

Die Prüfung im obigen Beispiel ist zwar inhaltlich im Ergebnis nicht fehlerhaft; eine mehr als ausreichende Bewertung wird aber wohl nicht zu erzielen sein, weil die Darstellung völlig unübersichtlich ist. Der Korrektor muss ständig zwischen dem »Definitionsblock« und dem »Subsumtionsblock« hin und her springen, um dem Gedankengang des Bearbeiters folgen zu können. Besser wäre es, auf die überflüssige Wiederholung des (auch dem Korrektor bekannten) Gesetzestextes zu verzichten und Merkmal für Merkmal abzuhandeln:

Positivbeispiel:

A könnte sich dadurch, dass er dem B von hinten mit einem Totschläger auf den Kopf schlug, einer gefährlichen Körperverletzung gemäß § 224 Abs. 1 Nr. 2, 3, 5 StGB schuldig gemacht haben.

In diesem Verhalten könnte eine körperliche Misshandlung liegen. Das ist jede unangemessene Behandlung, die entweder das körperliche Wohlbefinden oder die körperliche Unversehrtheit nicht nur unerheblich beeinträchtigt. Es ist davon auszugehen, dass B nicht nur unerhebliche Schmerzen erlitten hat. Sein körperliches Wohlbefinden wurde so mehr als nur unerheblich beeinträchtigt. Das Verhalten des A war hierfür kausal, weil der Schlag mit dem Totschläger nicht hinweggedacht werden kann, ohne dass die Schmerzen des B entfielen. A hat B also körperlich misshandelt.

Daneben könnte auch eine Gesundheitsschädigung vorliegen. Eine Gesundheitsschädigung ist das Hervorrufen oder Steigern eines – wenn auch nur vorübergehenden – pathologischen Zustands. Aus dem Sachverhalt ergibt sich nicht, dass B aufgrund des Schlages mit dem Totschläger ärztlicher Behandlung bedurfte. Von einer Gesundheitsschädigung kann daher nicht ausgegangen werden.

Der objektive Tatbestand des Grunddelikts ist damit in der ersten, nicht aber in der zweiten Alternative erfüllt. Zu prüfen bleibt, ob ein nach § 224 StGB qualifizierter Fall der Körperverletzung vorliegt.

Der Totschläger könnte eine Waffe oder ein anderes gefährliches Werkzeug sein (§ 224 Abs. 1 Nr. 2 StGB). Ein Werkzeug ist jeder Gegenstand, mittels dessen durch Einwirkung auf den Körper eine Verletzung zugefügt werden kann. ...

f) Alle Varianten prüfen

Zu prüfen sind **alle** (**auch alternative**) **Tatbestandsmerkmale**. Bei alternativen Merkmalen (zB bei §§ 224, 226 StGB) sind allein die für den konkreten Fall abwegigen Merkmale nicht zu erörtern. Auch wenn ein alternatives Tatbestandsmerkmal bejaht wird, sind trotzdem alle weiteren in Betracht zu ziehenden Merkmale zu prüfen.

Im **obigen Beispiel** darf man sich zB nicht damit begnügen, dass der Totschläger eine Waffe oder ein anderes gefährliches Werkzeug ist. In jedem Fall ist hier noch zu prüfen, ob der Angriff von hinten ein hinterlistiger Überfall ist (im Ergebnis zu verneinen). Geprüft werden könnte auch noch die Qualifikation »lebensgefährdende Behandlung«. Auf die Qualifikation »von mehreren gemeinschaftlich« ist dagegen nicht einzugehen, weil A alleine gehandelt hat, das Merkmal also völlig offensichtlich nicht gegeben ist. Gleiches gilt für die Qualifikation gemäß § 224 Abs. 1 Nr. 1 StGB.

g) Floskeln vermeiden

95 Die Lösung sollte weder lehrbuchartige, vom Fall gelöste Ausführungen noch leere bzw. auswendig gelernte Floskeln enthalten.

Zum Beispiel ist der Satz: »Die Tatbestandsmäßigkeit des Verhaltens indiziert die Rechtswidrigkeit.«, zwar nicht verkehrt, bringt die Lösung des konkreten Falles aber so nicht voran und wird daher besser weggelassen. Wer auf besondere Vollständigkeit Wert legt, kann aber die Erörterung der Rechtswidrigkeit beginnen mit: »Die Tat war rechtswidrig, wenn keine Rechtfertigungsgründe eingreifen, denn die Tatbestandsmäßigkeit indiziert die Rechtswidrigkeit.«. So wird begründet, weshalb sich aus der »bloß negativen« Prüfung von Rechtfertigungsgründen »positiv« die Rechtswidrigkeit der Tat ergibt.

96 Auch die Aussage: »Vorsatz ist Wissen und Wollen der Tatbestandsverwirklichung.«, ist zwar korrekt, aber eine gefährliche Floskel. Allzu viele Studierende subsumieren danach entweder gar nicht oder schreiben nur mehr pauschal darüber, was der Täter angeblich wollte, mengen irrelevante Motive unter oder verwechseln das »Wissen und Wollen der Tatbestandsverwirklichung« gar mit der Verbotskenntnis und dem Erkennen der Rechtswidrigkeit des eigenen Verhaltens. Da ist es allemal besser, von einem Textbaustein auszugehen wie »Der Täter kannte alle nach dem objektiven Tatbestand relevanten Umstände und wollte den Eintritt des Erfolges. Er handelte also vorsätzlich iSv § 16 Abs. 1 S. 1 StGB.«, und diesen je nach Fall zu variieren (ggf. durch genauere Angaben dazu, was und wie es dem Täter bekannt war, inwiefern er den Erfolgseintritt zumindest billigend in Kauf nahm, usw).

h) Verweise bzgl. bereits geprüfter Teile

97 Was schon einmal dargelegt wurde, muss idR nicht noch einmal wiederholt werden. Man kann vielmehr nach oben verweisen. Der Verweis muss allerdings konkret sein, dh es muss eindeutig angegeben werden, bzgl. welcher Aspekte auf bereits gefundene Ergebnisse Bezug genommen wird, und wohin insoweit verwiesen wird (Angabe des Delikts oder der Seitenzahl). Dort muss dann auch wirklich genau das stehen, was bei der Verweisung ausgelassen wird. Während auf abstrakte Rechtsausführungen (insbesondere die Entscheidung von Meinungsstreitigkeiten bei der Auslegung) verwiesen werden kann, ist eine Verweisung bei der Subsumtion nur selten möglich: Denn der Umstand, dass ein bestimmtes Verhalten des A unter eine Vorschrift fällt, sagt zumeist nichts darüber aus, ob ein anderes Verhalten des B das auch tut.

98 Allgemein gilt: Für einen Verweis genügt es nicht, dass dort nur etwas Ähnliches behandelt wurde. Liegt nur eine Ähnlichkeit vor, muss immer klargestellt werden, weshalb es an dieser Stelle letztlich ebenso sein soll wie an jener.[17]

Beispiele: Wurde zuerst das Grunddelikt geprüft und unter Behandlung von Problemen einer Rechtfertigung bejaht, kann bei der Qualifikation schlicht festgestellt werden: »Die Tat war – wie beim Grunddelikt dargelegt – rechtswidrig, und es liegen keine entschuldigenden Umstände vor.« Wird danach ein Delikt mit anderer Tathandlung geprüft, geht das so nicht, denn auf diese Handlung hat die Prüfung der Rechtswidrigkeit sich nicht bezogen. Es muss dann also erneut mit der Prüfung der Rechtswidrigkeit der

---

17 In diesem Sinne kann auch bei einer Subsumtion einmal verwiesen werden, wenn man erläutert, dass das Verhalten des B mit dem des A praktisch identisch war.

IV. Prüfungsreihenfolge und Prüfungsgegenstand innerhalb der Strafbarkeitsprüfung

Tat begonnen werden. Soweit es dabei auf bereits erörterte (und entschiedene) Rechtsfragen ankommt, kann für das dazu gefundene Ergebnis (den allgemeinen Rechtssatz) aber nach oben verwiesen werden. Insbesondere soweit auf Erörterungen verwiesen wird, die eine andere Person betrafen, ist genau darauf zu achten, dass nur bzgl. personenunabhängiger Ergebnisse verwiesen wird.

Wegen dieser Anforderungen lohnt es meist nicht, bzgl. kurzer Passagen (etwa knapper Definitionen) zu verweisen. Bisweilen sind Wiederholungen einfacher, klarer sowie schneller und damit vorzugswürdig.

i) Rechtswidrigkeit und Schuld

Auch wenn ein Rechtfertigungsgrund bejaht wurde, bricht man die Erörterung der Rechtswidrigkeit nicht ab (obwohl bereits feststeht, dass die Tat nicht rechtswidrig war). Man setzt die Prüfung vielmehr ggf. mit weiteren Rechtfertigungsgründen fort. Ganz der Auswahl der Deliktstatbestände entsprechend werden im Rahmen der Rechtswidrigkeit aber immer nur die vernünftigerweise in Betracht zu ziehenden Rechtfertigungsgründe erörtert, nicht stur alle, die dem Bearbeiter gerade einfallen. Erfasst ein Rechtfertigungsgrund inhaltlich keine neuen Aspekte des Falles (zB § 34 StGB nach § 32 StGB, soweit der Notstand nur auf dem Angriff beruht), ist die Erörterung nicht zwingend und jedenfalls knapp zu halten.

Im Rahmen der Schuld sind ebenfalls nur die Merkmale zu erörtern, bei denen aufgrund der Sachverhaltsschilderung ein möglicher Schuldausschluss in Betracht kommt. Ergeben sich keine Anhaltspunkte für das Vorliegen von Rechtfertigungs- oder Schuldausschlussgründen, ist dies in einem Satz festzustellen.

Beispiele:

»Rechtfertigungs- und Schuldausschlussgründe sind nicht ersichtlich. A handelte rechtswidrig und schuldhaft.«

Präziser: »Rechtfertigende oder entschuldigende Umstände sind nicht ersichtlich.«

Kürzer noch: »Das Verhalten des A ist rechtswidrig und schuldhaft.«

4. Teil:
Die Verarbeitung von Literatur und Rechtsprechung in Hausarbeiten

I. Die Funktion des »Fußnotenapparats«

101 Gelegentlich werden Fußnoten mit Wissenschaftlichkeit gleichgesetzt. Das ist zwar insoweit ein Irrtum, als inhaltlich wichtigere Merkmale von Wissenschaftlichkeit eine präzise Fragestellung und eine methodisch-systematische Behandlung der Frage sind. Der moderne arbeitsteilige **Wissenschaftsbetrieb** und die arbeitsteilige **Rechtspraxis** erfordern es aber, dass die Bezüge zwischen der Vielzahl miteinander zusammenhängender Texte offengelegt werden, so dass der Leser diese Bezüge selbst mit möglichst wenig Aufwand nachvollziehen kann. Die Anforderungen bestimmen sich nicht aus wissenschaftlicher Methode, sondern nach den Gepflogenheiten im jeweiligen Fachgebiet und der Funktion des Textes. Sie sind insbesondere bei Qualifikationsarbeiten wie Dissertationen hoch, ungleich geringer hingegen beim Kurzlehrbuch.

102 Argumente sind nicht deshalb richtig oder überzeugend, weil sie auch bei einem angesehenen Autor oder vielen Autoren (»hM«) stehen. Gleichwohl hat die Quellenangabe eine **rhetorische Funktion** zB im Schriftsatz eines Anwalts gegenüber einem Gericht und im Urteil des Gerichts gegenüber der Revisionsinstanz: Der Anwaltsschriftsatz lässt sich an der belegten Stelle nicht mehr einfach als bezahlte, parteiische Behauptung diskreditieren, das Urteil nicht einfach als provinzielle Rechtsauffassung verwerfen, vielmehr legen gelegentliche, sorgsam gesetzte Zitate dem Adressaten nahe, sich auch mit den angeführten Hintergründen und weiteren Argumenten zu befassen.

Merke: Zitate legen nur Quellen offen.[1] Sie **ersetzen** aber (ebenso wie das Prädikat »hM«) **keine Argumente**. Es ist immer Aufgabe des Gutachters, in seinem Gutachten eine argumentativ vollständige Begründung seines letztlich gefundenen Ergebnisses zu geben.

103 Um Studierende an das Verfassen »gewichtiger« Schriftsätze ebenso wie an wissenschaftliches Arbeiten heranzuführen, werden daher **in Hausarbeiten** vollständige **Fußnotenapparate** verlangt. Das umfasst zwei Anforderungen:

1. Jeder **fremde Gedanke**, den der Bearbeiter übernimmt, ist mit einer Fußnote zu kennzeichnen und dort seine **Herkunft offenzulegen**. Es gibt keine Ausnahme für »nicht zitierfähige« Quellen. Es gibt aber Quellen, statt derer man besser andere (nämlich wissenschaftliche) Quellen verwenden sollte. Nur allgemeine Gliederungsschemata gelten – solange sie nicht argumentativ, sondern allein zur Strukturierung des Textes herangezogen werden – als nicht zitierbedürftig (denn zu Aufbaufragen wird nie explizit Stellung genommen, vgl. 3. Teil I.).

Im **Plagiat** (lat. plagiator: Menschendieb, Seelenverkäufer, Knabenverführer) wird eine (in Teilen) fremde Leistung als eigene ausgegeben. In Prüfungsarbeiten dürfen stets nur zulässige Hilfsmittel und diese nur in zulässiger Weise verwendet werden. In Klausuren

---

[1] In Seminararbeiten und Aufsätzen können sie auch »Querverweise« iSv weiterführenden Hinweisen geben. In Hausarbeiten ist das zu unterlassen.

I. Die Funktion des »Fußnotenapparats«

sind präsente Hilfsmittel außer dem Gesetzestext idR verboten (insbesondere auch der Blick in die Arbeit des Nachbarn). In Hausarbeiten ist die Verwendung anderer Texte nur dann und nur dort zulässig, wo die Verwendung durch eine Fußnote belegt wird und das Literaturverzeichnis sie aufführt (Ausnahme in letzterem Punkt: Rechtsprechung und Gesetzestexte). Studierende dürfen und sollen miteinander über den Fall und seine Lösung diskutieren (denn so lernen sie das »Rechtsgespräch«), nicht aber gemeinsam an der Ausformulierung arbeiten. Die gezielte Suche nach Plagiaten wurde in den letzten Jahren stark technisiert. Heute ist es üblich, Hausarbeiten auch in elektronischer Textform abgeben zu lassen und automatisierten Kontrollen zu unterziehen.

2. Autoren in Ausbildung, Wissenschaft und Praxis haben sich einen **Überblick über einschlägige Rechtsnormen, Rechtsprechung und Literatur** zu verschaffen, ehe sie einen Text schreiben und dies im Text zu dokumentieren. Wiederum sind die Anforderungen an den Nachweis je nach Text unterschiedlich. Während in der Klausur schon der gelegentliche Hinweis, der BGH vertrete die und die Auffassung, positiv auffällt (wenn er zutrifft!), bestehen bei Hausarbeiten qualifizierte Anforderungen. Zwar geht es auch in ihnen primär darum, dass für den gestellten Fall ein begründeter und vertretbarer Lösungsvorschlag unterbreitet wird. Dabei muss der Bearbeiter aber über geeignete Fundstellennachweise zudem belegen, dass die wesentlichen **Gedanken und Überlegungen, die in der Literatur und Rechtsprechung bereits zu den jeweiligen Rechtsfragen erarbeitet wurden, in den Lösungsvorschlag einbezogen und verarbeitet** worden sind.

Angesichts der Veröffentlichungsflut ist es selbstverständlich nicht möglich und wird auch nicht erwartet, dass ein Bearbeiter alle Entscheidungen und Literaturquellen, die »seinen Fall« betreffen (könnten), liest bzw. umfassend verarbeitet. Im Gegenteil gehört es zur Aufgabe, anhand von Kommentaren und Lehrbüchern einige einschlägige und dabei auch mit die einflussreichsten Quellen zu finden. Es ist aber zumindest zu den Kernproblemen des jeweiligen Falles niemals ausreichend, sich nur auf Ausbildungsliteratur zu konzentrieren. Vielmehr sind gerade Rechtsprechung und originäre Beiträge aus der Wissenschaft heranzuziehen.

II. Auseinandersetzung mit Quellen und Zitierregeln

1. Gesetz zitieren, nicht substituieren

105 Was direkt dem Gesetz entnommen werden kann, ist nicht durch andere Fundstellen, sondern gerade durch ein präzises Gesetzeszitat zu belegen.

Beispiele:
Legaldefinitionen (vgl. zB § 11 StGB)

Das Vorsatzerfordernis (§ 15) und die für Vorsatz erforderliche Kenntnis (§ 16 Abs. 1 S. 1)

Das Erfordernis eines »unmittelbaren Ansetzens« zum Versuch (§ 22 StGB – im Gegensatz zur Ausfüllung dieser Formel durch Lehre und Rechtsprechung, wenn und soweit es für die konkrete Fallbearbeitung hierauf ankommt).

2. Zitiert werden Rechtsauffassungen, nicht Einzelfalllösungen

106 Da Rechtsprechung und Literatur nicht den in der Übung zu bearbeitenden Fall »vorgelöst« haben, können die Verweise dazu dienen, die Auslegung (Definition) eines Straftatmerkmals zu belegen. **Fundstellen sind daher allein im Rahmen der Auslegung, nicht aber bei der Subsumtion unter den zur Bearbeitung gestellten Sachverhalt zu verwenden.** Ein Verweis wäre im Rahmen der Subsumtion allenfalls dann zulässig, wenn es sich bei dem zu bearbeitenden Fall um eine »Originalentscheidung« bzw. einen »Original-Lehrbuchfall« handelt. Der Bezug auf die Originalentscheidung bzw. ein Lehrbuch kann allerdings auch in diesen Fällen nicht die Begründung für das vom Bearbeiter vertretene Ergebnis ersetzen. Der Umstand, dass eine bestimmte Autorität (sei dies nun der BGH, ein namhafter Strafrechtswissenschaftler oder auch der Übungsleiter) eine bestimmte Lösung für richtig erachtet, ist für sich gesehen kein Argument.

3. Schwerpunktsetzung

107 Kriterium einer guten Bearbeitung ist es, dass sie Schwerpunkte richtig setzt, dh Problematisches eingehend, Unproblematisches hingegen nur knapp erörtert. Für den Umfang der Verarbeitung ist daher zwischen normalen Auslegungsfragen und den Problemschwerpunkten zu unterscheiden.

108 **Umstrittene Straftatmerkmale** sind, insbesondere wenn und soweit es sich um für die Falllösung wichtige Merkmale handelt, unter umfassender Verarbeitung von Rechtsprechung und Literatur auszulegen, dh die in Betracht kommenden Auslegungsvarianten zu diskutieren (vgl. im Einzelnen Teil 5: Bearbeitung von Meinungsständen).

109 Für die **Auslegung unstreitiger Straftatmerkmale** oder für solche Merkmale, **die für die konkrete Falllösung von untergeordneter Bedeutung sind,** genügt es hingegen, wenn die Auslegungsergebnisse, dh die benutzten Definitionen, durch ein oder zwei Verweise auf Standardwerke belegt werden. Wenn möglich, sollten hierbei Werke herangezogen werden, die weitere Nachweise enthalten. Dies ist dann in der Fußnote durch den Hinweis »mwN« deutlich zu machen. Positiv ist es, neben den Hinweisen auf die Standardliteratur zumindest einen Hinweis auf die obergerichtliche Rechtsprechung aufzunehmen (wenn möglich aus der Rechtsprechung des BGH).

II. Auseinandersetzung mit Quellen und Zitierregeln

Beispiel:

Sachverhalt: S schlägt den Rentner R durch einen Faustschlag ins Gesicht zu Boden.

Gutachten: S könnte sich dadurch, dass er dem R einen gezielten Faustschlag ins Gesicht versetzt hat, wegen Körperverletzung nach § 223 StGB strafbar gemacht haben.

Voraussetzung hierfür ist zunächst, dass S den R körperlich misshandelt oder an der Gesundheit geschädigt hat. Eine körperliche Misshandlung ist jede üble, unangemessene Behandlung, durch die das körperliche Wohlbefinden nicht nur unerheblich beeinträchtigt wird.[1] Es ist davon auszugehen, dass R durch den Schlag ins Gesicht Schmerzen erlitten hat. Sein körperliches Wohlbefinden ist also durch den Schlag nicht nur unerheblich beeinträchtigt und R mithin körperlich misshandelt worden.

Als Gesundheitsschädigung wird das Herbeiführen oder Steigern einer körperlichen oder seelischen Krankheit in dem Sinne verstanden, dass zumindest vorübergehend ein gegenüber dem Normalzustand der körperlichen Funktionen verschlechterter Zustand verursacht wird.[2] Aus dem Sachverhalt ist nicht ersichtlich, dass der Faustschlag für sich gesehen bei R einen pathologischen Zustand verursacht hat. Es ist daher davon auszugehen, dass der Schlag nicht zu einer Gesundheitsschädigung im Sinne des § 223 StGB geführt hat. S hat somit den objektiven Tatbestand des § 223 StGB allein dadurch erfüllt, dass er den R durch seinen Faustschlag körperlich misshandelt hat.

S müsste R vorsätzlich misshandelt haben. Vorsatz ist das Wissen und Wollen der Tatbestandsverwirklichung.[3] ...

---

[1] Schönke/Schröder/Eser/Sternberg-Lieben § 223 Rn. 5; LK/Lilie § 223 Rn. 6; BGHSt 14, 269 (271); 25, 277 (277/278).
[2] Lackner/Kühl § 223 Rn. 5; Fischer § 223 Rn. 8; BGHSt 36, 1 (6).
[3] Wessels/Beulke/Satzger, AT, Rn. 203; BeckOK-StGB/Kudlich § 15 Rn. 3; näher dazu Stratenwerth/Kuhlen AT § 8 Rn. 61 ff.

4. Zitiertechnik

Wenn es – was der Regelfall ist – auf den genauen Wortlaut der zitierten Quelle nicht ankommt, sind **keine wörtlichen Zitate** zu bringen. Die in der Literatur und Rechtsprechung gefundenen Definitionen sind vielmehr sinngemäß wiederzugeben und dann durch Verweise zu belegen. Hinweise darauf, welche Autoren zitiert wurden, sind nicht in den Text des Gutachtens, sondern in die Fußnoten aufzunehmen.

Merke: Das Umformulieren einer Vorlage entbindet niemals davon, sie anzuführen.

Die bloße Angabe der Quelle belegt noch keine Auseinandersetzung mit ihr. Vielmehr müssen Text und Fußnote zueinander passen. Der Text muss tatsächlich Gedanken aus der Quelle aufgreifen und für den Fall fruchtbar machen, und die Quelle muss möglichst genau dort angefügt werden, wo sie verwendet wurde. Dh Fußnotenzeichen stehen im Text **unmittelbar nach** dem Wort (bzw. dem letzten Wort), auf das sie sich beziehen. Ist dort ein Satzzeichen, werden sie im Zweifel hinter das Satzzeichen gesetzt. Nur wenn man ausnahmsweise betonen möchte, dass die Fußnote sich bloß auf ein einzelnes Wort oder einzelne Wörter davor bezieht, wird sie davor gesetzt. Bezieht sich eine Quellenangabe auf eine längere Passage des Gutachtens, ist das ggf. im Zitat auszusprechen (zB »Zum Ganzen ...« oder »Hierzu und zu den folgenden Überlegungen ...«), meist aber besser dieselbe Quelle mehrfach mit der jeweils einschlägigen Seite präzise zu zitieren.

112 In den Fußnoten selbst sollten sich – auch wenn man dies in wissenschaftlichen Veröffentlichungen antrifft – keine inhaltlichen Erörterungen finden, sondern allein Hinweise auf Fundstellen, evtl. mit kurzen erläuternden Zusätzen, wie beispielsweise: vgl., so auch, so bereits, ebenso, aA.

Merke: Ist eine inhaltliche Bemerkung für die Lösung relevant, gehört sie in den Text des Gutachtens. Besitzt sie keine Relevanz, hat sie gänzlich zu unterbleiben. Die Platzierung in der Fußnote zeigt, dass der Bearbeiter hinsichtlich der Lösung unsicher ist.

Bei der Frage, wie man die jeweils herangezogenen Werke in den Fußnoten wiedergeben sollte, kann man sich **an der Standardliteratur bzw. an den Zitiervorschlägen in den Werken selbst** orientieren. Zu finden sind diese Hinweise regelmäßig auf einer der ersten Seiten des jeweiligen Buches.

113 Die verschiedenen Arten von Quellen können wie folgt zitiert werden:
- Rechtsprechung:
  BGHSt 30, 375 (376); BGH NStZ 1984, 328 (329); BGH bei Holtz MDR 1979, 988; OLG Düsseldorf NJW 1989, 920; oder aber: BGHSt 30, 375, 376; BGH NStZ 1984, 328 (329)
- Kommentare:
  Schönke/Schröder/Eser/Sternberg-Lieben § 223 Rn. 4; Lackner/Kühl § 223 Rn. 4 f.; LK/Lilie § 223 Rn. 11; oder aber: Lilie, in: LK, § 223 Rn. 11; Eser/Sternberg-Lieben, in: Schönke/Schröder, § 223 Rn. 4
- Lehrbücher (und Monographien):
  Wessels/Beulke/Satzger, AT, Rn. 136; Kühl, AT, § 9 Rn. 45 ff.
- Festschriftenaufsätze:
  Gallas, Heinitz-FS, S. 183; oder aber: Gallas, in: Festschrift für Heinitz, S. 183
- Zeitschriftenaufsätze und Anmerkungen:[2]
  Stree Jura 1980, 281 (292); oder aber: Stree Jura 1980, 281 (292)

114 Soweit man sich an der Standardliteratur (insbesondere den Kommentaren) orientiert, ist darauf zu achten, dass dort zT nicht schulmäßig zitiert wird. In der Hausarbeit wird erwartet, dass bei Zeitschriftenaufsätzen, Anmerkungen und Rechtsprechungszitaten zum einen der Fundort (= Anfang) der Quelle, zum anderen die Seite angegeben wird, auf der sich der oder die Sätze finden, auf die konkret Bezug genommen wird. Eine einzelne Seitenangabe ist somit nur dann zulässig, wenn entweder die Quelle nur eine Seite lang ist oder die in Bezug genommene Passage sich auf der ersten Seite der Quelle befindet.

Beispiele:
falsch: BGHSt 17, 112
richtig: BGHSt 17, 110 (112)
          oder: BGHSt 17, 110, 112
falsch: Stree Jura 1980, 292
richtig: Stree Jura 1980, 281 (292)
          oder: Stree Jura 1980, 281 (292)

---

[2] Dass hier zwischen Aufsätzen in Festschriften und solchen in Zeitschriften unterschieden wird, liegt nur daran, dass die Seiten jeweils etwas unterschiedlich angegeben werden (einmal mit »S.«, einmal ohne). Im Literaturverzeichnis sollte keine entsprechende Unterscheidung erfolgen.

II. Auseinandersetzung mit Quellen und Zitierregeln

Da in den Kommentaren und Lehrbüchern (aus Platzgründen) weitgehend die oben als »falsch« bezeichnete Zitierweise zu finden ist, muss derjenige, der sauber zitieren will, Fundstellen jedenfalls daraufhin prüfen, wo die jeweilige Fundstelle beginnt. Im Übrigen sollte natürlich auch aus inhaltlichen Gründen auf »**Blindzitate**« verzichtet werden, die sich leider häufig auch als **Fehl**zitate herausstellen. 115

Die im Literaturverzeichnis aufgeführten Schriften sind in den Fußnoten nicht mit dem **Hinweis** »aaO« aufzuführen, da es selbstverständlich ist, dass sich das Werk im Literaturverzeichnis findet. Sollten von einem Bearbeiter mehrere Werke oder von einem Werk mehrere Auflagen verwendet werden, ist dies durch einen entsprechenden **individualisierenden Annex** klarzustellen. 116

Beispiel: Wessels/Hettinger/Engländer, BT 1, Rn. ...

Es sind **keine Sekundärzitate** zu verwenden. Wenn zB die Auffassung der Rechtsprechung belegt werden soll, sind grundsätzlich Entscheidungen (oder zumindest eine exemplarische Leitentscheidung) anzuführen, nicht aber (nur) eine Kommentarstelle, in der diese Entscheidungen referiert werden bzw. die Fundstellen angegeben sind. Ebenso lässt sich mit Zitaten von Lehrbüchern und anderer Ausbildungsliteratur die dort vertretene Auffassung ihres Autors belegen, aber nicht die dort wiedergegebene Auffassung eines anderen. Das schließt aber natürlich nicht aus, dass ein Kommentar oder ein Lehrbuch (als Beispiel für Literaturansichten) zitiert werden, die letztlich die Rechtsprechungsnachweise weiter stützen. 117

Beispiel:
»Nach Auffassung der Rechtsprechung sind Werkzeuge nur solche Gegenstände, die durch menschliche Einwirkung in Bewegung gesetzt werden können.«

falsch: Wessels/Hettinger/Engländer, BT 1, Rn. 274
richtig: RGSt 24, 372 (374 f.); BGHSt 22, 235 (236); BGH bei Holtz MDR 1979, 987; BGH NStZ 1988, 361 (362); ebenso: Wessels/Hettinger/Engländer, BT 1, Rn. 274

Soll eine Meinung im Rahmen eines Meinungsstreits belegt werden, sind Vertreter **dieser** Ansicht anzuführen, nicht aber zB der Aufsatz eines Vertreters einer Gegenauffassung, der sich mit dieser Ansicht auseinandersetzt. 118

Beispiel:
»Nach Rechtsprechung und hL setzt die Annahme bedingten Vorsatzes voraus, dass der Täter die Möglichkeit des Erfolgseintritts nicht nur erkannt, sondern sich mit dem Deliktserfolg abgefunden bzw. diesen billigend in Kauf genommen hat.«

falsch: Herzberg JuS 1986, 249 (250 ff.)
richtig: Jescheck/Weigend, AT, § 29 III 3a; Stratenwerth, AT, § 8 Rn. 117; Rudolphi, in: SK-StGB, § 16 Rn. 25; BGHSt 36, 1 (9); BGH NStZ 1988, 175; w. N. b. Fischer § 15 Rn. 9b.

Soll eine im Text als »**hM**« oder gar als »**allgemeine Ansicht**« bezeichnete Auffassung belegt werden, ist es nicht ausreichend, lediglich ein oder zwei Verweise anzubringen. Erforderlich ist hier ein repräsentativer Querschnitt durch die Standardliteratur (Kommentare, Lehrbücher), evtl. verbunden mit vorhandenen Aufsätzen aus neuerer Zeit und vor allem zumindest einem Hinweis auf die obergerichtliche Rechtsprechung (vgl. das obige Beispiel). 119

120 Bei **Gerichtsentscheidungen** ist es nicht notwendig, **Parallelveröffentlichungen** zu belegen (die wichtigsten Entscheidungen des BGH werden in praktisch allen strafrechtlich orientierten Zeitschriften veröffentlicht). Es reicht hier aus, ein Urteil durch jeweils eine Fundstelle nachzuweisen, wobei man in erster Linie auf die Entscheidungssammlung des BGH (BGHSt) und die bekannten Fachzeitschriften zurückgreifen sollte (StV, NStZ, NStZ-RR, StraFo, NJW, JR, JZ, wistra).

121 Eine »**ständige Rechtsprechung**« kann entweder durch eine Reihe von Fundstellen belegt werden oder dadurch, dass die Entscheidung, durch die diese Rechtsprechung begründet wurde, mit dem Verweis »ständige Rspr.« und zumindest einer weiteren Entscheidung aus jüngerer Zeit zitiert wird (zB »BGH ..., ständige Rspr. seit ...«).

Beispiel:
»Nach Auffassung des BGH setzt der bedingte Vorsatz voraus, dass der Täter den Deliktserfolg billigend in Kauf genommen hat.[1]«

---

[1] BGHSt 36, 1, 9 f.; BGH NStZ 1994, 483 (484); ständige Rspr. seit BGHSt 7, 363, 369.

III. Recherche

Das klassische Recherchemittel der Juristen sind **Kommentare**. Sie werden gerade dazu verfasst, Gesetze zu erläutern und dabei sowohl den Stand ihrer Diskussion und Anwendungspraxis in Rechtsprechung und Wissenschaft aufzuzeigen als auch die dabei wesentlichen Quellen anzuführen. Die genauere Zielsetzung der verschiedenen Kommentare lässt sich aber unterscheiden. Manchen geht es gerade um ein möglichst vollständiges Abbild der wissenschaftlichen Diskussion, manche streben nach möglichst umfassenden Angaben einschlägiger Entscheidungen, manche betonen systematische Zusammenhänge oder Zusammenhänge zu anderen Rechtsgebieten, einigen geht es gerade um einen konzisen Überblick. 122

Für Übungsaufgaben lässt sich die Recherche oft auch gut mit einem **Lehrbuch** beginnen, das zwar meist weniger, oft aber für Studierende besonders fruchtbare Quellenangaben enthält. Auch Lehrbücher haben unterschiedlichen Fokus, zB eher auf die Vermittlung systematischer Zusammenhänge, auf die Fortentwicklung des Systems, auf die Vermittlung von Fähigkeiten zur Falllösung, auf die Vermittlung von Wissen über Einzelprobleme usw. 123

Kommentar und Lehrbuch sind die gedruckten **Ausgangspunkte für systematische Recherchen**. Dh der Bearbeiter eines Falles muss diesen zunächst selbst so weit analysieren, dass er seine Probleme einer Vorschrift und einem Prüfungspunkt innerhalb dieser Vorschrift bzw. einer systematischen Frage im Deliktsaufbau zuordnen kann. Erst dann vermag er im Kommentar bzw. im Lehrbuch die einschlägige Passage und dort weitere Quellenangaben zu finden. Ist diese Hürde genommen, finden sich immer weitere Quellenangaben über die Zitate in den bereits gefundenen Quellen (»Schneeball-System«). In gut sortierten Bibliotheken lohnt es bei der Arbeit mit Monografien zudem, im jeweiligen Regal nach weiteren Büchern Ausschau zu halten, denn thematisch ähnliche Bücher sollten beieinanderstehen. 124

Meist ist es aussichtslos, erst einen vollständigen Überblick gewinnen zu wollen, ehe man mit dem Schreiben beginnt. Im Gegenteil gelingt es meist erst beim Niederschreiben einer eigenen Lösung, die Probleme, die sich im Fall wirklich stellen, auf den Punkt zu bringen und dann einschlägige Quellen dazu zu finden. Umgekehrt gewinnt gerade der Anfänger erst durch die Auseinandersetzung mit den Quellen die nötigen Kenntnisse, um die Probleme zu sehen. **Recherche, Entwurf und Überarbeitung** der Lösung müssen deshalb immer wieder **abwechselnd** erfolgen. Zügig mit dem Schreiben zu beginnen hilft, nicht den Überblick zu verlieren, beim Fall zu bleiben und Quellen nicht zu vergessen. Was so geschrieben wurde, bedarf aber steter Korrektur, auch wenn es noch so mühsam erarbeitet worden war. Der Stolz des Autors auf die bisherige Leistung ist sein größter Feind. 125

Neben die klassische systematische Recherche in gedruckten Medien ist in jüngerer Zeit die Recherche in **Datenbanken** getreten. Studierende haben über die Universitätsbibliotheken meist kostenlosen Zugriff auf mehrere juristische Datenbanken. Sie 126

ermöglichen es vor allem, eine große Anzahl von Dokumenten im Volltext zu durchsuchen.[3] Auch dazu muss der Nutzer zunächst einige Vorarbeit leisten:
1. Zunächst muss man sich für eine Datenbank entscheiden. Verschiedene Datenbanken haben **unterschiedliche Dokumentbestände** und unterschiedliche Stärken. Das sei an zwei Beispielen skizziert:
So ist zB Juris als Datenbank für die Justiz entwickelt worden und arbeitet weiter eng mit den obersten Bundesgerichten Deutschlands zusammen. Nach wie vor liegen ihre Stärken primär im Bereich der **Rechtsprechung** und der Erfassung der **Rechtsnormen** des Bundes- und Landesrechts einschließlich bereits außer Kraft getretener bzw. geänderter Normen in älteren Fassungen.[4] Sie zeigt oft (unterhalb der Entscheidung) sogar Beziehungen zwischen verschiedenen Entscheidungen an, nämlich ob ein Gericht später von ihr abgewichen oder ihr gefolgt ist und ob die Entscheidung selbst von anderen Entscheidungen abweicht bzw. ihnen folgt. Hier – wie auch meist sonst in Datenbanken – gibt es keine Vollständigkeits- und keine Richtigkeitsgarantie, dh wenn dort nichts steht, bedeutet das noch lange nicht, dass eine solche Beziehung nicht bestünde, und wenn dort etwas steht, sollte man es selbst überprüfen, ehe man sich darauf verlässt. Heute enthält Juris auch zahlreiche Nachweise aus der Literatur, insbesondere **Kurzzusammenfassungen** vieler Beiträge in Zeitschriften. In Letzteren ist keine Volltextrecherche möglich (eben weil keine Volltexte, sondern nur Kurzzusammenfassungen vorhanden sind), sie ermöglichen aber eine besonders schnelle Orientierung über den Inhalt.

Demgegenüber haben Verlagsdatenbanken ihre Stärke meist im Bereich des Nachweises von **Literatur** gerade auch im Volltext. So erfasst zB Beck-Online zwar sogar mehr Entscheidungen als Juris (vor allem mehr Entscheidungen unterer Instanzen und tendenziell auch ältere Entscheidungen), die Stärke dieser Datenbank liegt aber primär darin, die Volltexte zahlreicher Zeitschriften des namensgebenden Verlagshauses und die Volltexte zahlreicher dort verlegter Bücher zur Recherche und Abfrage zugänglich zu machen. Umgekehrt muss man sich darüber im Klaren sein, dass man durch Verwendung der Datenbank **eines Verlagshauses** den eigenen Blick auf dessen Produkte (und ggf. diejenigen damit kooperierender Verlage) verengt. So wird man bei Beck-Online höchstens Kurznotizen zu Inhalten der Zeitschrift Strafverteidiger (StV) finden, deren Volltext aber in der Datenbank Jurion.

Auch soweit Datenbanken Dokumente eines bestimmten Typs überhaupt enthalten, ist deren Bestand in zeitlicher Hinsicht und im Umfang höchst unterschiedlich. So wird zB Rechtsprechung vor 1949 praktisch nie erfasst; danach sind über einen gewissen Zeitraum nur in den amtlichen Sammlungen (bzw. der NJW) publizierte Entscheidungen und diese teils nur im Kurztext enthalten, jüngere Entscheidungen vor allem dann, wenn sie in irgendeiner Zeitschrift publiziert wurden, und etwa **ab 2000** sämtliche mit einer Begründung versehene Entscheidungen (das ist

---

[3] Weil diese zum Einstieg in die Datenbanken meist spezielle Links mit integrierten Zugriffscodes verwenden, werden hier keine URLs der Datenbanken angegeben. Man findet sie jeweils über die Bibliotheksrecherchesysteme (OPACs) der jeweiligen Universität. Über die Hauptseiten der betreffenden Datenbank können Studierende hingegen idR nicht kostenlos recherchieren.
Die Kosten für Datenbanken richten sich in der Praxis meist nach dem Umfang der zur Verfügung gestellten Module. Auch Universitäten haben idR nur auf bestimmte Module Zugriff. Man sieht als Studierender also nicht den Gesamtdokumentbestand der jeweiligen Datenbanken, sondern kann immer nur in einem mehr oder minder großen Ausschnitt recherchieren.

[4] Gegenüberstellungen auch längerer zurückreichender Gesetzesänderungen bietet hingegen deutlich übersichtlicher *Fuchs* unter http://lexetius.com/leges.

III. Recherche

immer noch nur ein Bruchteil!) der obersten Bundesgerichte sowie (nach höchst uneinheitlichen Kriterien) Entscheidungen weiterer Gerichte und ältere Entscheidungen. Auch wie schnell neue Entscheidungen, neue Auflagen, neue Werke usw aufgenommen werden, ist sehr unterschiedlich. Möchte man einen Eindruck davon gewinnen, was eine Datenbank wirklich enthält, führt der geübte Jurist am besten eine Recherche aus, deren Ergebnis er kennt, und vergleicht das Rechercheergebnis mit dem, was er erwartet hat.

2. Recherchen im Gesamtbestand einer Datenbank sind oft eher verwirrend als hilfreich. Man sollte den »**Suchraum**« daher von vornherein auf das **beschränken**, was einen interessiert. Dazu enthalten die Datenbanken neben dem letztlich durchsuchten Volltext jeweils zahlreiche weitere Eigenschaften ihrer Dokumente, nach denen sich die Suche beschränken lässt. So kann man zB von vornherein nur im Bereich der Rechtsprechung oder nur im Bereich der Literatur suchen. Man kann ein frühestes und ein spätestes Datum angeben, so dass nur solche Dokumente berücksichtigt werden, die dazwischen datiert sind. Man kann die Suche auf Dokumente beschränken, die einer bestimmten Norm zugeordnet sind (wenn man etwas zum Totschlag sucht also zB auf solche Dokumente, die § 212 StGB betreffen). Man kann die Suche auf bestimmte Quellen beschränken, im Bereich der Rechtsprechung etwa auf Entscheidungen des BGH oder im Bereich der Zeitschriften bei einer Recherche zum Wirtschaftsstrafrecht auf Aufsätze in der ZStW, GA, wistra, ZWH und NZWiSt.

3. Im letzten Schritt erfolgt regelmäßig eine Volltextrecherche. Wie passgenau deren Treffer für das sind, was man wissen möchte, hängt davon ab, ob man die **richtigen Stichworte** vorgibt. Auch hier muss man also erst einmal nachdenken, welche Worte wohl gerade in den Dokumenten vorkommen werden, die man sucht, und möglichst nicht auch in ganz anderen.
Die Hürde vor der Recherche in Kommentaren und Lehrbüchern – nämlich dass man sich erst einmal über die systematische Stellung des gesuchten Problems klar werden muss – ist also nur scheinbar höher als die Hürde vor der Recherche in Datenbanken. Zwar liefern Kommentare und Lehrbücher gar kein Resultat, wenn man nicht weiß, wo man sie aufschlagen muss, während Datenbanken bei praktisch jeder Anfrage irgendetwas ausgeben. Wenn das Ergebnis einer Datenbankrecherche hilfreich sein soll, muss man sie aber ebenso überlegt vorbereiten.

4. Auch bei bester Vorarbeit liefert nur selten schon die erste Anfrage genau das gesuchte Ergebnis. Meist ist es erforderlich, sich erst einmal einen Überblick über die Trefferliste zu verschaffen und danach die Suche **weiter einzuschränken oder zu modifizieren**. Nur wer mit Datenbanken experimentiert, wird mit ihnen erfolgreich.

Wer eine Quellenangabe hat, muss auch noch das entsprechende Werk finden. Primäres Hilfsmittel ist die Bibliotheksdatenbank der eigenen Universitätsbibliothek (zB: OPAC), in der die neueren Bestände der Bibliothek und ihre **Signatur** enthalten sind. Anhand jener Signatur findet man das Werk dann meist auch in der Wirklichkeit. Obwohl es derartige Datenbanken nun schon einige Jahrzehnte gibt, ist ihr Datenbestand oft noch unvollständig. Meist wurden erst ab einem bestimmten Jahr (zB 1982) sämtliche Neubestände dort übernommen und Altbestände nur teilweise rückerfasst. Für die Suche nach älteren Beständen ist dann weiter der Gang zum klassischen Bibliothekskatalog (»Zettelkasten«) unerlässlich. Über die Gegebenheiten in der eigenen Bibliothek,

127

insbesondere auch den Aufbau der Signaturen und fortgeschrittene Suchmöglichkeiten im OPAC, sollte man sich vor der Hausarbeit bereits informiert haben.

128 Bibliotheken umfassen heute nicht mehr nur in Regalen aufgestellte gebundene Werke. Für Hausarbeiten relevante Literatur kann sich auch in **eLibraries** bzw. den bereits angesprochenen Datenbanken finden. Das erspart nicht nur den Gang zum Regal, sondern erübrigt die Suche nach verstellten Bänden, entspannt die Konkurrenz zwischen den zur Hausarbeitszeit zahlreichen gleichzeitigen Interessenten und ermöglicht uU sogar einen Zugriff vom heimischen Schreibtisch. Zudem erspart es oft Kopien und ermöglicht meist die Nutzung von Suchfunktionen im Text. Einige wichtige Zeitschriften sind auch von vornherein online frei zugänglich und erscheinen gar nicht mehr gedruckt. Im Strafrecht gilt das insbesondere für die **Online-Zeitschriften** ZIS, HRRS sowie ZJS.[5]

129 Den Zugriff auf das auch im Strafrecht immer wichtiger werdende[6] **EU-Recht** erschließt EUR-Lex.[7] Dort sowie auch unter http://curia.europa.eu/ sind Entscheidungen des **EUGH** abrufbar. Konventionen des Europarats – insbesondere die im Strafrecht bedeutsame **EMRK** – sind über http://conventions.coe.int/ (die urspr. EMRK dort Nr. 5) abrufbar. Recherchen nach Entscheidungen des **EGMR** ermöglicht http://hudoc.echr.coe.int/. Deutsche Übersetzungen einiger Entscheidungen des EGMR verzeichnet http://www.egmr.org/. Rechtsprechungsberichte und einige Übersetzungen stellt auch das BMJ bereit.[8]

130 Auch **Entscheidungen** vieler deutscher Gerichte sind frei zugänglich. Eine Liste der über Juris frei verfügbaren Sammlungen, va der Entscheidungen der Bundesgerichte ab 2000 (insbes. des **BGH**), liefert http://juris.bundesgerichtshof.de/, einen ähnlichen Zugriff auf seine Entscheidungen ab 1998 eröffnet das **BVerfG** unter http://www.bundesverfassungsgericht.de/entscheidungen.html.

131 **Allgemeine Recherchemittel** wie Google und Wikipedia sind im Zusammenhang mit Hausarbeiten ua hilfreich, wenn der Sachverhalt zu seinen Tatsachen Hintergrundwissen voraussetzt, das dem Bearbeiter fehlt. Zur Recherche bei Rechtsfragen sind sie hingegen meist wenig geeignet, insbesondere weil die Qualität ihrer Treffer nur für erfahrene Juristen zu beurteilen wäre und diese die dort gegebenen Informationen nicht mehr benötigen. Allerdings eröffnet Google Books Zugriff auf größere Passagen aus vielen Werken auch der juristischen Literatur. Das eigentlich für Fachrecherchen im »deep web« (insbes. als Metasuchmaschine für Fachdatenbanken) gedachte Google Scholar hingegen ist für den deutschsprachigen Rechtsbereich noch wenig ergiebig.[9]

---

[5] http://www.zis-online.com/, http://www.hrr-strafrecht.de/ bzw. http://www.zjs-online.com/.
[6] Zuzugeben ist: Das gilt regelmäßig nicht für die klassischen Fragen in Übungshausarbeiten oder gar Klausuren; der Vollständigkeit halber sei es aber gleichwohl erwähnt.
[7] http://eur-lex.europa.eu/ bzw. in neuer Form http://new.eur-lex.europa.eu/.
[8] Leider wechselt die URL immer wieder. Man findet die Seite über http://www.bmj.de/ mittels Suche nach »EGMR«.
[9] Zum Vergleich: Anfang 2014 nennt Google Scholar für eine globale Suche nach »Vermögensverfügung« knapp 650 Treffer, Beck-Online hingegen über 10.000.

5. Teil:
Die Bearbeitung von Problemen und Meinungsständen

I. Grundsätze der Aufarbeitung von Meinungsständen

Zunächst ist darauf hinzuweisen, dass man nicht dem Irrtum verfallen sollte, eine Hausarbeit (oder Klausur) sei stets als »**Vehikel für Meinungsstände**« konzipiert. Im Vordergrund steht nicht die Reproduktion abstrakter Theoriestreitigkeiten, sondern vielmehr – insbesondere bei Anfängerübungen – das Ziel, von den Bearbeitern den Nachweis zu erhalten, dass sie methodisch sauber einen konkreten Fall lösen können.

Für die Bearbeitung von Meinungsstreitigkeiten sind folgende **Kernsätze** zu beherzigen:

1. Ein Meinungsstreit ist nur dann zu behandeln, wenn er für die Lösung des konkreten Falls von Bedeutung ist.
2. Auch wenn die Lösung des Falls die Bearbeitung eines Meinungsstandes erforderlich macht, ist streng darauf zu achten, dass die Bearbeitung sich auf die lösungsrelevanten Erörterungen beschränkt.

Dies bedeutet im Einzelnen:

Ziel der Arbeit ist die Lösung des gestellten Falls. **Kommen alle Auffassungen**, die zu einem umstrittenen Tatbestandsmerkmal vertreten werden, **für den vorliegenden Fall zum gleichen Ergebnis**, ist es nicht erforderlich (wenn nicht sogar ein methodischer Fehler), die Frage zu erörtern, welcher Ansicht zu folgen ist. In diesem Fall beschränkt man sich darauf, den Meinungsstand und die Tatsache darzustellen, dass alle vertretenen Ansichten im konkreten Fall zum gleichen Ergebnis kommen.

Beispiel:
Schläger S schlägt den Rentner R nieder. Dem am Boden liegenden R versetzt der S mit seinen Springerstiefeln mehrere Tritte in den Rücken. R wird ins Krankenhaus transportiert. Dort werden innere Blutungen im Bereich der Nieren festgestellt. Durch eine sofortige Operation kann der Tod des R abgewendet werden.

Hier ist ua zu prüfen, ob das Tatbestandsmerkmal der lebensgefährdenden Behandlung iSd § 224 Abs. 1 Nr. 5 StGB erfüllt ist:

Die Tritte könnten eine lebensgefährdende Behandlung darstellen. Eine lebensgefährdende Behandlung ist nach Auffassung der Rechtsprechung[1] und Teilen der Literatur[2] jede abstrakt lebensgefährliche Behandlung. Tritte mit einem beschuhten Fuß sind, zumindest dann, wenn es sich um schweres Schuhwerk handelt, abstrakt geeignet, auch lebensgefährliche Verletzungen zu erzeugen. Legt man die von der Rechtsprechung vertretene Auffassung zugrunde, hat S daher eine Körperverletzung mittels einer lebensgefährdenden Behandlung begangen, als er dem R mit seinen Springerstiefeln in den Rücken trat.

Nach einer Gegenauffassung ist eine lediglich abstrakt lebensgefährdende Behandlung dagegen nicht ausreichend. Gefordert wird, dass durch die Handlung des Täters eine konkrete Lebensgefahr für das Opfer begründet wurde.[3] Im vorliegenden Fall haben die Tritte in den Rücken bei R zu inneren Blutungen im Bereich der Nieren geführt. Das Leben des R wurde nur durch eine sofortige ärztliche Behandlung gerettet. Da somit eine konkrete Lebensgefahr bestand, hat S auch nach dieser Auffassung eine Körperverletzung mittels einer lebensgefährdenden Behandlung begangen. S hat damit nach allen vertretenen Auffassungen den objektiven Tatbestand des § 224 Abs. 1 Nr. 5 StGB dadurch erfüllt, dass er den R in lebensgefährdender Weise behandelt hat.

---

1   RGSt 10, 1 (2 f.); BGHSt 2, 160 (163); 36, 1 (9); BGH NStZ 2010, 276; OLG Köln NJW 1983, 2274; OLG Düsseldorf NJW 1989, 920.
2   Gallas, Heinitz-FS, S. 183; Blei § 13 II 3; Fischer § 224 Rn. 12 mwN.
3   NK-StGB/Paeffgen § 224 Rn. 27 f.; Stree Jura 1980, 281 (292).

134   Die Darstellung der vertretenen Auffassungen kann dann abgekürzt werden, wenn die ihren Voraussetzungen nach restriktivste der vertretenen Meinungen dazu führt, dass im konkreten Fall das Vorliegen eines Straftatmerkmals zu bejahen ist.

Beispiel: (obiger Sachverhalt)

Die Tritte könnten eine lebensgefährdende Behandlung darstellen. Es ist umstritten, ob eine lebensgefährdende Behandlung im Sinne des § 224 Abs. 1 Nr. 5 StGB voraussetzt, dass durch die Handlung des Täters eine konkrete Lebensgefahr für das Opfer begründet wurde[1], oder auch eine lediglich abstrakt lebensgefährliche Behandlung ausreicht.[2] Im vorliegenden Fall haben die Tritte in den Rücken bei R zu inneren Blutungen im Bereich der Nieren geführt. Das Leben des R wurde nur durch eine sofortige ärztliche Behandlung gerettet. Da somit sogar eine konkrete Lebensgefahr bestand, hat S nach allen vertretenen Auffassungen eine Körperverletzung mittels einer lebensgefährdenden Behandlung begangen.

---

1   NK-StGB/Paeffgen § 224 Rn. 27 f.; Stree Jura 1980, 281 (292).
2   RGSt 10, 1 (2 f.); BGHSt 2, 160 (163); 36, 1 (9); BGH NStZ 2010, 27; OLG Köln NJW 1983, 2274; OLG Düsseldorf NJW 1989, 920; Gallas, Heinitz-FS, S. 183; Blei § 13 II 3; Fischer § 224 Rn. 12 mwN.

135   Selbst auf die Darstellung der verschiedenen Ansichten kann (und sollte) verzichtet werden, wenn es eine zwischen den verschiedenen Ansichten konsensfähige (Teil-)Definition gibt, die für den vorliegend zu bearbeitenden Fall anwendbar ist.

Beispiel:

A will B berauben. Er schlägt ihn nieder. Dann bekommt er Mitleid mit dem röchelnd am Boden liegenden B und lässt von ihm ab.

Hier ist im Rahmen der Prüfung des versuchten Raubes (§§ 249, 22 StGB) zu untersuchen, ob die Grenze des (straflosen) Vorbereitungsstadiums zum Versuch (vgl. § 22 StGB) überschritten ist. Zu dieser Frage gibt es mehrere Auffassungen, die einen jeweils anderen Ansatz vertreten (vgl. Wessels/Beulke/Satzger, AT, Rn. 599). Einigkeit besteht aber zwischen allen Auffassungen darüber, dass das Versuchsstadium (jedenfalls) dann erreicht ist, wenn der Täter bereits ein Tatbestandsmerkmal eines mehraktigen Delikts verwirklicht hat. Dieser Fall ist hier gegeben, weil die für den Raub notwendige Gewaltanwendung bereits vorliegt. Im Gutachten kann daher zB formuliert werden:

»A müsste zur Tatbegehung unmittelbar angesetzt haben (§ 22 StGB). Nach allgemeiner Auffassung ist das Versuchsstadium jedenfalls dann erreicht, wenn bereits ein Tatbestandsmerkmal des vom Täter angestrebten Delikts vollendet ist (Fußnote mit Nachweisen). Im vorliegenden Fall hat A den B niedergeschlagen. Er hat damit Gewalt angewendet, um die Wegnahme zu ermöglichen. A hat somit bereits unmittelbar zur Begehung eines Raubes angesetzt.«

136   Stellt man fest, dass die verschiedenen Auffassungen **im konkreten Fall zu unterschiedlichen Ergebnissen** führen, muss der Meinungsstreit entschieden werden. Probleme

I. Grundsätze der Aufarbeitung von Meinungsständen

treten hier vor allem deswegen auf, weil die Bearbeiter den Meinungsstand zu breit darstellen und ihre »eigene Lösung« im Vergleich dazu dann oft »unwissenschaftlich« wirkt. **Unpraktisch ist** insbesondere die gerade von Anfängern bevorzugte Methode, **die verschiedenen vertretenen Auffassungen jeweils mit den argumentativen Grundlagen darzustellen und aneinanderzureihen.** Diese Methode führt dazu, dass der Bearbeiter bereits bei der Darstellung des Meinungsstandes das gesamte argumentative »Pulver« verschießt, welches Rechtsprechung und Literatur in mühevoller, oft jahrelanger Auseinandersetzung mit einem Problem angehäuft haben. Die (vielfach noch durch die Überschrift »Eigene Stellungnahme« pompös eingeleitete) »eigene« Lösung des Bearbeiters beschränkt sich dann entweder darauf, die bereits oben dargelegten Argumente nochmals aufzugreifen oder sich mehr oder weniger ohne Argumente der »h. M.« oder der Auffassung des Übungsleiters anzuschließen. Im Ergebnis hinterlässt diese Vorgehensweise beim Leser bestenfalls den Eindruck, der Bearbeiter habe sich wenigstens fleißig bemüht, den Meinungsstand zu erfassen. Gerettet wird dieses methodisch schlechte Vorgehen auch nicht dadurch, dass man sich ein Argument der Auffassung, der man sich anschließen möchte, bei der Darstellung des Meinungsstandes aufspart und dieses dann im Rahmen der »eigenen Stellungnahme« (möglicherweise sogar ohne Nennung der Quelle = PLAGIAT) als »Stein des Weisen« präsentiert.

Negativbeispiel:

Schläger S stößt den Kopf des R mehrmals wuchtig auf die (fest verlegten) Gehwegplatten.

Die Frage, ob die Gehwegplatte ein gefährliches Werkzeug im Sinne des § 224 Abs. 1 Nr. 2 StGB ist, wird leider oft wie folgt angegangen:

Fraglich ist, ob die Gehwegplatten ein gefährliches Werkzeug im Sinne des § 224 Abs. 1 Nr. 2 StGB sind. Der Begriff des gefährlichen Werkzeugs ist umstritten.

Die Rechtsprechung erkennt nur solche Gegenstände als Werkzeuge an, die durch menschliche Einwirkung in Bewegung gesetzt werden können.[1] Sie beruft sich für ihre Ansicht auf den Wortsinn des Begriffs Werkzeug.[2] Weiterhin ist sie der Auffassung, eine ausdehnende Auslegung des Begriffs sei nicht notwendig, weil die Fälle der Benutzung unbeweglicher Gegenstände über das alternative Qualifikationsmerkmal der lebensgefährdenden Behandlung erfasst werden könnten.[3] Unter Zugrundelegung dieser Auffassung wäre im vorliegenden Fall die Annahme eines gefährlichen Werkzeugs abzulehnen, weil die fest verlegten Gehwegplatten nicht beweglich sind. Die herrschende Lehre ist demgegenüber der Ansicht, es sei gleichgültig, ob das gefährliche Werkzeug gegen den Körper des Opfers oder das Opfer gegen den als Werkzeug dienenden Gegenstand geführt werde.[4] Die Vertreter der hL sind der Auffassung, der Begriff Werkzeug könne auch unbewegliche Gegenstände erfassen. Sie berufen sich darauf, dass auch der BGH durch die Anerkennung chemisch wirkender Substanzen als Werkzeuge über den Begriff des »Handwerkzeugs« hinausgegangen sei.[5] Für ausschlaggebend halten sie, dass die Unterscheidung zwischen beweglichen und unbeweglichen Gegenständen unter teleologischen Gesichtspunkten nicht sinnvoll sei, da die Benutzung eines unbeweglichen Gegenstandes zu einer gleich großen Gefährdung des Opfers führen könne wie die Benutzung eines beweglichen Gegenstandes.[6] Nach dieser Auffassung stellen die Gehwegplatten ein gefährliches Werkzeug dar, weil sie nach ihrer konkreten Benutzung geeignet sind, erhebliche Verletzungen hervorzurufen. Zu folgen ist der hL ...

---

[1] RGSt 24, 372 (374 f.); BGHSt 22, 235 (236); BGH bei Holtz MDR 1979, 987; BGH NStZ 1988, 361 (362); BGH NStZ-RR 2005, 75.
[2] BGHSt 22, 235 (236); BGH bei Holtz MDR 1979, 987.

[3] BGHSt 22, 235 (237); vgl. auch RGSt 24, 372 (375)
[4] BeckOK-StGB/Eschelbach § 224 Rn. 31; LK/Lilie § 224 Rn. 27; Maurach/Schroeder/Maiwald § 9 II Rn. 15.
[5] LK/Lilie § 224 Rn. 27.
[6] BeckOK-StGB/Eschelbach § 224 Rn. 31; Horn/Wolters, in: SK-StGB § 224 Rn. 17 (insoweit Stand: August 2003).

137 Ein grundlegender Fehler der oben dargestellten Methode besteht zunächst darin, dass die Darstellung des Meinungsstandes zu breit gerät. **Die Darstellung des Meinungsstandes soll allein die vertretenen Meinungen sowie die Tatsache aufzeigen, dass diese im konkreten Fall zu unterschiedlichen Lösungen kommen.** Es reicht also völlig, die verschiedenen Ansichten schlicht auf den konkreten Fall anzuwenden, wobei die verschiedenen Autoren und Gerichte möglichst zu Meinungsgruppen zusammenzufassen sind, um eine übersichtliche Darstellung zu ermöglichen. Die Frage, mit welchen Argumenten die Vertreter der verschiedenen Ansichten ihre Auffassung stützen bzw. gegen die anderen Auffassungen verteidigen, ist hier (noch) nicht relevant.

Beispiel: (obiger Sachverhalt)
Fraglich ist, ob die Gehwegplatten als gefährliche Werkzeuge anzusehen sind. Nach Auffassung der Rechtsprechung sind Werkzeuge nur solche Gegenstände, die durch menschliche Einwirkung in Bewegung gesetzt werden können.[1] Dies ist bei fest verlegten Gehwegplatten nicht der Fall, so dass die Gehwegplatten nach dieser Ansicht nicht als gefährliche Werkzeuge angesehen werden können. Demgegenüber ist es nach Auffassung der herrschenden Lehre gleichgültig, ob das gefährliche Werkzeug gegen den Körper des Opfers, oder der Körper gegen den als Werkzeug dienenden Gegenstand geführt wird.[2] Da Gehwegplatten, wenn der Kopf eines Menschen auf sie geschlagen wird, geeignet sind, erhebliche Verletzungen herbeizuführen, hat S nach Auffassung der hL durch die Kopfstöße auf die Gehwegplatten eine Körperverletzung mittels eines gefährlichen Werkzeugs begangen.

[1] RGSt 24, 372 (374 f.); BGHSt 22, 235 (236); BGH bei Holtz MDR 1979, 987; BGH NStZ 1988, 361 (362); BGH NStZ-RR 2005, 75 ebenso: Wessels/Hettinger/Engländer, BT 1, Rn. 274.
[2] BeckOK-StGB/Eschelbach § 224 Rn. 31; LK/Lilie § 224 Rn. 27; Maurach/Schroeder/Maiwald § 9 II Rn. 15; Schmitt JZ 1969, 304 (305); Stree Jura 1980, 281 (284); Welzel § 39 II 1 a.

138 In einem **zweiten Schritt** muss der Bearbeiter dann entscheiden, **welcher der dargelegten Ansichten der Vorzug zu geben ist**, dh, welche Ansicht er seiner Falllösung zugrunde legt. Es ist ein Irrtum, wenn ein Bearbeiter meint, an dieser Stelle werde nun von ihm die ultimative eigenständige Lösung eines Problems erwartet. Richtig ist vielmehr, dass jetzt der Zeitpunkt gekommen ist, mithilfe der in Rechtsprechung und Literatur bereits erarbeiteten Argumente eine vertretbare Begründung dafür zu erarbeiten, dass der Meinung XY im Ergebnis (nicht auch zwingend in jedem Schritt der Argumentation!) zu folgen ist.

139 Zu diesem Zweck sollten zunächst die **Argumente**, die in Literatur und Rechtsprechung zu einem Auslegungsproblem zu finden sind, **gesammelt** und **in eine Ordnung gebracht** werden. Hierbei orientiert man sich zweckmäßigerweise an den Regeln der Methodenlehre, dh, man ordnet die vorgefundenen Argumente der grammatischen, systematischen, historischen und teleologischen Auslegungsmethode zu (vgl. hierzu Anhang A II.).

140 Sodann sind die Argumente in eine sinnvolle (dh argumentativ logische und »darstellbare«) Reihenfolge zu bringen und **gegeneinander abzuwägen**. Eine Hilfestellung bieten hier wiederum die Quellen, denen die Argumente entnommen wurden. Bereits bei der Durcharbeitung der Quellen wird man bemerkt haben, dass die Vertreter der ver-

schiedenen Auffassungen (jedenfalls in den meisten Fällen) nicht zusammenhangslos aneinander vorbeireden, sondern die jeweiligen Argumente auf Argumente der anderen Auffassungen bezogen sind.

Beispiel: (obiger Sachverhalt)

Entgegen der Auffassung des BGH[1] verletzt die hL mit ihrer Auslegung nicht das Analogieverbot. Der Wortsinn des Begriffs Werkzeug setzt nicht zwingend voraus, dass es sich hierbei um einen beweglichen Gegenstand handelt.[2] Soweit der BGH den Begriff des Werkzeugs mit dem des »Handwerkzeugs« gleichsetzen will, setzt er sich mit seiner eigenen Rechtsprechung in Widerspruch, die auch chemisch wirkende Substanzen[3] als Werkzeuge anerkennt.[4] Der BGH hat mit dieser Rechtsprechung selbst anerkannt, dass es nicht mehr maßgebend sein kann, dass der historische Gesetzgeber bei der Ausgestaltung des Gesetzes ursprünglich Fälle waffenähnlich wirkender mechanischer Werkzeuge[5] im Auge hatte.[6]

Ebenso wenig kann die Argumentation überzeugen, eine ausdehnende Auslegung des Begriffs Werkzeug sei nicht notwendig, da die Fälle, in denen der Täter unbewegliche Gegenstände zur Verletzung seines Opfers benutzt, über das Merkmal der lebensgefährdenden Behandlung erfasst würden.[7] Es sind Fälle denkbar, in denen eine lebensgefährdende Behandlung, insbesondere dann, wenn man eine konkrete Lebensgefahr für erforderlich hält, nicht gegeben ist, ohne dass die Strafwürdigkeit des Täterverhaltens so gemindert erscheint, dass eine Bestrafung nach § 224 Abs. 1 Nr. 2 StGB nicht erforderlich wäre.

Ausschlaggebend ist, dass unter teleologischen Gesichtspunkten die Abgrenzung zwischen beweglichen und unbeweglichen Gegenständen nicht sinnvoll erscheint, da das Rechtsgut der Körperintegrität durch die Benutzung eines unbeweglichen Gegenstandes ebenso gefährdet werden kann wie durch die Benutzung eines beweglichen Gegenstandes.[8] Im Ergebnis ist mit der hL davon auszugehen, dass jeder bewegliche oder unbewegliche Gegenstand, der aufgrund seiner Verwendung im konkreten Einzelfall geeignet ist, erhebliche Verletzungen herbeizuführen, als gefährliches Werkzeug anzusehen ist. S hat R deshalb mittels eines gefährlichen Werkzeugs verletzt, als er dessen Kopf auf die Gehwegplatten stieß. S hat auch vorsätzlich gehandelt, da er die Gehwegplatten bewusst als Mittel benutzt hat, um dem R Verletzungen zuzufügen.

---

[1] BGHSt 22, 235 (236); BGH bei Holtz MDR 1979, 987; ebenso: Lackner/Kühl § 224 Rn. 4.
[2] LK/Lilie § 224 Rn. 27; Schmitt JZ 1969, 304 (305); Stree Jura 1980, 281 (285).
[3] Vgl. BGHSt 1, 1; 4, 125 (127); BGH bei Dallinger MDR 1956, 526; 1968, 373.
[4] Stree Jura 1980, 281 (285); vgl. auch Schmitt JZ 1969, 304 (305).
[5] Vgl. bei RGSt 24, 372 (374); Schmitt JZ 1969, 304 (305).
[6] LK/Lilie § 224 Rn. 27; aA BGHSt 22, 235 (236).
[7] So aber: BGHSt 22, 235 (237); vgl. auch RGSt 24, 372 (375); Wessels/Hettinger/Engländer, BT 1, Rn. 274.
[8] BeckOK-StGB/Eschelbach § 224 Rn. 31; Horn/Wolters, in: SK-StGB § 224 Rn. 17 (insoweit Stand: August 2003); aA BGH bei Holtz MDR 1979, 987 (988).

1. Hinweis: Die obige Lösung ist vertretbar, nicht aber verbindlich. Werden die Argumente anders gewichtet, ergibt sich eine zumindest in der Argumentation (uU aber auch im Ergebnis) andere Lösung, die genauso gut vertretbar wäre.

Obwohl das bei Rechtsfragen meist (wenn auch nicht immer) so ist, soll der Bearbeiter im Rechtsgutachten eine eindeutige Lösung finden und diese vertreten. Dazu gehört erstens, dass er sie begründet, und zweitens, dass er sie nicht als letztlich doch zweifelhaft hinstellt. Rein rhetorische Beteuerungen sind allerdings zu unterlassen. So sind rhetorisch verabsolutierende Attribute wie »eindeutig«, »offensichtlich«, »allein akzeptabel« oder auch »abwegig« für Rechtsauffassungen fast immer unangemessen, während die eigene Auffassung durchaus mit relativen Hervorhebungen wie »vorzugswürdig« und »überzeugend« oder mit klaren, schlichten Positionsnahmen wie »richtigerweise« und »zutreffend« versehen, vor allem aber ohne Beiwerk eindeutig und bestimmt formuliert werden darf (vgl. auch 6. Teil II. 4. F. »Exkurs: Stilfragen«).

142 **2. Hinweis:** Bei unübersichtlichen Streitständen ist es uU ratsam, die Argumente zunächst im Überblick zu referieren und sich dann in der obigen Art und Weise mit ihnen auseinanderzusetzen (vgl. dazu das nachfolgende Beispiel). Zulässig und oft besonders übersichtlich ist es aber auch, zunächst alle Rechtsauffassungen, denen man nicht folgen möchte, jeweils mit einer Begründung abzulehnen und schließlich positive Gründe für die eigene Auffassung anzuführen.

Weiteres Beispiel: (Schritt 1 und 2 im Zusammenhang)
Der Polizeibeamte P nimmt bei einer Hausdurchsuchung 20.000 EUR Drogengelder in der Absicht an sich, sich diese rechtswidrig zuzueignen. Am nächsten Tag tauscht P die Scheine bei X gegen sauberes Geld im Wert von 15.000 EUR ein.

Bei der Prüfung dieses Sachverhalts ist eindeutig, dass P durch die Mitnahme des Drogengeldes in Zueignungsabsicht einen Diebstahl begangen hat. Zweifelhaft ist dagegen, ob P sich zusätzlich noch wegen Unterschlagung strafbar gemacht hat, indem er das Geld eingetauscht hat. Angesprochen ist damit das Standardproblem der sog. Zweitzueignung: Kann eine Person, die sich eine Sache bereits durch eine Handlung zugeeignet hat (hier: durch den Diebstahl), dieselbe Sache nochmals zueignen (hier: durch das Eintauschen des Geldes)? Hierzu wird die Ansicht vertreten, die mehrfache Zueignung werde schon tatbestandlich von § 246 StGB nicht erfasst (sog. Tatbestandslösung). Die Vertreter einer anderen Auffassung sehen den Tatbestand des § 246 StGB als erfüllt an, lassen den § 246 StGB dann aber im Wege der Konkurrenzen hinter die Vortat (hier: den Diebstahl) zurücktreten. Bedeutung hat dieser Streit dann, wenn es um die Strafbarkeit anderer Personen geht. Vorliegend stellt sich zB die Frage, ob sich X durch den Umtausch einer Beihilfe zur Unterschlagung schuldig gemacht hat. Da die Beihilfe voraussetzt, dass eine andere Person eine vorsätzliche rechtswidrige Tat begangen hat, kommt es darauf an, ob P den Tatbestand der Unterschlagung verwirklicht hat. Diese Frage kann in einem Gutachten wie folgt angegangen werden:

X könnte sich der Beihilfe zur Unterschlagung (§§ 246, 27 StGB) schuldig gemacht haben, indem er die Drogengelder gegen sauberes Geld eingetauscht hat.

Dann müsste P eine vorsätzliche rechtswidrige Haupttat begangen haben. P könnte durch das Eintauschen der Drogengelder eine Unterschlagung begangen haben. Da P die Drogengelder durch Diebstahl erlangt hat, würde es sich um eine wiederholte Zueignung handeln. Ob die sog. Zweitzueignung den Tatbestand der Unterschlagung erfüllt, ist umstritten.

Nach der von der Rechtsprechung[1] und einem Teil des Schrifttums[2] vertretenen sog. Tatbestandslösung ist eine erneute Zueignung der Sache schon tatbestandlich nicht mehr möglich, wenn sich der Täter bereits einmal durch schuldhaftes und strafbares Verhalten Eigenbesitz unter Ausschluss des Berechtigten verschafft hat. Begründet wird diese Ansicht mit dem Wortsinn der Zueignung. Diese sei Herstellung der Herrschaft über eine Sache oder aber die erstmalige Verfügung über sie, nicht mehr aber eine bloße Ausnutzung der bereits bestehenden Herrschaftsstellung.[3] Nach dieser Ansicht wäre im vorliegenden Fall eine erneute Zueignung nicht mehr möglich, und eine Strafbarkeit des P aus § 246 Abs. 1 StGB würde bereits auf der Tatbestandsebene ausscheiden.

Nach der in der Literatur vertretenen Gegenauffassung, der sog. Konkurrenzlösung, erfüllt auch die wiederholte Manifestierung des Zueignungswillens an einer bereits deliktisch erlangten Sache den Tatbestand des § 246 Abs. 1 StGB,[4] da nur so die dem Eigentümer deliktisch entzogene Sache auch weiterhin gegen Eigentumsverletzungen geschützt werde.[5] Nach dieser Ansicht hätte P sich das Falschgeld erneut zugeeignet und damit § 246 Abs. 1 StGB tatbestandlich erfüllt. Im Hinblick auf die Strafbarkeit des P selbst tritt § 246 StGB auf Konkurrenzebene hinter den von P begangenen Diebstahl zurück,[6] die im Hinblick auf die Strafbarkeit des X erforderliche tatbestandliche und rechtswidrige Haupttat liegt indessen vor.

Die Tatbestandslösung wäre geboten, wenn es schon vom Wortlaut her zwingend wäre, dass sich eine Person eine Sache nur einmal zueignen kann. Dies wäre der Fall, wenn die Zueignung voraussetzt, dass der Täter dem Eigentümer die Herrschaftsbefugnisse entzieht und sich selbst die dem Eigentum entsprechende Sachherrschaft anmaßt. Ist die Sachherrschaft bereits einmal entzogen, könnte sie dem Berechtigten nicht nochmals entzogen werden.[7] Jede weitere der Zueignung nachfolgende Handlung würde nichts anderes darstellen als das bloße Ausnutzen des durch die Zueignung geschaffenen Zustandes.[8] Diese Auslegung des Begriffs Zueignen ist allerdings nicht zwingend. Wenn man den Begriff des Zueignens definiert als »Manifestation eines Zueignungswillens«, dann ist es mit dem noch möglichen Wortverständnis vereinbar, auch die wiederholte Manifestation des Zueignungswillens unter den Begriff des Zueignens zu fassen.

Gegen die Tatbestandslösung spricht, dass diese zu Strafbarkeitslücken führen kann. Es sind Fälle denkbar, in denen der erste Zueignungsakt nicht strafbar ist, der Täter die Sache sodann für sich benutzt, und dann eine Strafbarkeit nach § 246 Abs. 1 StGB mangels der Möglichkeit der doppelten Zueignung entfällt.[9] Als Beispiel ist hier an eine Fundunterschlagung zu denken, bei der der Täter einen Gegenstand findet und diesen abgeben möchte, sich jedoch später entscheidet, die Sache selbst zu behalten. Hier hat der Täter sich die Sache bereits mit der Ansichnahme zugeeignet, was jedoch straflos ist, denn zu diesem Zeitpunkt wollte der Finder den Gegenstand noch seinem ursprünglichen Eigentümer zurückgeben. Das Behalten der Sache wäre unter Zugrundelegung der Tatbestandslösung ebenfalls straflos, da es sich um eine Zweitzueignung handeln würde. Andererseits ist aber zu berücksichtigen, dass bei derartigen Fällen im bloßen Behalten der Sache wohl überhaupt noch keine Zueignung zu sehen ist, denn für die Zueignung ist – wie bereits dargestellt – ein nach außen erkennbarer Manifestationswille erforderlich,[10] der im Fall der Fundunterschlagung zum Zeitpunkt des Ansichnehmens der Sache noch nicht ersichtlich ist. Der eigentliche Zueignungsakt findet überhaupt erst in dem Moment statt, in dem der Täter seinen Zueignungswillen auch nach außen hin manifestiert. Das Problem der Zweitzueignung wird sich deshalb nur dann stellen, wenn der Täter die Sache deliktisch erlangt hat.[11] Da der Täter in diesen Fällen aber wegen des ersten Zueignungsaktes strafbar ist, kann in diesen Fällen von Strafbarkeitslücken keine Rede sein.

Problematisch ist die Tatbestandslösung allein in den Fällen, in denen es um die Strafbarkeit etwaiger Teilnehmer geht. Ein Beteiligter, der nur an der Verwertung der Sache beteiligt ist, nicht aber an der Vortat, durch die sich der Haupttäter die Sache erstmalig zugeeignet hat, kann nach der Tatbestandslösung mangels vorsätzlich rechtswidriger Haupttat nicht belangt werden.[12] Hat er auch die Voraussetzungen der Hehlerei gem. § 259 Abs. 1 StGB oder der Begünstigung gem. § 257 Abs. 1 StGB nicht erfüllt, so entfällt eine Strafbarkeit gänzlich.

Trotzdem ist aber letztlich der Tatbestandslösung der Vorzug zu geben; dies insbesondere deshalb, weil der Täter, der sich die Sache in Zueignungsabsicht verschafft, diese in der Regel später verwertet. Sieht man nun in jeder Verwertungshandlung eine Unterschlagung, so würde dies eine Verlängerung der Verjährungsfrist für die Vortat bedeuten.[13] Hat der Täter einen Diebstahl begangen, so sieht das Gesetz (§ 78 Abs. 3 Nr. 4 StGB) vor, dass dieser innerhalb von fünf Jahren verjährt. Stellt man nun darauf ab, dass er sich durch Gebrauch der Sache diese immer wieder zueignet, so würde es nie zu einer Unterbrechung der Frist kommen, so dass die eigentliche vom Gesetzgeber her vorgesehene Verjährungsfrist leerlaufen würde. Derartige Konsequenzen erscheinen unvertretbar, insbesondere lassen sie sich nicht mit der Erwägung legitimieren, dass so in dem einen oder anderen Fall die Straflosigkeit von Personen vermieden werden kann, die sich nur an Verwertungshandlungen beteiligen. Im Ergebnis ist somit der Tatbestandslösung zu folgen.

Da es unter Zugrundelegung der Tatbestandslösung an einer vorsätzlichen rechtswidrigen Haupttat des P fehlt, hat sich X nicht der Beihilfe zur Unterschlagung schuldig gemacht.

---

1 RGSt 15, 426 (428); 22, 306 (308); 60, 371 (372); BGHSt, 14, 38 (41); 16, 280 (28).
2 SSW-StGB/Kudlich, § 246 Rn. 18; Lackner/Kühl, § 246 Rn. 7; Otto, BT, § 42 Rn. 23; Otto, Jura 1989, 200 (205); Schünemann, JuS 1968, 114 (118).
3 Otto, Jura 1989, 200 (205); Schünemann, JuS 1968, 114 (118).
4 Mitsch, JuS 1998, 307 (312); Maurach/Schroeder/Maiwald, BT 1, § 34 Rn. 22; Schönke/Schröder/Eser/Bosch, § 246 Rn. 19; Wessels/Hillenkamp/Schuhr, BT 2, Rn. 328 f.; Mitsch, BT 2, § 2 Rn. 53 f.; Seelmann, JuS 1985, 699 (702).
5 Mitsch, BT 2, § 2 Rn. 53 f.
6 Vgl. Wessels/Beulke/Satzger, AT, Rn. 795; Mitsch, BT 2, § 2 Rn. 53; Wessels/Hillenkamp/Schuhr, BT 2, Rn. 328 f.
7 BGHSt 14, 38 (41); 16, 280 (282).
8 Otto, BT, § 42 Rn. 23.
9 Wessels/Hillenkamp/Schuhr, BT 2, Rn. 330.
10 Mitsch, BT 2, § 2 Rn. 31.
11 Otto, BT, § 42 Rn. 24.
12 Mitsch, BT 2, § 2 Rn. 54.
13 Schünemann, JuS 1968, 114 (119).

143 Bei der Ausarbeitung einer juristischen Begründung im Rahmen eines strafrechtlichen Gutachtens ist auf die Besonderheiten der strafrechtlichen Auslegungsmethodik Rücksicht zu nehmen. Dies bedeutet insbesondere, dass als Folge des **Analogieverbots** (vgl. Anhang A II. 1. und 5.) zunächst zu untersuchen ist, ob sich die vertretenen Ansichten **im Rahmen des möglichen Wortsinns** halten. In der schriftlichen Ausarbeitung taucht dieser (gedanklich stets durchzuspielende) Punkt natürlich nur dann auf, wenn sich aus ihm etwas für die konkrete Lösung herleiten lässt. Ist der Bearbeiter der Meinung, lediglich eine Ansicht begründe keine verbotene Analogie, kann er allein dieser Ansicht folgen. Ist der Bearbeiter der Auffassung, eine Ansicht verletze das Analogieverbot, scheidet diese Ansicht bereits aus diesem Grunde aus. Argumente aus der systematischen, historischen oder teleologischen Auslegung können in diesen Fällen nur noch als verstärkende Argumente gebracht werden. Es sollte dann aber deutlich hervorgehoben werden, dass die grammatische Auslegung das Ergebnis trägt, da sonst vom Korrektor ein methodischer Fehler angenommen werden könnte.

Beispiel:

Schläger S tritt dem am Boden liegenden R in den Rücken. Im Krankenhaus wird ein irreparabler Funktionsverlust der linken Niere festgestellt.

Hier ist ua fraglich, ob der Verlust eines wichtigen Körpergliedes (§ 226 Abs. 1 Nr. 2 StGB) zu bejahen ist. Dieses Problem kann wie folgt angegangen werden:

Nach dem Befund im Krankenhaus hat die linke Niere des R die Funktion eingestellt. Fraglich ist, ob der Verlust einer Niere als Verlust eines wichtigen Gliedes iSd § 226 Abs. 1 Nr. 2 StGB angesehen werden kann. Nach Auffassung einer Minderansicht unterfallen alle Körperteile mit einer in sich geschlossenen Existenz und besonderen Funktion innerhalb des

I. Grundsätze der Aufarbeitung von Meinungsständen

Gesamtorganismus – und damit auch innere Organe – dem Begriff des wichtigen Gliedes.[1] Nach dieser Auffassung wäre durch den Verlust der Niere eine der in § 226 Abs. 1 Nr. 2 StGB genannten Folgen eingetreten. Die herrschende Meinung versteht demgegenüber unter Gliedern nur äußerlich in Erscheinung tretende Körperteile.[2] Nach hM hätte sich S damit nicht einer schweren Körperverletzung schuldig gemacht.

Zu folgen ist der herrschenden Meinung; die Gegenauffassung greift mit ihrer Auslegung über den möglichen Wortsinn des Begriffs »Glied« hinaus und begründet damit eine verbotene Analogie zulasten des Täters.[3] Dass damit möglicherweise strafwürdige Fälle dem Anwendungsbereich des § 226 Abs. 1 Nr. 2 StGB entzogen werden,[4] ist angesichts des fragmentarischen Charakters des Strafrechts hinzunehmen.[5] Im Übrigen werden diese Fälle zT durch andere Qualifikationen des § 226 StGB erfasst, die im Falle einer erweiterten Auslegung des Qualifikationsmerkmals »wichtiges Glied« keinen eigenständigen Anwendungsbereich mehr hätten.[6] Gewichtige Strafbarkeitslücken können nicht entstehen, da alle Fälle zumindest nach § 223 StGB mit Strafe bedroht sind. Im Ergebnis hat sich S damit durch die Tritte in den Rücken des R nicht einer schweren Körperverletzung schuldig gemacht.

---

[1] OLG Neustadt NJW 1961, 2076 (2077); Bockelmann S. 62; Ebert JA 1979, 278; Otto/Ströber Jura 1987, 375.
[2] BGHSt 28, 100 (102); Schönke/Schröder/Stree/Sternberg-Lieben § 226 Rn. 2; Lackner/Kühl § 226 Rn. 3; Horn/Wolters, in: SK-StGB § 226 Rn. 8 (insoweit Stand: August 2003); Hirsch JZ 1979, 109.
[3] LK/Hirsch § 226 Rn. 14; Horn/Wolters, in: SK-StGB § 226 Rn. 8 (insoweit Stand: August 2003); BGHSt 28, 100 (102); Hirsch JZ 1979, 109; aA Ebert JA 1979, 278.
[4] Vgl. Ebert JA 1979, 278; Hirsch JZ 1979, 709 f.
[5] Vgl. BGHSt 28, 100 (102); aA Ebert JA 1979, 278 f.
[6] Hirsch JZ 1979, 109; aA Ebert JA 1979, 278 (279).

II. Argumentationstechnik für die Klausursituation

144 Im Gegensatz zur Hausarbeit kann in der Klausurbearbeitung das Problem auftauchen, dass die Auslegung eines Straftatmerkmals zweifelhaft ist bzw. der Bearbeiter zwar absehen kann oder gar weiß, dass die Auslegung umstritten ist, er aber den Streit nicht »drauf hat«. In diesen Fällen muss der (im Klausurstress zugegebenermaßen nicht einfache) Versuch unternommen werden, selbstständig eine vertretbare Auslegung zu entwickeln. Grundsätzlich ist dies weniger kompliziert, als es den Anschein hat. Da gerade bei Klausurlösungen jede vertretbare (nämlich jede methodisch sauber, dh in sich schlüssig, hergeleitete und nachvollziehbar begründete) Auffassung akzeptiert wird, muss der Bearbeiter »lediglich« die strafrechtliche Auslegungs- und Argumentationsmethodik auf das Straftatmerkmal anwenden.

145 Kurz gefasst – und ohne Anspruch auf Vollständigkeit oder Allgemeingültigkeit – bedeutet dies, die folgenden Fragen zu stellen:
1. Liegen die denkbaren Auslegungsergebnisse im Rahmen des möglichen Wortsinns?
2. Sprechen systematische oder teleologische Argumente[1] für oder gegen die verbliebenen Auslegungsmöglichkeiten?
   – (Systematische Argumente)
   – Ergibt sich etwas aus der Einordnung der Norm in das Gesetz?
   – In welchem Abschnitt steht die Norm?
   – Führt eine Auslegungshypothese zu Widersprüchen mit anderen Normen des Gesetzes?
   – (Teleologische Argumente)
   – Welches Rechtsgut soll geschützt werden und welche Auslegung wird dem Schutzzweck am besten gerecht?
   – Führt eine Auslegung zu unvertretbaren Strafbarkeitslücken oder im Gegensatz hierzu zu einer angesichts des fragmentarischen Charakters des Strafrechts unvertretbaren Ausweitung des strafbaren Bereichs?
   – Kann von einem (sicheren) Auslegungsergebnis im Erst-recht-Schluss auf das Ergebnis des Falles geschlossen werden oder ist im Gegenteil ein Umkehrschluss angezeigt? (Maßgebend sind die Gemeinsamkeiten bzw. Unterschiede zwischen den verschiedenen zu vergleichenden Sachverhaltskonstellationen.)
   – 44

Gerade dafür winken in der Klausur die Punkte. Deshalb ist es sinnvoll, sich beim Lernen von vornherein nicht nur mit Einzelproblemen zu befassen, sondern zu versuchen, »**Standard-Problemkonstellationen**« zu erkennen. So kehrt zB bei praktisch jedem erfolgsqualifizierten Delikt die Frage wieder, inwieweit ein »tatbestandsspezifischer Gefahrzusammenhang« (bzw. »Unmittelbarkeitszusammenhang«) nötig ist und wie dieser beschaffen sein muss. Die Frage, inwieweit eine Gefahr konkret oder abstrakt zu bemessen und worauf genau die Beurteilung zu beziehen ist, stellt sich nicht nur bei Gefährdungsdelikten, sondern bei jedem gefahrbezogenen Begriff (zB dem des gefährlichen Werkzeugs und der lebensgefährdenden Behandlung). Solche Probleme muss man erkennen und sich mit ihnen auseinandersetzen können, auch wenn man sich mit dem betreffenden Tatbestand zuvor noch nie beschäftigt hat.

---

1 Die historische Auslegung entfällt in der Klausursituation aus naheliegenden Gründen.

II. Argumentationstechnik für die Klausursituation

Zudem sollte man mit wachsender Klausurpraxis ein Gespür dafür entwickeln, wo eine Lösung noch schief und folglich ein Problem zu diskutieren ist. Nicht zuletzt deshalb wäre es ein falsches Vorgehen, zunächst ein Gebiet gründlich lernen und danach Fälle in ihm bearbeiten zu wollen. Im Gegenteil kann man einer **Vorlesung** und einem **Lehrbuch** vor allem dann gewinnbringend folgen, wenn man dazu **Fälle** möglichst sogar in Klausurform **bearbeitet**. Vorlesungen und Lehrbücher vermitteln nämlich ganz unterschiedliche Dinge: Sie zeigen Problemfelder auf und stellen Lösungsansätze und Argumente vor. Solchen Stoff kann man als explizites Wissen lernen und in Klausuren reproduzieren, auch wenn das nicht der effizienteste Weg sein muss. Primär vermitteln Vorlesungen und Lehrbücher aber etliches Hintergrundwissen, insbesondere über systematische Zusammenhänge. Das ist ihr wissenschaftlicher Gehalt und wird meist ebenfalls weitgehend explizit dargestellt. In schriftlichen Prüfungen sind solche Informationen idR indes nicht einfach zu reproduzieren, sondern müssen in der Tätigkeit der Fallbearbeitung umgesetzt werden (zB indem man gerade die einschlägigen Delikte prüft, das Gutachten richtig aufbaut usw). Die explizit mitgeteilte Information müssen die Studierenden also in implizites Wissen und Anwendungsfertigkeiten umsetzen. Nur wer schon beim Lernen regelmäßig Übungsgutachten ausarbeitet (und sogar gelegentlich niederschreibt), kann das Rechtsgebiet vollständig erfassen. Dabei erwirbt man die juristischen Fertigkeiten, die man auch im Alltagsgeschäft beim Umgang mit Rechtsfragen in anderer Form benötigt.

6. Teil:
Formalien des Gutachtens

I. Allgemeines

1. Formale Gestaltung

147 Hinsichtlich der Formalien haben die Bearbeiter sich stets nach den Vorgaben des jeweiligen Aufgabenstellers zu richten. Die folgenden Angaben enthalten Richtwerte. Soweit eine Aufgabenstellung von ihnen abweicht, geht sie vor.

148 Zu verwenden sind Bögen im **Format DIN A 4**, die **fortlaufend nummeriert** werden. Der eigentliche Gutachtentext sollte mit arabischen Ziffern, der Vorspann einer Hausarbeit (Sachverhalt, Schrifttumsverzeichnis = Literaturverzeichnis, Gliederung, wenn nötig Abkürzungsverzeichnis) mit römischen Ziffern versehen werden.[1] Um den Verlust einzelner Blätter und die hieraus resultierenden Beweisprobleme zu vermeiden, ist das Gutachten **geheftet** abzugeben. Bei Hausarbeiten versteht sich das ohnehin von selbst (wobei auch hier besondere Bindungen überflüssig sind und Einbände, die erst aufgeblättert werden müssen, ehe sich das Deckblatt lesen lässt, eher stören); bei Klausuren sollte – soweit man diese nicht selbst vor der Abgabe tackert – darauf geachtet werden, dass sie bei der Abgabe zusammengeheftet werden. Die Blätter sollten bei Klausuren wie Hausarbeiten gleichermaßen nur einseitig beschrieben werden.

149 Nicht nur Hausarbeiten (vgl. dazu auch unten II.4.), sondern auch Klausuren sollten üblicherweise ein Deckblatt enthalten. Man kann dieses oft schon zuhause vorbereiten. Das spart Zeit und ermöglicht auch die Gestaltung eines sauberen und gut lesbaren Deckblatts mit dem PC, so dass gleich ein guter erster Eindruck beim Korrektor entsteht. Soweit verlangt (was gerade auch bei Klausuren vor dem Beginn der Arbeit geklärt werden sollte), ist auch der Sachverhalt der Hausarbeit bzw. der Klausur (mit) abzugeben.

150 Grundsätzlich müssen Prüfungsarbeiten während des Studiums[2] auf der ersten Seite den Namen des Prüflings auffällig und gut lesbar enthalten, um eine Zuordnung zu ermöglichen. Bei Klausuren ist darauf zu achten, dass gerade der Name (ggf. »übertrieben«) leserlich geschrieben wird, weil man sich diesen nicht aus dem Kontext erschließen kann. Soweit – zunehmend in Mode kommend – auch darum gebeten wird, eine E-Mail-Adresse anzugeben, damit etwa später Lösungen verschickt werden können, ist hier eine exakt lesbare Schreibweise ganz besonders wichtig.

---

[1] Anhand der unterschiedlichen Bezifferung kann im Falle einer Seitenbegrenzung ohne größeren Aufwand festgestellt werden, ob sich die für die Seitenbegrenzung allein maßgebliche gutachtliche Lösung des Falles innerhalb des vorgegebenen Limits hält. Immer häufiger wird allerdings statt einer Umfangsbegrenzung nach Seiten ein Limit nach Zeichen oder Wörtern gesetzt.

[2] Anders als im Staatsexamen, wo regelmäßig zur Anonymisierung der Klausur mit Bearbeiternummern gearbeitet wird.

I. Allgemeines

Manche Aufgabensteller verlangen zu Beweiszwecken die **Unterschrift des Bearbeiters** auf dem letzten Blatt des Gutachtens. Bei Hausarbeiten wird dann dort mitunter auch eine vorgegebene (zu unterschreibende) Erklärung verlangt.[3]

2. Strukturierung der Gedankenführung und Überschriften

Im Rahmen des Gutachtens sollte man, um die Lesbarkeit des Textes zu erhöhen, **Gedankenblöcke** zu Absätzen zusammenfassen und diese deutlich (durch eine Leerzeile) voneinander trennen. In der Regel wird man für jedes ausführlicher geprüfte Tatbestandsmerkmal einen Absatz vorsehen. Erfordert ein Straftatmerkmal eine ausgedehnte Auslegung und / oder Subsumtion, sind evtl. auch mehrere Absätze erforderlich. Sind andererseits mehrere Merkmale unproblematisch zu bejahen, kann ihre Prüfung auch in einem Absatz zusammengefasst werden. Gliederungszeichen zu Beginn der betreffenden Absätze erleichtern dem Leser uU die Orientierung im Text.

Die **Prüfungsreihenfolge** und damit die Gedankenführung folgt den im 3. Teil ausführlich behandelten Grundsätzen. Sie ist insbesondere durch die Deliktsstrukturen zumindest in groben Zügen vorgegeben (zB Deliktstatbestandsmäßigkeit – Rechtswidrigkeit – Schuld, beim Versuch erst Tatentschluss, dann unmittelbares Ansetzen, bei anderen Vorsatzdelikten erst objektiver, dann subjektiver Deliktstatbestand usw). Mehrere Merkmale innerhalb desselben Tatbestandes sind, wenn sie sich aufeinander beziehen bzw. logisch voneinander abhängen, in der dadurch vorgegebenen Reihenfolge zu prüfen.[4] Ansonsten ist eine möglichst übersichtliche Darstellung und im Zweifel die Reihenfolge aus dem Text der Vorschrift zu wählen.

Überschriften sollen dem Korrektor – beim Durchblättern der Ausarbeitung – einen schnellen Überblick über die Lösung des Bearbeiters und – bei der Lektüre – über den Gegenstand und den systematischen Zusammenhang der jeweils aktuellen Ausführungen geben. Dazu müssen zumindest der jeweilige Tatkomplex, der behandelte Täter und das Delikt in Überschriften angegeben werden. Oft bietet es sich an, auch die Deliktsform, die primär angewendeten Vorschriften und das betreffende Verhalten bei der Angabe des Delikts schon in der Überschrift näher zu bezeichnen. Ob darunter noch detailliertere Überschriften verwendet werden sollten, hängt vom Umfang der jeweiligen Erörterungen ab. Eine insgesamt **leicht zu überblickende Passage bedarf keiner Unterüberschriften**.

Auch sonst genügt es fast immer, sich auf »**Standardüberschriften**« zu beschränken. Dazu gehören:

1. Tatkomplex: ...
    Strafbarkeit des/der ...
        Totschlag durch Unterlassen, §§ 212, 13
        (allg.: Delikt und Vorschrift ggf. mit Angabe des Geschädigten, der näheren Deliktsform sowie der Tathandlung)

---

[3] Beispiel: »Hiermit erkläre ich, dass ich die vorliegende Hausarbeit selbstständig verfasst und keine anderen als die angegebenen Hilfsmittel verwendet habe. Alle Ausführungen, die wörtlich oder sinngemäß einer anderen Quelle entnommen wurden, sind als solche gekennzeichnet, und ihre Herkunft wurde angegeben.«

[4] ZB muss bei § 242 StGB erst klargestellt werden, um welche Sache es geht, ehe geprüft werden kann, ob sie für den Täter fremd war.

> **Tatbestandsmäßigkeit**
> (bzw. »**Deliktstatbestandsmäßigkeit**«)
> > **Objektiver Tatbestand**
> > **Subjektiver Tatbestand**
>
> bzw.
> > **Tatentschluss**
> > **Unmittelbares Ansetzen**
>
> **Rechtswidrigkeit**
> **Schuld**
> **Rücktritt**
> (bzw. »**Strafaufhebungsgründe**«)
> > **Konkurrenzen**
>
> **Gesamtergebnis**

155 Ob man die Versuchsprüfung mit der Überschrift »**Vorprüfung**« beginnt oder auf diese an sich wenig sagende Bezeichnung (nicht die Vorprüfung als solche!) verzichtet, ist Geschmackssache. Gleiches gilt für die Frage, ob man die Dreigliedrigkeit der Deliktsprüfung in Deliktstatbestandsmäßigkeit, Rechtswidrigkeit und Schuld unbedingt in eigenen Überschriften dokumentieren möchte oder lieber Platz, Zeit und dem Leser Mühen spart. Dann kann man auf eine eigene Überschrift »**Deliktstatbestandsmäßigkeit**« bzw. »**Tatbestandsmäßigkeit**« vor »Objektiver Tatbestand« und »Subjektiver Tatbestand« (bzw. »Tatentschluss« und »Unmittelbares Ansetzen«) gut verzichten und oft auch »**Rechtswidrigkeit und Schuld**« zusammenziehen, insbesondere wenn sie sich unproblematisch bejahen lassen.

156 Generell gilt: Ganz am Anfang einer Klausur sollte auch durch die Überschriften ruhig einmal gezeigt werden, dass man den Prüfungsaufbau beherrscht. Dann aber sollten Überschriften nur noch so weit untergliedert werden, wie es dem Text wirklich dient. Sie sollen **nicht** das vom Bearbeiter benutzte »**Prüfungsschema**« wiedergeben. Insbesondere die Angabe **einzelner Tatbestandsmerkmale** gehört praktisch **nie** in Überschriften, ebenso wenig »Tathandlung«, »Erfolg«, »Kausalität« usw.

157 Bei besonders langen Ausführungen kann es dienlich sein, mit individuell formulierten Überschriften problembezogen die **behandelten Prüfungs(schwer)punkte** aufzuzeigen. Auch dann müssen sie so gefasst werden, dass sie die gedankliche Gliederung aufzeigen.

158 Gerade bei Hausarbeiten, bei denen üblicherweise eine begrenzte Seiten- bzw. Zeichenzahl zur Verfügung steht, hat man bei der Prüfung zahlreicher Delikte mit vielen Zwischenüberschriften, die eigentlich keine zusätzliche inhaltliche Substanz bringen, rasch zwei Seiten gefüllt. Dort sollte auf **unnötige Überschriften** unterhalb der Angabe des Delikts verzichtet werden. Der Text muss **gleichwohl gegliedert** werden. Deliktsaufbau und weitere Gliederung sind durch eine klare Darstellung und Gestaltung mit Absätzen, Leerzeilen und **Gliederungszeichen** am Anfang von Absätzen (gerade auch ohne Überschrift) deutlich zum Ausdruck zu bringen. Sie dienen beim Schreiben dazu, sich selbst die Gedankenführung zu vergegenwärtigen.

159 Es gibt – für Überschriften und Gliederungszeichen am Absatzanfang gleichermaßen – **zwei Gliederungssysteme**, die grds. wahlweise (aber dann ausschließlich) benutzt werden können. Juristen tendieren allerdings deutlich zur ersteren Variante:

I. Allgemeines

A. XXXX
  I. XXXXXXXXX
    1. XXXXXXXX
      a) XXXX
      b) XXXXXXXXXXXX
        aa) XXXXXXXX
        bb) XXXXX
          aaa) XXXXXX
          bbb) XXXXXX
    2. XXXXXXXXXXXX
  II. XXXXXXXXX
B. XXXXXXXXXXXXXX

Oder

1. XXXX
  1.1. XXXXXXXXX
    1.1.1. XXXXXXXX
      1.1.1.1. XXXX
      1.1.1.2. XXXXXXXXXXXX
        1.1.1.2.1. XXXXXXXX
        1.1.1.2.2. XXXXX
    1.1.2. XXXXXXXXXXX
  1.2. XXXXXXXX
2. XXXXXXXXXXXXXX

Viele Korrektoren lesen es nicht gerne, wenn ein Gliederungspunkt für sich alleinsteht (»**Wer a sagt, muss auch b sagen**«). Eine begründete Ausnahme besteht aber dann, wenn die Prüfung gleich beim ersten Gliederungspunkt scheitert.

160

Beispiel:

Werden etwa die geprüften Vorschriften stets mit »I.« usw, der objektive Tatbestand mit »1.«, der subjektive Tatbestand mit »2.« usw beziffert, dann kann die Gliederung zwangsläufig einmal nach »1.« abbrechen, wenn sich herausstellt, dass bereits der objektive Tatbestand nicht erfüllt ist. Dagegen ist an sich nichts einzuwenden. Will man verhindern, dass ein übelgesinnter Korrektor sich gleichwohl daran »aufhängt«, müsste man in einem solchen Fall bei dem ersten Gliederungspunkt ausnahmsweise auf eine Gliederungsziffer verzichten oder aber als »Mogelpackung« einen Punkt »2. Ergebnis« anfügen.

Beispiel:

A. XXXX
  I. XXXXXXXXX
    1. XXXXXXXXX
      a) XXXX
      b) XXXXXXXXXXXX

    aa) XXXXXXXX
    bb) XXXXX
  2. Zwischenergebnis
 II. XXXXXXXXX
B. XXXXXXXXXXXXXX

161 Als Überschriften sollen möglichst **keine vollständigen Sätze** oder gar **Fragen** verwendet werden. Sinn der Überschriften ist es, in schlagwortartiger Weise den nachfolgenden Prüfungsabschnitt inhaltlich präzise zu umreißen (»sprechende Überschriften«). Die Überschriften sollen daher möglichst weitgehend von rechtlichen (Vor-)Wertungen freigehalten werden. Zu vermeiden ist, dass bereits die Überschrift das Ergebnis der Prüfung vorwegnimmt (das steht dort ja noch gar nicht fest).

NEGATIV-Beispiel:
A. Hat A sich strafbar gemacht?
 I. Die Trunkenheitsfahrt
  1. § 315c Abs. 1 StGB
   a) Die Tatbestandsmäßigkeit seines Verhaltens
    aa) A hat ein Fahrzeug im Verkehr geführt
    bb) Absolute Fahruntüchtigkeit des A aufgrund des von ihm konsumierten Alkohols

POSITIV-Beispiel (bei umfangreichen Problemen im objektiven Deliktstatbestand):
A. Strafbarkeit des A
 I. Die Heimfahrt
  1. § 315c Abs. 1 Nr. 1a StGB
   a) Tatbestand
    aa) Führen eines Fahrzeugs im Verkehr
    bb) Alkoholbedingte Fahruntüchtigkeit

Merke: Auch wenn dem Gutachten eine Gliederung vorangestellt wird, müssen die einzelnen Gliederungspunkte (mit Überschriften!) **im Text des Gutachtens wieder auftauchen**, um eine bessere Übersicht und die Möglichkeit des kurzfristigen Auffindens einer konkreten Stelle des Gutachtens zu gewährleisten.

II. Die besonderen Formalien der Hausarbeit

1. Äußere Gestaltung

Das eigentliche Gutachten ist bei einer Hausarbeit idR **1,5-zeilig** und mit einem **Korrekturrand von mindestens einem Drittel** der Seitenbreite abzufassen. Manchen Aufgabenstellern genügen 7 cm am linken Rand (inkl. Raum für Lochung), andere insistieren auf einem für rechtshändige Korrektoren komfortableren rechten Korrekturrand. Der Korrekturrand ist stets gleich breit zu halten, dh, der Gutachtentext ist nicht nach rechts einzurücken, wenn ein Gliederungspunkt einer niedrigeren Gliederungsstufe erreicht wird.

Die **Hausarbeit** ist **maschinenschriftlich** anzufertigen. Wird die Arbeit, was heute kaum mehr anders vorstellbar ist, mit einem Computer geschrieben, ist der Text mit einer Schrift nicht kleiner als 12pt auszudrucken (Fußnoten idR mit 10pt).[5]

Man erspart sich einige Arbeit, wenn man sich vor den Studienarbeiten mit den Funktionen des eigenen Textverarbeitungsprogramms und Regeln der Textaufbereitung vertraut macht. Dazu gehören ua folgende:

▪ Verwenden Sie Formatvorlagen. Für Hausarbeiten nützlich, aber auch ausreichend sind eine Standardformatvorlage für Textabsätze, eine für jede Überschriftenebene, korrespondierende Verzeichnis-Formatvorlagen für jede Ebene in der Gliederung sowie eine Formatvorlage für Einträge im Literaturverzeichnis (die »hängend« formatiert werden). Absätze mit gleicher Funktion (Überschrift/Text/…) erhalten dieselbe Formatvorlage. Dort sind die äußeren Merkmale des Textes hinterlegt (Zeichengröße, Absatzabstand usw). Man formatiert nicht einzelne Absätze oder einzelne Zeichen, sondern nimmt alle Änderungen in den Formatvorlagen vor. Nur so lässt sich ein einheitliches Erscheinungsbild der Arbeit erreichen (und man spart außerdem viel Zeit!). Unterschiedliche Schriftarten und verschiedene Schriftgrößen, Fettdruck, Kursivdruck, Unterstreichungen usw sind im Text ohnehin unerwünscht. Nur Überschriften dürfen gefettet und moderat größer formatiert sowie Autorennamen in den Fußnoten (und uU auch im Text) kursiviert werden. Auch nummerierte oder mit Symbolen beginnende Aufzählungslisten (Spiegelstrich-Listen) sind regelmäßig nicht zu verwenden. Zulässig sind hingegen in den Text eingezogene Gliederungszeichen am Anfang eines Absatzes. Nur auf dem Deckblatt ist es sinnvoll, ohne besondere Formatvorlagen das gewünschte Erscheinungsbild durch unmittelbares Formatieren des Textes herzustellen.

▪ Die vordefinierten Formatvorlagen sind im Allgemeinen schon so eingestellt, dass Überschriften stets beim Text und nicht etwa als letzte Zeilen auf einer Seite stehen; dafür müsste sonst gesondert Sorge getragen werden. Damit das funktioniert, sind Abstände vor und nach der Überschrift über die Absatzeinstellungen der Formatvorlage anzugeben und nicht etwa über leere Absätze. Ebenso sind Einrückungen weder über Leerzeichen noch über Tabulatoren, sondern über die Formatvorlage zu bestimmen. Grundsätzlich haben nirgendwo zwei Leerzeichen aufeinander zu folgen und sind Tabulatoren ebenso wie Tabellen in Gutachten unnötig. Nur innerhalb der Überschrift kann das vom Programm automatisch generierte Gliederungszeichen mit einem Tabulator vom Überschriftentext getrennt werden, und Fußnoten

---

[5] Mitunter gibt es hier allerdings auch genaue Vorgaben durch den Aufgabensteller, die natürlich eingehalten werden müssen.

- können nach dem Fußnotenzeichen mit einem Tabulator beginnen, um jeweils eine »hängend« eingezogene Satzkante zu erzeugen.
- Lassen Sie die Gliederung vom Programm automatisch aus den (mit den genannten Formatvorlagen gekennzeichneten) Überschriften erstellen. Erstens enthält sie dann keine Übertragungsfehler, zweitens spart das einige Arbeit.
- Für Drucke und Manuskripte gibt es einige Sonderzeichen: Ein geschütztes Leerzeichen verhindert einen Zeilenumbruch an seiner Stelle. Insbesondere nach §-Zeichen, in Absatzangaben usw sind daher geschützte Leerzeichen zu verwenden. Entsprechend verhindert ein sog. geschützter Trennstrich den Umbruch; er ist insbesondere dann zu verwenden, wenn auf einen Auslassungsstrich eine Klammer folgt (Beispiel: »der (Straf-)Tatbestand«). Als Gedankenstrich wird der Halbgeviertstrich verwendet (weder ein Minuszeichen noch ein Geviertstrich). Für Bereichsangaben (»bis«) und zur Abtrennung von Aktenzeichen genügt der Divis (»Minuszeichen«), es kann aber auch ein Halbgeviertstrich verwendet werden. Als Auslassungsstrich am Ende eines Wortfragments wird der Divis verwendet. Trennstriche werden entweder vom Programm automatisch gesetzt oder als sog. bedingter Trennstrich eingegeben, damit Verschiebungen im Text den Drucksatz nicht zerstören. Es werden auch keine besonderen Abstände gesetzt, sondern einfach »ein Leerzeichen« (bzw. ein geschütztes Leerzeichen) verwendet.
- Text wird idR im Blocksatz formatiert und dem Programm die Verteilung des Textes überlassen. Übertriebene Wortabstände sind dabei aber durch geeignete Trennungen und notfalls durch Umstellung des Textes zu vermeiden.
- Die Seiten sind in der Kopf- oder Fußzeile zu nummerieren. Üblich ist eine durchlaufende arabische Nummerierung in den für die Seitenbegrenzung der Aufgabenstellung relevanten Teilen sowie eine durchlaufende römische Nummerierung der übrigen Seiten. Im Textverarbeitungs-Programm ist der Text dazu in Abschnitte aufzuteilen und deren Seitenformatierung jeweils gesondert anzugeben
- Autoren sollten sich stets darum bemühen, angenehm lesbare Texte zu schreiben, und dazu gehört es auch, sich mit der äußeren Form zu befassen.

2. Insbesondere: Seiten- oder Zeichenbegrenzungen

165 Bei vorgegebenen **Seiten- oder Zeichenbegrenzungen** handelt es sich nicht lediglich um einen unverbindlichen Hinweis für die Bearbeiter, sondern um eine verbindliche Lösungsanforderung. Die Bearbeitung des gestellten Falles soll nicht nur innerhalb einer festgelegten Zeit, sondern auch innerhalb eines vom Aufgabensteller für angemessen erachteten Rahmens erfolgen. Praktisch bedeutsam ist, welche Folgen eine Überschreitung des gegebenen Limits hat. Allgemeinverbindliche Aussagen hierzu sind allerdings nicht möglich. Wer die lokalen Gepflogenheiten erfahren möchte, sollte den jeweiligen Übungsleiter **vor der Ausgabe der ersten Hausarbeit** in einer Übungsstunde (offiziell) auf diese Frage ansprechen.

166 Stellt man fest, dass die eigene Bearbeitung den angegebenen Umfang überschreitet, sollte dies zunächst Anlass sein, die Arbeit kritisch daraufhin durchzusehen, ob tatsächlich alle Ausführungen für die Lösung des Falles relevant sind. Erfahrungsgemäß sind die Hausarbeiten tatsächlich in dem vorgegebenen Rahmen zu bewältigen. Überschreitungen des Limits sind sehr häufig darauf zurückzuführen, dass von den Bearbeitern entweder nicht lösungsrelevante Punkte erörtert oder unproblematische Punkte zu breit und / oder losungsrelevante Erörterungen durch überflüssige und langatmige

II. Die besonderen Formalien der Hausarbeit

lehrbuchartige Ausführungen eingeleitet werden. Eine **Überschreitung der Seiten- bzw. Zeichenbegrenzung** führt zwar meist nicht dazu, dass die Teile des Gutachtens, die außerhalb des gegebenen Limits liegen, nicht korrigiert bzw. bei der Bewertung nicht berücksichtigt werden. Der Bearbeiter, der den vorgegebenen Umfang überschreitet, muss aber damit rechnen, dass

- seine Arbeit, auch wenn sich in ihr alle lösungsrelevanten Ausführungen finden, nicht besser bewertet werden kann als eine Arbeit, die sich innerhalb des Limits hält und ebenfalls alle relevanten Punkte anspricht. Eine gleiche Bewertung beider Arbeiten wird sogar nur dann möglich sein, wenn die Arbeit, die den vorgegebenen Rahmen überschreitet, auch ein entsprechendes »Mehr« an argumentativer Substanz aufweist,
- seine Arbeit, wenn die Überschreitung des Limits auf die Erörterung überflüssiger Punkte oder aber auf eine zu ausführliche (weil nicht mehr für die konkrete Fallbearbeitung notwendige) Darstellungsweise zurückzuführen ist, entsprechend abgewertet wird.

3. Elektronische Ablieferung der Hausarbeit

Zur Erkennung von und Abschreckung vor Plagiaten (vgl. oben 4. Teil I.) ist es heute nicht unüblich, zusätzlich zur Abgabe des Ausdrucks auch eine **Einsendung in Dateiform** (meist an eine besondere E-Mail-Adresse) zu verlangen. Dazu genügt dann keine Datei, die den Text nur als Grafik enthält; vielmehr muss der Text in weiterzuverarbeitender Form übermittelt werden. Formate wie rtf und docx haben den Vorzug, dass sie keine Makros enthalten und daher auch keine Virengefahr entsteht.

4. Gängige Bestandteile einer Hausarbeit

Anders als der Klausur muss der Hausarbeit zwingend ein Vorspann vorangestellt werden, der (in dieser Reihenfolge) aus dem Deckblatt, Sachverhalt (wenn verlangt), Literaturverzeichnis, Abkürzungsverzeichnis (wenn ausnahmsweise nötig) sowie der Gliederung besteht.

a) Das Deckblatt

Das Deckblatt (das auch einer Klausur vorangestellt werden sollte) muss eindeutig den Bearbeiter (ggf. die Übungsgruppe) und die gestellte Arbeit ausweisen.

Beispiel:
Mustermann, Peter
Musterstraße X
00000 Musterburg

X. Semester
Matrikel-Nr. XXXXXX

Wintersemester 2014 / 15
Übung(en) im Strafrecht für Anfänger
Prof. Dr. Platzhalter
X. Hausarbeit

b) Der Sachverhalt

170 Bisweilen wird bei Hausarbeiten ausdrücklich die Beifügung des Sachverhalts verlangt.[6] Dann ist der Sachverhalt direkt nach dem Deckblatt einzufügen. Es kann der Originalsachverhalt (wenn er keine Anmerkungen, Unterstreichungen usw aufweist) bzw. eine Kopie eingeheftet werden. Wenn der Sachverhalt – wie in Anfängerhausarbeiten üblich – nicht allzu umfangreich ist, bietet es sich aber an, diesen abzuschreiben, da hierdurch der einheitliche äußere Eindruck der Arbeit verbessert wird. Ein Tipp: Schreiben Sie den Sachverhalt bereits zu Beginn der Hausarbeit ab. Eine solche Beschäftigung mit dem Sachverhalt kann verhindern, dass wichtige Formulierungen überlesen werden.

c) Das Literaturverzeichnis

171 Sinn und Zweck des Schrifttumsverzeichnisses ist es zum einen, dem Korrektor einen Überblick über die verwendete Literatur zu geben, zum anderen wird es dem Bearbeiter ermöglicht, die (in der Regel im Gutachten mehrfach verwendeten) Quellen in den Fußnoten in abgekürzter Form zu zitieren.

172 Im Literaturverzeichnis sind **nur** die im eigentlichen Gutachten **tatsächlich zitierten Schriften** (zum Fußnotenapparat siehe oben 4. Teil) aufzuführen, diese allerdings vollständig. In das Literaturverzeichnis gehören: Kommentare, Lehrbücher, Monographien, Aufsätze, Anmerkungen. Nicht aufzunehmen sind dagegen Fundstellen von Gesetzen, Verordnungen usw sowie Fundstellen der zitierten Gerichtsentscheidungen. Diese werden allein in den Fußnoten angegeben.[7]

173 Bei Werken, die in mehrfacher Auflage erschienen sind (Kommentare und Lehrbücher, selten bei Monographien), sind in der Regel[8] die jeweils **neuesten Auflagen zu verwenden und** in das Literaturverzeichnis aufzunehmen. Selbstverständlich sind diese Auflagen dann auch im Gutachten zu verwenden, dh die Zitate müssen sich auf die im Literaturverzeichnis genannten Auflagen beziehen. Zwar sind von diesen Auflagen im Seminar in der Regel nicht so viele Exemplare vorhanden, dass jeder Bearbeiter stets die neueste Auflage zur Verfügung hat; dies ist aber auch nicht notwendig, denn mit der Vorauflage bzw. Vorvorauflage eines Lehrbuchs oder eines Kommentars kann man ohne Weiteres arbeiten. Notwendig ist es dann allerdings, dass man zu einem geeigneten Zeitpunkt (in der Regel dann, wenn für den Bearbeiter klar ist, welche Probleme er zu behandeln hat) einen Blick in die neueste Auflage wirft, um festzustellen, ob der Autor seine Meinung geändert hat bzw. sich Randnummern oder Seitenzahlen geändert haben. Nicht unterlassen sollte man es, die neuesten Auflagen der Kommentare daraufhin zu überprüfen, ob zu einem lösungsrelevanten Problem neuere Entscheidungen der Gerichte ergangen sind. Etwaige bei der Aufsicht vorhandene Präsenzexempla-

---

6 Auch wo das nicht der Fall ist, ist es natürlich nicht »falsch«, den Sachverhalt beizufügen und für das spätere eigene »Archivieren« der im Studium verfassten Arbeiten sogar nützlich.
7 In Ausnahmefällen kann es allerdings sinnvoll sein, der Arbeit zusätzlich zum Literaturverzeichnis ein eigenes Entscheidungsregister beizugeben.
8 Eine Ausnahme besteht dann, wenn die Ausarbeitung sich gerade auf einen von der aktuellen Auflage abweichenden Inhalt einer Vorauflage bezieht, oder wenn es darum geht, die erste Publikation des Gedankens nachzuweisen. Wenn die neueste Auflage eines Lehrbuchs weder in der Universitätsbibliothek vorhanden noch online frei verfügbar ist, wird man nicht erwarten können, dass Studierende entweder darauf verzichten, es zu verwenden oder es selbst anschaffen. Hier kann man wohl im Literaturverzeichnis einen entsprechenden Vermerk anbringen, sodass auch sehr gründliche Korrektoren, welche die Auflage prüfen, eine plausible Erklärung dafür haben, warum die neueste Auflage nicht verwendet wurde.

re der neuesten Auflagen können darüber hinaus natürlich auch auszugsweise kopiert werden. Eine ältere Auflage ist dort, und nur dort, zu verwenden, wo die aktuelle Auflage von ihr abweicht und es dem Bearbeiter gerade auf die zwischenzeitlich geänderte alte Ansicht ankommt. Im entsprechenden Zitat kennzeichnet man das dann zB durch eine Gegenüberstellung von Alt- und Neuauflage: »So noch ..., nunmehr anders ...«

Alle Schriften sollten **streng alphabetisch** geordnet werden. Eine Untergliederung des Literaturverzeichnisses in Kommentare, Lehrbücher, Aufsätze und Anmerkungen dürfte zum einen bei einer Hausarbeit nach der Menge der verwendeten Materialien meist nicht erforderlich sein, hat sich aber zum anderen auch nicht bewährt, da für den Leser nicht immer klar ist, in welcher Kategorie sich ein Werk findet, das in einer Fußnote evtl. nur mit dem Verfassernamen genannt ist. 174

Sollten **von einem Verfasser mehrere Werke** oder von einem Werk **mehrere Auflagen** verwendet werden (weil zB der Autor seine Meinung in einem lösungsrelevanten Punkt geändert hat), müssen die Werke in den Fußnoten jeweils so genannt werden, dass klar ist, welches Werk bzw. welche Auflage gemeint ist. In diesen Fällen bietet es sich an, bereits im Literaturverzeichnis anzugeben, wie das jeweilige Werk abgekürzt zitiert wird. 175

Beispiel:
Literaturverzeichnis:

Wessels, Johannes/ **Beulke**, Werner/ **Satzger**, Helmut — Strafrecht Allgemeiner Teil, Die Straftat und ihr Aufbau, 49. Auflage, Heidelberg 2019 (zitiert: Wessels/Beulke/Satzger, AT)

Wessels, Johannes/ **Hettinger**, Michael/ **Engländer**, Armin — Strafrecht, Besonderer Teil 1, Straftaten gegen Persönlichkeits- und Gemeinschaftswerte, 43. Auflage, Heidelberg 2019 (zitiert: Wessels/Hettinger/Engländer, BT 1)

Fußnoten:
Wessels/Beulke/Satzger, AT, Rn. ... bzw. Wessels/Hettinger/Engländer, BT 1, Rn. ...

Zu den für die jeweiligen Kategorien der Schrifttumsquellen notwendigen Angaben im Literaturverzeichnis vgl. die folgenden

Beispiele:

Lehrbücher (und Monographien): Verfassername, Vorname, Titel, Auflage, Erscheinungsort und -jahr, evtl. Zitierhinweis

> **Stratenwerth**, Günter/**Kuhlen**, Lothar: Strafrecht, Allgemeiner Teil I, 6. Auflage, Köln 2011
> **Welzel**, Hans: Das Deutsche Strafrecht, 11. Auflage, Berlin 1969

Kommentare: Titel, Herausgeber bzw. Bearbeiter, Auflage, Erscheinungsort und -jahr, evtl. Zitierhinweis **oder aber** Herausgeber, Titel usw. Ob bei Werken mit einem „feststehenden" Titel (zB »Leipziger Kommentar«, »Münchener Kommentar« oder »Systematischer Kommentar«) zuerst die Herausgebernamen und dann der Titel oder aber zuerst der Titel gefolgt von einem »Hrsg. von« genannt wird, ist Geschmackssache und wirkt sich praktisch nur auf die alphabetische Einordnung im Literaturverzeichnis aus. Freilich ist darauf zu achten, dass dann möglichst eine Methode einheitlich durchgehalten wird.

> **Lackner**, Karl/**Kühl**, Kristian: Strafgesetzbuch mit Erläuterungen, 29. Auflage, München 2019

Schönke, Adolf/**Schröder**, Horst: Strafgesetzbuch Kommentar, 30. Auflage, München 2019 (zitiert: Schönke/Schröder/Bearbeiter)

Festschriftenaufsätze: Verfassername, Vorname, Titel des Aufsatzes, Titel der Festschrift, Herausgeber der Festschrift, Erscheinungsort und -jahr, Beginn der Quelle

Gallas, Wilhelm: Abstrakte und konkrete Gefährdung, in: Festschrift für Ernst Heinitz zum 70. Geburtstag am 1.1.1972, hrsg. von Hans Lüttger in Verbindung mit Hermann Blei und Peter Hanau, Berlin 1972, S. 171

Zeitschriftenaufsätze: Verfassername, Vorname, Titel des Aufsatzes, Beginn der Quelle

Stree, Walter: Gefährliche Körperverletzung, in: Jura 1980, 281

Anmerkungen: Verfassername, Vorname, Verkündungstermin und Aktenzeichen der besprochenen Entscheidung, Fundstelle

Kratzsch, D.: Anmerkung zu BGH Beschl. v. 3. 5. 1988 (1 StR 167/88), in: JR 1989, 295

d) Das Abkürzungsverzeichnis

176 Ein Abkürzungsverzeichnis ist auch im Rahmen einer Hausarbeit in der Regel nicht notwendig. Soweit der Bearbeiter allein die allgemein gebräuchlichen Abkürzungen (zB BGHSt, NJW) benutzt, kann auf ein Abkürzungsverzeichnis verzichtet werden. Notwendig ist ein Abkürzungsverzeichnis allerdings dann, wenn der Bearbeiter im Text des Gutachtens oder im Rahmen der Fußnoten von ihm selbst erfundene Abkürzungen benutzt. Im Gutachten selbst sollten Abkürzungen möglichst unterbleiben, um den Lesefluss nicht zu hemmen (Ausnahme: allgemein übliche Abkürzungen wie: zB, ggf., evtl.). Hinsichtlich der Abkürzungen von Gerichten, Lehrbüchern, Zeitschriften usw sollte man sich an der Standardliteratur orientieren. Im Übrigen kann bei Zweifelsfragen das Werk von Kirchner, Abkürzungsverzeichnis der Rechtssprache, herangezogen werden. Für die Abkürzung der verwendeten Lehrbücher und Kommentare finden sich in den jeweiligen Werken Zitiervorschläge.

e) Die Gliederung

177 Direkt vor dem Gutachten steht die Gliederung. Alle Überschriften des Gutachtens werden dort aufgenommen. Es ist anzuraten, die Gliederung vor der Abgabe daraufhin zu kontrollieren, ob sie dem Korrektor für sich genommen bereits einen Überblick über den Gegenstand und die Schwerpunktsetzung des Gutachtens vermittelt. Wenn nicht zumindest deutlich wird, welche Delikte für welchen Täter in welchem Seitenumfang geprüft werden, sind detailliertere Überschriften nötig. Umgekehrt sollten Überschriften meist gestrichen werden, wenn die Gliederung schon Einzelheiten von Tatbestandsmerkmalen oder mehrere Standardüberschriften für dieselbe Seite zeigt.

f) Exkurs: Stilfragen

178 Viele Bearbeiter verschenken eine nicht unerhebliche Anzahl von Punkten dadurch, dass sie in die Darstellung ihrer Lösung, insbesondere in stilistischer Hinsicht, zu wenig Mühe investieren. Abgesehen davon, dass es sich die wenigsten Übungsteilnehmer leisten können, von vornherein mit einem Handicap in die Bewertung zu starten, sollte gerade der Jurist, der davon lebt, andere mit Worten von der Richtigkeit seines Standpunktes zu überzeugen, diese Fähigkeit schulen. Auch an dieser Stelle sei daher nochmals darauf hingewiesen, dass nicht in erster Linie das (richtige oder falsche)

II. Die besonderen Formalien der Hausarbeit

Endergebnis des Gutachtens, sondern der Weg, auf dem dieses gefunden wird, für die Bewertung entscheidend ist. Hieraus folgt, dass eine gedanklich klar gegliederte und sprachlich verständliche Bearbeitung wertvoller ist als eine Arbeit, die auf einem völlig unverständlichen Weg zu dem Ergebnis kommt, das auch der Aufgabensteller als sachlich zutreffend ansieht.

Zunächst ist in diesem Zusammenhang darauf hinzuweisen, dass ein grammatikalisch und orthographisch »richtiger« und durch sinnvolle Absätze (vgl. oben I. 2.) klar gegliederter Text für den Korrektor besser und leichter zu verstehen ist und damit tendenziell größere Chancen hat, gut bewertet zu werden. 179

In stilistischer Hinsicht sollte sich der Bearbeiter allein auf eine sachliche Erörterung der für die Fallbearbeitung notwendigen Fragen beschränken. Zu vermeiden sind unter allen Umständen Versuche, der Arbeit durch »**schöngeistige**« **Formulierungen** ein höheres literarisches Niveau bzw. durch **humoristische Einsprengsel** einen höheren Unterhaltungswert zu geben. Da die Beantwortung von Rechtsfragen stets persönliche Stellungnahme erfordert und doch möglichst objektiv zu erfolgen hat, sind subjektivierende Formulierungen wie: »Meines Erachtens…« oder andere **Elemente des »Ich«-Stils** zu vermeiden. 180

Vermieden werden sollten auf jeden Fall auch **Bekräftigungen** (wie zB: eindeutig, selbstverständlich, offensichtlich) sowie **überhebliche Formulierungen** (zB: Völlig unhaltbar wieder einmal BGHSt…), da der Gebrauch derartiger Formulierungen ein klarer Indikator für inhaltliche Defizite der Lösung ist. 181

Grundsätzlich ist im Rahmen der Fallbearbeitung der **Gutachtenstil** (These, Obersatz, Untersatz, Konklusion) anzuwenden (vgl. oben 1. Teil). Um eine Schwerpunktbildung zu ermöglichen, ist es aber bei evident vorliegenden Tatbestandsmerkmalen zulässig und angezeigt, diese in einem **abgekürzten Gutachtenstil** oder im **Urteilsstil** zu bejahen. Ein sachgerechter Wechsel zwischen Gutachten- und Urteilsstil (vgl. 1. Teil IV.), verbunden mit einem Verzicht auf stereotype Formulierungen, trägt entscheidend dazu bei, das Interesse des Korrektors an der Arbeit aufrechtzuerhalten. Die Lesbarkeit des Textes wird weiterhin dadurch erhöht, dass man 182

- anstatt eines unverständlichen **Schachtelsatzes** mehrere kurze Hauptsätze bildet,
- **Substantivierungen** möglichst vermeidet und
- auf den Gebrauch von **Füllwörtern** verzichtet.
-

Bei der Wortwahl ist schließlich zu berücksichtigen, dass bestimmte Begriffe als **juristische Fachausdrücke** »besetzt« sind und daher in einem juristischen Fachgutachten in ihrer alltäglichen Bedeutung nicht mehr benutzt werden dürfen (zB Absicht, Vollendung, Beendigung, Anstiftung, Schuld).[9]

Bearbeiter sollten niemals versuchen, durch Kreativität zu beeindrucken. Klausuren, Hausarbeiten und die meisten Schriftsätze der Praxis werden für ein Massengeschäft verfasst. Voraussetzung für ihren Erfolg ist, dass sie vom Adressaten effizient bearbeitet werden können; alles andere wird ihn praktisch sicher verärgern. Deshalb sind unnötige Schnörkel zu vermeiden. Auch eine korrekte Verwendung der Fachterminologie sowie das gezielte Anbringen einschlägiger Stichworte, die die Orientierung des 183

---

9 Vgl. dazu näher unten Anhang A. II.1 aE.

Lesers und die Erfassung des Inhalts erleichtern, werden üblicherweise mitbewertet.[10] Oft unausgesprochen und unreflektiert gilt dasselbe für ein ordentliches Schriftbild sowie korrekte Rechtschreibung und Zeichensetzung.

---

10 Man beobachte nur, wo Korrektoren ihre Haken setzen.

Anhang

Anhang A: Einführung in die Grundlagen der Auslegung und juristischen Argumentation

I. Allgemeines

Ausgelegt werden Texte. Die Auslegung kann sich grundsätzlich auf zwei Bereiche beziehen: auf Gesetze und auf Sachverhalte.[1] Die Sachverhaltsauslegung, die stets von der allgemeinen Lebenserfahrung her vorzunehmen ist, wurde ausführlich im 2. Teil des Skripts vorgestellt. Nachfolgend sollen die Grundlagen der Auslegung von Normen erläutert werden.

Zunächst ist nicht ganz einsichtig, warum es überhaupt notwendig oder erlaubt sein soll, Gesetze auszulegen, dh die in den Normen des Gesetzes genannten Merkmale abstrakt zu definieren. In einer Rechtsordnung wie der unseren, die gerade von Strafnormen verlangt, dass diese bestimmt sein müssen (Art. 103 Abs. 2 GG; § 1 StGB), scheint die Auslegung des Gesetzes durch den Richter bestenfalls überflüssig zu sein und schlimmstenfalls darauf hinauszulaufen, dass die Judikative ihren Willen an die Stelle des Willens der Legislative setzt.[2] Dies scheint wiederum im Widerspruch dazu zu stehen, dass der Richter an Recht und Gesetz gebunden ist (Art. 20 Abs. 3 GG). Indes: Rechtsgeschichte und Rechtstheorie zeigen, dass man zu keiner Zeit ohne eine Auslegung von Gesetzen durch den Rechtsanwender ausgekommen ist und auch gar nicht auskommen kann. Die gelegentlich – zT wohl unter dem Eindruck des Satzes von Montesquieu, wonach der Richter (nur) der Mund des Gesetzes sein soll – unternommenen Versuche, die Auslegung von Gesetzen ausdrücklich zu verbieten, sind sämtlich gescheitert.

Zur Begründung kann auf Folgendes verwiesen werden:[3] Gesetze sind der Versuch, Lebenssachverhalte über sprachlich fixierte Normen zu regeln. Soll die Norm mehr als einen konkreten Sachverhalt regeln (und dies ist das grundlegende Merkmal gesetzlicher Normen), muss von den Besonderheiten des Einzelfalles abstrahiert und das einer Gruppe von Lebenssachverhalten Gemeinsame definiert werden. Bedingt durch die nicht zu vermeidende Abstraktion der Gesetzessprache stellt sich dann aber zwangsläufig die Frage, ob ein bestimmter, konkret zur Beurteilung anstehender Sachverhalt noch unter den abstrakten Begriff zu fassen ist oder nicht. Dies gilt in besonderem Maße, wenn der Gesetzgeber wertausfüllungsbedürftige Begriffe verwendet (wie zB »Beleidigung« in § 185 StGB, »verwerflich« in § 240 Abs. 2 StGB, »gegen die guten Sitten verstößt« in § 228 StGB und »niedrige Beweggründe« in § 211 StGB sowie insbesondere § 118 Abs. 1 OWiG: »Ordnungswidrig handelt, wer eine grob ungehörige Handlung vornimmt, die geeignet ist, die Allgemeinheit zu gefährden und die öffentliche Ordnung zu beeinträchtigen«). Da nach heute allgemeiner Meinung die Verwendung

---

1 Dagegen spielt die aus dem Zivilrecht bekannte Auslegung von Willenserklärungen in Strafrechtsarbeiten nur selten einmal eine Rolle.
2 Vgl. *Montesquieu*, De l'esprit des lois, 1748, der das Verbot der Gesetzesauslegung der Richter als zwingende Folge der Gewaltenteilung ansah. Er drückte dies in dem berühmt gewordenen Satz aus, der Richter dürfe nicht mehr sein, als der Mund des Gesetzes – „la bouche, qui prononce les paroles de la loi" (aaO Liv. XI, Chap. VI, T. I).
3 Vgl. *Jescheck/Weigend*, AT, 5. Aufl. 1996, § 17 III.

wertausfüllungsbedürftiger Begriffe zwar einerseits bedenklich ist, der Gesetzgeber aber andererseits anerkanntermaßen auch nicht vollständig auf wertausfüllungsbedürftige Begriffe verzichten kann, ist ein Verbot der Auslegung bereits aus diesem Grunde nicht möglich.

187 Des Weiteren ist zu konstatieren, dass Gesetze nicht nur hinsichtlich der offen wertausfüllungsbedürftigen Begriffe ausgelegt werden müssen. Tatsächlich gibt es so etwas wie den »klaren Wortlaut« einer Norm gar nicht. In der Rechtslehre wird verbreitet zwischen sog. deskriptiven und normativen Begriffen unterschieden. Normative Begriffe sollen wertausfüllungsbedürftig sein, während bei deskriptiven Begriffen allein durch sinnliche Wahrnehmung entscheidbar sein soll, ob ein Sachverhalt unter den Begriff zu subsumieren ist oder nicht. Diese Unterscheidung kann in reiner Form nicht aufrechterhalten werden. Tatsächlich erfasst nämlich jeder Begriff einen Kreis von Sachverhalten, die eindeutig unter ihn zu subsumieren sind. Um diesen als »Begriffskern« zu bezeichnenden Bereich gruppieren sich eine Reihe weiterer Sachverhalte (der sog. »Begriffshof«), bei denen dann fraglich ist, ob sie dem Begriff noch unterfallen oder nicht. Normative und deskriptive Begriffe unterscheiden sich somit eher graduell. Während bei den angeblich deskriptiven Begriffen der »Begriffskern« relativ weit ist (was zur Folge hat, dass sich der Eindruck ergeben kann, bei diesen Begriffen bedürfe es »nur« der sinnlichen Wahrnehmung, um über die Zuordnung eines Sachverhalts unter einen Begriff entscheiden zu können), ist bei normativen Begriffen der Bereich der »sicheren Kandidaten« eher klein (was zur Folge hat, dass hier die Notwendigkeit einer bewertenden Ausfüllung des Begriffs eher ins Auge springt). Abgesehen davon, dass mithin bei jedem Begriff ein (mehr oder weniger großer) Bereich »unsicherer Kandidaten« existiert, muss weiterhin berücksichtigt werden, dass auch die Existenz des (unproblematisch erscheinenden) Kernbereichs nichts anderes darstellt als das Ergebnis eines über lange Zeiträume ablaufenden Auslegungsprozesses, dessen Bewertungen nur deshalb aus der »Natur der Sache« zu folgen scheinen, weil die entsprechenden Wertentscheidungen zwischenzeitlich als selbstverständlich richtig akzeptiert werden.

188 Da also (mit Ausnahme von Zahlen, Daten usw) alle Begriffe, die ein Gesetz verwendet, in größerem oder geringerem Maße mehrdeutig und damit auslegungsbedürftig sind, ergibt sich für den Bearbeiter die Schwierigkeit, zwischen verschiedenen Deutungsmöglichkeiten wählen zu müssen. Die juristische Methodenlehre hat verschiedene **Methoden der Auslegung** und bestimmte **Argumentationstypen** entwickelt, derer man sich bei der Auslegung einer Norm bedienen kann. Die Kenntnis dieser methodischen Grundlagen ist natürlich insbesondere dann unabdingbar, wenn man eine eigenständige Auslegung einer Norm versuchen möchte. Dafür muss der Bearbeiter zumindest ein solides Verständnis der methodischen Grundlagen haben, damit er in der Lage ist, die in Literatur und Rechtsprechung vorgefundenen Argumentationen zu analysieren und zu bewerten, bevor er sie in seine Lösung einbaut (vgl. hierzu 5. Teil I).

II. Die Methoden der Auslegung

1. Die grammatische Auslegung

189 Inhalt: **Der Sinngehalt einer Norm wird aus ihrem Wortlaut ermittelt.**

190 Diese Methode steht am Anfang der Auslegung, weil die gesetzliche Formulierung als unmittelbare Äußerung des Gesetzgebers Ausgangspunkt aller Überlegungen sein muss. Im Strafrecht wird diese Überlegung noch dadurch unterstützt, dass aufgrund

II. Die Methoden der Auslegung

des Bestimmtheitsgebots und des Verbots einer Analogie zum Nachteil des Beschuldigten (Art. 103 Abs. 2 GG; § 1 StGB) der mögliche Wortsinn einer Norm auch die Grenze der Auslegung ist. Anders als im Bürgerlichen Recht oder Öffentlichen Recht scheiden damit im Strafrecht alle (theoretisch) denkbaren Lösungen, die über den möglichen Wortsinn einer Norm hinausgehen, von vornherein zum Nachteil des Beschuldigten aus (vgl. dazu bereits oben 5. Teil I. vor dem letzten Beispiel).

Hinweis: Der »mögliche« Wortsinn ist nicht mit dem »üblichen« oder »hergebrachten« Wortsinn gleichzusetzen. Ein Hilfsmittel zur Ermittlung des noch möglichen Wortsinns können Wörterbücher sein. Sie liefern aber auch nur einen Ausschnitt von Gebrauchsbeispielen und dabei oft nur die Grenzen wörtlicher Bedeutung, hingegen weder übertragene Bedeutungen, kontextbezogene Besonderheiten noch fachspezifische Besonderheiten. Auch sind die Redakteure eines Wörterbuches keine irgendwie legitimierten »Sprachnormierer«, Wörterbücher sind also keine »Sprachgesetzbücher«. Die Wendung vom »möglichen« Wortsinn umreißt den Spagat, dass dem Gesetzgeber die Verwendung von Wörtern in übertragener Bedeutung untersagt sein soll, nicht hingegen die Ausbildung besonderer Terminologie für besondere Regelungsmaterien.

Beispiele:

(1) Das BVerfG (NStZ 1993, 75) sah es als einen Verstoß gegen das Analogieverbot des Art. 103 Abs. 2 GG an, den Begriff »Mensch« in § 131 Abs. 1 StGB dahin auszulegen, dass er auch menschenähnliche Wesen (»Zombies«) umfasst. Anders ist dies bei einer Leibesfrucht: Da es sich hier um menschliches Leben handelt, kann sowohl der Embryo als auch der Fötus vom Wortlaut her gesehen unter den Begriff »Mensch« gefasst werden; eine andere, hierdurch nicht präjudizierte Frage ist, ob man dies tun muss. (Bzgl. § 131 Abs. 1 StGB hat der Gesetzgeber zwischenzeitlich reagiert. Seit dem 1.4.2004 sind dort auch menschenähnliche Wesen aufgeführt.)

(2) Der BGH (BGHSt 35, 390) hatte den Fall zu entscheiden, ob ein Fahrzeug bereits im Straßenverkehr »geführt« wird, wenn der Täter, in der Absicht alsbald wegzufahren, den Motor anlässt und das Abblendlicht einschaltet. Der BGH hat hierzu ausgeführt:

»In der Tat verleiht die dynamische Komponente dem Begriff des »Führens« ihre entscheidende Prägung. Das ergibt schon der Sinn des Wortes. Das Wort »führen« ist ... abgeleitet von »fahren« und hat als solches den eigentlichen Sinn von »in Bewegung setzen«, »fahren machen« (Duden, Deutsches Universalwörterbuch, 1983, 442). In seiner transitiven Form hat es die Bedeutung »mittels eines ... Fahrzeuges ... fortkommen machen« und kann hier für das Wort »fahren« stehen (Grimm, Deutsches Wörterbuch, 4. Bd., 1. Abt. 1. Hälfte, Leipzig 1878, Sp. 432, 440, 442). Bereits nach dem Sprachgebrauch kann etwas Statisches nicht geführt werden.«

(3) In der Entscheidung BGHSt 14, 185 hatte der BGH den Fall zu entscheiden, ob das Abrollenlassen eines Pkw unter Benutzung der Lenkeinrichtung und Bremsen aber ohne Ausnutzung der Motorkraft als »Führen« eines Fahrzeugs anzusehen ist. Der BGH hat hier – zu Recht – die Auffassung vertreten, dass das Lenken eines rollenden Fahrzeugs unabhängig von der Art des Antriebsmittels (Benzin oder Ausnutzung der Schwerkraft) dem Wortlaut der Norm unterfällt.

(4) Das AG München (NStZ 1986, 458) hatte die Frage zu entscheiden, ob der Täter ein Fahrzeug im Sinne des § 248b StGB »in Gebrauch genommen« hat, wenn er ein geleastes Fahrzeug weiter benutzt, nachdem der Leasingvertrag beendet ist. Das AG beginnt seine Auslegung des Begriffes »Ingebrauchnahme« schulmäßig mit der grammatischen Auslegung und führt aus (die Nachweise, die das AG anführt, sind hier weggelassen):

»Schon der im Hinblick auf das strafrechtliche Bestimmtheitsgebot (Art. 103 Abs. 2 GG; § 1 StGB) besonders bedeutsame, sinnkonstituierende und sinnlimitierende und deshalb am Anfang der Gesetzesauslegung stehende Wortlaut lässt die Auffassung des BGH, dass unter Ingebrauchnahme iSv § 248b StGB auch das Ingebrauchhalten zu verstehen sei, als unzutreffend erscheinen. Der alltägliche Sprachgebrauch (welcher anhand von Wörterbüchern der deutschen Sprache zu ermitteln ist) versteht unter Ingebrauchnehmen »etwas zu verwenden beginnen«.«

(Vgl. aber auch die Ausführungen von Schmidhäuser, NStZ 1986, 460, der in seiner Anmerkung zu einem inhaltlich abweichenden Ergebnis kommt.)

(5) Das BVerfG (NJW 2007, 1666 Rn. 13 ff.) sah es als Verstoß gegen Art. 103 Abs. 2 GG an, dass in der Rspr. des BGH zu § 142 Abs. 2 Nr. 2 StGB zuvor auch das unvorsätzliche Sich-Entfernt-Haben vom Unfallort als Fall des berechtigten oder entschuldigten Sich-Entfernt-Habens angesehen wurde. Mit dem möglichen Wortsinn der Begriffe »berechtigt oder entschuldigt« ist das nicht vereinbar (nunmehr entspr. BGH NStZ 2011, 209).

191 Zu beachten ist, dass bestimmte Begriffe als Rechtsbegriffe einen Inhalt haben, der – unter Umständen nicht unerheblich – von dem Inhalt abweichen kann, den der gleiche Begriff im täglichen Leben hat. Ein Beispiel hierfür ist der spezifische juristische Bedeutungsgehalt der Begriffe des »Vorsatzes« (vgl. hierzu iE die Lehrbücher zum Allgemeinen Teil des Strafrechts), des „Besitzes" oder der »Urkunde« (vgl. hierzu die Kommentare zu § 267 StGB). Schließlich kann der Gesetzgeber durch die Benutzung sog. Legaldefinitionen Begriffsinhalte festlegen, ohne hierbei an den alltäglichen Wortsinn gebunden zu sein. Beispielhaft sei hier auf Art. 1 BayFischereiG aus dem Jahre 1908 verwiesen, der bestimmt: »Fische im Sinne des Gesetzes sind Fische, Krebse und andere nutzbare Wassertiere…«.

2. Die systematische Auslegung

192 Inhalt: **Der Sinngehalt einer Norm wird aus dem Zusammenhang, in dem die Norm steht, ermittelt.**

193 Ausgangspunkt dieser Methode ist die Annahme, dass der Gesetzgeber die einzelnen Vorschriften eines Gesetzes in einen sachlichen Zusammenhang gestellt hat und die Einzelvorschriften daher logisch miteinander vereinbar sein sollten. Für die systematische Auslegung ist der Standort einer Vorschrift im Gesetz, ihre Stellung und Funktion im Gefüge der Rechtsinstitute und ihr Zusammenspiel mit anderen Normen innerhalb der Rechtsordnung maßgebend (hier kommt es zum Teil zu Überschneidungen mit der teleologischen Auslegung).

194 Hinweise und Argumente in Bezug auf die systematische Einordnung einer Norm können den Überschriften der Gesetzesabschnitte, in dem die Norm steht, entnommen werden. Wenn – wie im StGB – das Gesetz amtliche Überschriften[4] (auch) der einzelnen Paragrafen enthält, kann sich evtl. auch hieraus etwas herleiten lassen.

Beispiele:

(1) In Literatur und Rechtsprechung war für die alte Fassung des § 221 StGB umstritten, ob die Aussetzung einer Person deren Lebensgefährdung voraussetzt oder ob auch die Begründung einer bloßen Leibesgefahr ausreicht. Für die erstgenannte Ansicht spricht unter ande-

---

4 Kenntlich dadurch, dass diese in den Gesetzestexten nicht in Klammern gesetzt sind. Das BGB enthält zB keine amtlichen Überschriften der einzelnen Paragrafen.

rem die systematische Stellung des § 221 StGB. Die Vorschrift steht im 16. Abschnitt des StGB, der überschrieben ist mit »Straftaten gegen das Leben«. Die Körperverletzungsdelikte finden sich dagegen (erst) im 17. Abschnitt des Gesetzes. Mit der Neufassung der Vorschrift durch das 6. StRG vom 26. 1. 1998 ist der Streit erledigt: »... und ihn dadurch der Gefahr des Todes oder einer schweren Gesundheitsschädigung aussetzt...«.

(2) Fraglich ist, ob derjenige, der unbefugt in einem geparkten Auto übernachtet, dieses Fahrzeug im Sinne des § 248b StGB »in Gebrauch nimmt«. Vom Gesetzeswortlaut her könnte das Einsteigen zwecks Übernachtung unter diesen Begriff subsumiert werden. Dieses Ergebnis würde aber der systematischen Stellung des § 248b StGB innerhalb der Zueignungsdelikte widersprechen. Gemeint ist nicht die Ingebrauchnahme zwecks Übernachtung, sondern der Gebrauchsdiebstahl, bei dem es im Unterschied zu § 242 StGB an einer Zueignungsabsicht fehlt.

Ein Argument im Rahmen der systematischen Auslegung kann auch die Erwägung sein, dass eine bestimmte Auslegung der in Frage stehenden Norm keinen sinnvollen Anwendungsbereich belässt.

Beispiel:
Zur umstrittenen Frage der Abgrenzung von räuberischer Erpressung (§§ 253, 255 StGB) und Raub (§ 249 StGB) vertritt die Rechtsprechung die Auffassung, dass grundsätzlich alle denkbaren Verhaltensweisen, durch die der Täter eine fremde Sache mittels Gewalt bzw. Gewaltandrohung an sich bringt, von §§ 253, 255 StGB erfasst werden. Lediglich in den Fällen, in denen sich das Tatgeschehen dem äußeren Bild nach so darstellt, dass der Täter sich die Beute nicht geben lässt, sondern sie sich (selbst) nimmt, soll der (tatbestandlich erfüllte) §§ 253, 255 StGB durch § 249 StGB verdrängt werden. Hiergegen wendet die Literatur unter anderem ein, die Annahme, § 249 StGB sei ein Tatbestand, der neben den gleichfalls tatbestandlich erfüllten §§ 253, 255 StGB trete und diesen lediglich verdränge, könne nicht überzeugen. Da beide Delikte den gleichen Strafrahmen aufweisen und die Qualifikationen nach § 250 StGB auch auf §§ 253, 255 StGB anwendbar sind, führe die Auffassung der Rechtsprechung dazu, dass der eigenständige Anwendungsbereich des § 249 StGB marginal ist. Bei wertlosen Sachen ist nach der Ansicht der Rechtsprechung § 249 StGB eigenständig anwendbar, was die Frage aufwirft, ob dieser eingeschränkte Anwendungsbereich wirklich sinnvoll ist.

Auch die Systematik innerhalb einer Norm ist bei der Auslegung einzelner Tatbestandsmerkmale zu berücksichtigen:

Beispiele:
(1) Nach § 224 Abs. 1 Nr. 2 StGB wird unter anderem bestraft, wer eine Körperverletzung »mittels einer Waffe oder eines anderen gefährlichen Werkzeugs« begeht. Geht man mit der überwiegenden Meinung (vgl. Stree/Sternberg-Lieben, in: Schönke/Schröder, StGB, 29. Aufl., 2014, § 224 Rn. 3 mwN) davon aus, dass der Begriff des gefährlichen Werkzeugs der Oberbegriff ist, reicht die Anwendung einer Waffe im technischen Sinne nur dann aus, wenn sie als »gefährliches Werkzeug« benutzt wird. Dh, die Auslegung der Modalität der Begehung »mittels einer Waffe« hat sich an den Anforderungen des »gefährlichen Werkzeugs« zu orientieren. Da »gefährliche Werkzeuge« nur solche Gegenstände sind, die bei der konkreten Art ihrer Benutzung geeignet sind, erhebliche Verletzungen herbeizuführen (vgl. Fischer, StGB, 64. Aufl. 2017, § 224 Rn. 9 mwN), liegt bei leichten Stößen mit einem Gewehr gegen den Rücken keine Körperverletzung »mittels einer Waffe« vor, obwohl es sich bei dem Gewehr um eine Waffe im technischen Sinne handelt.

(2) Aus der Formulierung, dass Mörder sei, wer (unter anderem) »aus Mordlust, zur Befriedigung des Geschlechtstriebs, aus Habgier **oder sonst aus** niedrigen Beweggründen« einen Menschen tötet, ergibt sich, dass Mordlust und die anderen ausdrücklich benannten Motive Beispiele für niedrige Beweggründe sind. Will man – weil die vom Gesetzgeber ausdrücklich genannten niedrigen Beweggründe im gegebenen Fall nicht greifen – einen sonstigen niedrigen Beweggrund bejahen, ist darauf zu achten, dass die Motivation des Täters in ihrem Unwertgehalt den benannten niedrigen Beweggründen vergleichbar sein muss.

197 Hilfreich kann schließlich auch der Blick in andere Normen und Gesetze sein, in denen der auszulegende Begriff ebenfalls Verwendung findet.

Beispiel:

Bei der Auslegung des Begriffs »Sache« im Sinne der §§ 242, 303 StGB kann man die Begriffsdefinition des § 90 BGB (Sache = körperlicher Gegenstand) heranziehen.

198 Zu beachten ist allerdings, dass gleichlautende Begriffe in verschiedenen Normen (auch innerhalb eines Gesetzes!) einen, durch verschiedene Schutzrichtungen bzw. Normfunktionen bedingten, unterschiedlichen Inhalt haben können.

Beispiel:

Das Tatbestandsmerkmal »Wegnahme« wird sowohl in §§ 242, 249, 289 StGB als auch in § 168 StGB (Störung der Totenruhe) benutzt. Ob es in § 168 StGB den gleichen Inhalt wie in den §§ 242, 249, 289 StGB hat, oder aber aufgrund der anderen Schutzrichtung eine abweichende Auslegung geboten ist, ist heftig umstritten (vgl. zB OLG Zweibrücken MDR 1992, 503 mwN; dazu, dass es insbes. auch in § 249 StGB im Detail anders verstanden werden kann als in § 242 StGB, vgl. die oben erwähnte Diskussion zur Abgrenzung von Raub und räuberischer Erpressung).

199 Da die **Verfassungsrechtsordnung** der Strafrechtsordnung übergeordnet ist, muss diese selbstverständlich auch bei der Auslegung strafrechtlicher Normen berücksichtigt werden. Beispielhaft: Die Frage, ob der Ausspruch »Soldaten sind Mörder« dem § 185 StGB unterfällt und / oder durch die Wahrnehmung berechtigter Interessen gedeckt ist (vgl. § 193 StGB), kann ohne eine Berücksichtigung des Art. 5 Abs. 1 GG nicht angemessen beantwortet werden. Zu warnen ist aber davor, verfassungsrechtliche Begriffe (»Meinungsfreiheit«, »Gewissensfreiheit«, »Menschenwürde«, »Rechtsstaatlichkeit«) undifferenziert als Schlagworte zu benutzen. Die bloße Behauptung, eine bestimmte Auslegung sei mit der »Menschenwürde« nicht zu vereinbaren, hat keinen hinreichenden argumentativen Gehalt. Entscheidend ist auch hier eine substantielle Begründung, was unter anderem eine nähere Definition des Bedeutungsgehalts des Begriffes »Menschenwürde« sowie eine Darlegung erforderlich macht, warum die bekämpfte Auslegungsvariante mit dem so definierten Begriff der Menschenwürde nicht zu vereinbaren wäre.

3. Die teleologische Auslegung

200 **Inhalt:** Der Aussagegehalt einer Norm wird aus ihrem Sinn und Zweck ermittelt.

201 Bei dieser Auslegungsmethode werden verschiedene Gesichtspunkte berücksichtigt, die letztlich zur **ratio legis** (dem Normzweck) führen sollen. Gefragt wird, welches Ziel mit dem auszulegenden Rechtssatz verfolgt bzw. erreicht werden soll. Maßgebend ist hier die in der Norm zum Ausdruck kommende Interessenbewertung und die Aufgabe, die dieser Norm sinnvollerweise im Gesamtzusammenhang der Rechtsordnung

II. Die Methoden der Auslegung

zukommen kann (insoweit bestehen wieder Überschneidungen mit der systematischen Auslegung).

Bei der Auslegung von Normen des Allgemeinen Teils des StGB sind die dem materiellen Strafrecht zugrundeliegenden allgemeinen Rechtsprinzipien heranzuziehen (zB: Ultima-Ratio-Funktion des Strafrechts sowie Verhältnismäßigkeit von Schutzzweck und angedrohter Rechtsfolge einerseits und Notwendigkeit eines hinreichenden Rechtsgüterschutzes andererseits). 202

Bei der Auslegung von Normen des Besonderen Teils ist von Bedeutung, welches Rechtsgut in welcher Weise (soll heißen: gegen welche Art von Beeinträchtigungen) geschützt werden soll. Ist geklärt, welches Rechtsgut durch einen Straftatbestand geschützt werden soll, ist in einem zweiten Schritt zu untersuchen, ob es für den Schutz dieses Rechtsgutes erforderlich und legitim ist, eine bestimmte Verhaltensweise als unter diese Norm fallend anzusehen, oder ob es angesichts der für das Strafrecht geltenden allgemeinen Rechtsprinzipien (insbesondere: Ultima-Ratio-Funktion) nicht vielmehr angemessen ist, diese Verhaltensweise nicht zu pönalisieren. Gerade bei der Abwägung, Rechtsschutzlücken zu schließen bzw. den fragmentarischen Charakter des Strafrechts zu betonen, spielen auch kriminalpolitische Erwägungen bzw. Einstellungen (desjenigen, der die Auslegung vornimmt) in die teleologische Auslegung hinein. 203

Beispiele:
(1) Der BGH hat in dem bereits oben angeführten Beispiel zur Auslegung des Begriffs »Führen eines Kraftfahrzeuges«[5] ergänzend zu seinen Erwägungen zur Wortlautinterpretation ausgeführt:
»Nach dem Willen des Gesetzgebers soll die Bestimmung (gemeint ist: § 316 StGB) der abstrakten Gefahr entgegenwirken, die dem Verkehr daraus erwächst, dass der Fahrzeugführer infolge der genannten Mängel sein Fahrzeug nicht sicher zu beherrschen vermag. Durch ein stehendes Fahrzeug, das der Beherrschung durch den Fahrzeugführer nicht bedarf, tritt eine Gefährdung des Straßenverkehrs indessen nicht ein.«
(2) In der ebenfalls bereits oben angesprochenen Entscheidung zum Abrollenlassen eines Pkw ohne Ingangsetzung des Motors[6] bestand das für den BGH entscheidende Argument darin, dass es im Hinblick auf die Gefährlichkeit des Verhaltens ohne Belang ist, ob der Pkw durch Motorkraft oder durch Schwerkraft angetrieben wird (vgl. BGHSt 14, 185, 187 f.).
(3) Hinter der Frage, ob die nach außen hin unauffällige Benutzung eines öffentlichen Nahverkehrsmittels ohne Bezahlung unter § 265a StGB fällt,[7] steht letztlich (wenn man die Hürde genommen hat, ein solches Verhalten als »Erschleichen« aufzufassen) die Entscheidung, ob man es für notwendig erachtet, ungewollte Konsequenzen der aus fiskalischen Gründen notwendigen Rationalisierungstendenzen der Nahverkehrsbetriebe (Abbau der Kontrollen) durch entsprechende Bestrafungen bzw. Bestrafungsandrohungen abzuwenden bzw. in Grenzen zu halten.
(4) Nach Auffassung des BVerfG gebietet die hohe Strafandrohung des § 211 StGB eine restriktive (= einschränkende) Auslegung der Mordmerkmale. Anderenfalls wäre die lebenslange Freiheitsstrafe bei Mord mit der Verfassung nicht zu vereinbaren (BVerfGE 45, 267).

Beim Rückgriff auf das geschützte Rechtsgut ist aber darauf zu achten, dass die teleologische Auslegung nicht zum »punitiven Superargument« wird. Denn mit jeder Aus- 204

---
5 Bsp. (2) Anhang A. II.1.
6 Bsp. (3) in Anhang A. II.1.
7 Vgl. dazu Bock JA 2017, 357.

dehnung des Anwendungsbereichs der Straftatbestände wird »der Strafrechtsschutz erweitert«. Das aber läuft auf die Gleichung »je mehr Strafe, desto besserer Rechtsgüterschutz und desto bessere Erreichung von Sinn und Zweck der Strafdrohung« hinaus. So zu argumentieren ist wohlfeil und in dieser Form einem liberalen Rechtsstaat sicher nicht angemessen. Es verkennt die Funktion der gesetzlichen Fixierung der Normen. Deshalb müssen – wie soeben bereits erwähnt – auch Verhältnismäßigkeit und Ultima-Ratio-Grundsatz berücksichtigt werden.

4. Die historische Auslegung

205 Inhalt: **Die Entstehungsgeschichte der Norm wird zur Ermittlung ihres Sinngehalts herangezogen.**

206 Die historische Auslegung im weiteren Sinne umfasst zwei verschiedene Zugriffe auf den Gesetzestext: Bei der historischen Auslegung im engeren Sinne werden Vorläufervorschriften zum Vergleich herangezogen; bei der historisch-genetischen Auslegung wird auf die (va in den Gesetzesmaterialien dokumentierte) Gesetzgebungsgeschichte abgestellt. Diese zweite Spielart erfreut sich (jedenfalls dann, wenn man Zugriff auf die Materialien hat, also etwa in Gerichtsentscheidungen oder in der Literatur) großer Beliebtheit, ist aber in der Anwendung nicht unproblematisch: So ist bei dem damit verbundenen Abstellen auf den Willen des Gesetzgebers bereits umstritten, ob es auf die konkret am Gesetzgebungsverfahren beteiligten Personen und Institutionen (sog. **subjektiv-historische** Auslegung) oder auf einen, dem Gesetzgebungsvorhaben objektiv zugrundeliegenden Willen (sog. **objektiv-historische** Auslegung) ankommt. Die letztgenannte Methode geht praktisch in der teleologischen Auslegung auf: Es wird lediglich bei der Ermittlung der *ratio legis* unter anderem auch die Situation herangezogen, aus der heraus die Norm geschaffen wurde. Die subjektiv-historische Methode ist demgegenüber dem Einwand ausgesetzt, dass es in einer modernen Demokratie bereits schwierig ist, *den* Willen *des* Gesetzgebers überhaupt festzustellen. Äußerungen der Regierung können in einer gewaltengeteilten parlamentarischen Demokratie ebenso wenig als Willensäußerungen des Gesetzgebers gelten wie die Ansichten einzelner am Gesetzgebungsverfahren beteiligter Personen (zB Parlamentarier, Regierungsmitglieder, Beamte der Ministerialbürokratie).

207 Rein faktisch stehen als Quellen zur Ermittlung des im Gesetzgebungsverfahren zur Umsetzung gelangten gesetzgeberischen Willens die jeweiligen Gesetzesentwürfe (konkret: deren Begründung) sowie etwaige Stellungnahmen der mit der Sache befassten Legislativorgane (Bundesregierung, Bundesrat, Parlamentsausschüsse) zur Verfügung. Die (in der Gesetzgebungspraxis regelmäßig durch die Ministerialbürokratie erarbeiteten) sog. Materialien können zwar nicht als eine für die Exekutive und Legislative verbindliche (»authentische«) Erläuterung bzw. Kommentierung des Gesetzes angesehen werden. Die Materialien sind aber ohne Frage eine nicht unwesentliche Quelle, anhand derer der von der Legislative intendierte Regelungsgehalt ermittelt werden kann.

208 Eine andere Frage ist, welche Bedeutung der so ermittelte gesetzgeberische Wille für die Auslegung des Gesetzes haben soll. Will man daran festhalten, dass Exekutive und Judikative Recht nicht eigenverantwortlich selbst schaffen, sondern das vom Gesetzgeber gesetzte Recht unter Anerkennung der Prärogative der Legislative lediglich konkretisieren, kann der Wille des Gesetzgebers nicht einfach ignoriert werden. Andererseits wird man wohl auch nicht annehmen können, dass der – wie auch immer zum Ausdruck gekommene oder ermittelte – gesetzgeberische Wille die Auslegung des Gesetzes

auf immer und ewig binden kann. Sowohl das gesellschaftliche Umfeld, für das ein Gesetz geschaffen wurde, als auch die hinter dem Gesetzgebungsvorhaben stehenden Wertvorstellungen können sich wandeln. Schließlich können auch die ursprünglichen Normen selbst zwischenzeitlich Änderungen erfahren haben. Jedenfalls dann, wenn seit der Schaffung einer Norm eine längere Zeit verstrichen ist und sich entweder die geregelten Lebenssachverhalte (zB durch technische Entwicklungen) oder aber die in einer Gesellschaft geltenden Wertmaßstäbe grundlegend gewandelt haben (insbesondere relevant bei Normen, die zwischen 1933 und 1945 geschaffen wurden), kann den Materialien keine entscheidende Bedeutung für die Auslegung der Norm beigemessen werden.

Größeres Gewicht hat die Ermittlung des gesetzgeberischen Willens in der Regel in den Fällen, in denen es um die Auslegung gerade neu geschaffener Normen geht. Hier kann den Begründungen der Gesetzesentwürfe (veröffentlicht als Bundestags- bzw. Bundesratsdrucksachen) und den Stellungnahmen der am Gesetzgebungsverfahren beteiligten Organe (Bundesregierung, Bundesrat, Bundestagsrechtsausschuss) zu diesen Entwürfen (veröffentlicht aaO) nicht jede Bedeutung abgesprochen werden. Jedenfalls als Indiz dafür, was der Gesetzgeber mit der Norm bezweckt haben könnte, wird man sie zu berücksichtigen haben.

Merke: Nicht die Materialien, sondern allein das Gesetz selbst kann Verbindlichkeit beanspruchen. Eine in den Materialien zum Ausdruck kommende Interpretation des gesetzgeberischen Willens ist nur dann von Bedeutung, wenn dieser sich in den Regelungszusammenhang, in dem die Norm steht, einfügt und kein Widerspruch zu höherrangigen (verfassungsrechtlichen) Normen entsteht.

Hinweis: Im Rahmen studentischer Fallbearbeitungen muss auf die Entstehungsgeschichte einer Norm nur dann eingegangen werden, wenn bereits im Rahmen der Auseinandersetzung in Literatur und Rechtsprechung auf die Entstehungsgeschichte der Norm Bezug genommen wird. Eigenständige »Forschungsarbeit« wird hier (da mit unverhältnismäßigem Aufwand verbunden) nicht erwartet. Steht ein Auslegungsproblem einer neueren Vorschrift im Zentrum einer Hausarbeit, mag aber auch ein originärer Blick in die Materialien einmal lohnenswert sein.

5. Das Zusammenspiel der Auslegungsmethoden

Zu beachten ist, dass es sich bei den durch die grammatische, systematische, teleologische und historische Auslegung jeweils gefundenen Ergebnissen nicht um die einzig mögliche (vertretbare) Lösung handelt. Vielmehr bieten die Auslegungsmethoden jeweils nur einzelne Argumente, die für einen bestimmten Standpunkt streiten, die aber durch andere Argumente entkräftet (oder gestützt) werden können. Das Ergebnis einer Auslegung steht somit erst dann fest, wenn die verschiedenen Argumente in Beziehung zueinander gesetzt und gewichtet worden sind. In dieser (notwendigen) Wertung liegt die Ursache dafür, dass letztlich nicht allein ein Ergebnis »richtig« ist, sondern eine gewisse Bandbreite »vertretbarer« Lösungen besteht.

Beispiel:
In einer Entscheidung vom 11.11.1986 hat das Bundesverfassungsgericht den von den Strafgerichten bei der Auslegung und Anwendung des § 240 StGB entwickelten sog. vergeistigten Gewaltbegriff für nicht verfassungswidrig erachtet (BVerfGE 73, 206 ff.). In einer Entscheidung vom 10.1.1995 hat der gleiche Senat des Bundesverfassungsgerichts (allerdings

in zwischenzeitlich geänderter personeller Zusammensetzung) entschieden, dass die erweiternde Auslegung des Gewaltbegriffs in § 240 Abs. 1 StGB (= der vergeistigte Gewaltbegriff) gegen Art. 103 Abs. 2 GG verstößt (BVerfGE 92, 1 ff.). Eine Lektüre der Entscheidungen macht deutlich, dass jeweils die gleichen Argumente für und gegen den vergeistigten Gewaltbegriff herangezogen und gegeneinander abgewogen werden. Der (entscheidungserhebliche) Unterschied liegt allein in der unterschiedlichen Gewichtung dieser Argumente.

Merke: Die verschiedenen Auslegungsmethoden schließen sich grundsätzlich nicht gegenseitig aus, sondern ergänzen einander. Der Sinn einer normativen Regelung ergibt sich stets nur aus dem Gesamtbild. Oft sind daher mehrere Auslegungsmethoden argumentativ zu kombinieren.

211 Eine gewisse **Modifikation** erfährt dieser Grundsatz im Strafrecht allerdings durch die Vorgaben des Gesetzlichkeitsprinzips:

212 Wie bereits oben angesprochen (vgl. 5. Teil I. vor dem letzten Beispiel) muss der Bearbeiter prüfen, ob die von ihm vorgenommene Auslegung (bzw. die ihm von Literatur und Rechtsprechung angebotenen Auslegungshypothesen) die durch das **Analogieverbot zum Nachteil des Beschuldigten** (Art. 103 Abs. 2 GG; § 1 StGB)[8] gezogenen Grenzen der Auslegung wahrt. Der Wortsinn einer Norm darf nicht überdehnt werden, um ein Verhalten, das man für strafwürdig hält, unter einen Straftatbestand subsumieren zu können.[9] Insoweit ist nämlich zu bedenken, dass das Strafrecht – seiner Funktion als *ultima ratio* des Rechtsgüterschutzes entsprechend – nur fragmentarischen Charakter hat und die Frage, ob ein bestimmtes Verhalten pönalisiert werden soll, im demokratischen Rechtsstaat durch den Gesetzgeber zu entscheiden ist.[10] Strafbarkeitslücken sind also durchaus beabsichtigt und systemgerecht und dürfen daher nicht durch Analogien zum Nachteil des Beschuldigten geschlossen werden.

213 Andererseits ist festzuhalten, dass die Abgrenzung der (noch) zulässigen, weiten Auslegung des Wortsinns von der (bereits) unzulässigen Analogie fließend ist. Auch insoweit besteht also ein nicht unerheblicher Wertungsspielraum.

Beispiele:
(1) Der Täter stößt den Kopf des Opfers gegen eine Hauswand. Zwar spricht der Gesetzeszweck des § 224 Abs. 1 Nr. 2 StGB – schärfere Bestrafung besonders gefährlicher Verletzungsmethoden – dafür, eine Körperverletzung »mittels eines Werkzeugs« anzunehmen.[1] Der BGH ist aber der Auffassung, dass sich das natürliche Sprachempfinden dagegen wehre, eine feste Wand, den gewachsenen Boden oder einen Fels als Werkzeug zu bezeichnen (BGHSt 22, 235, 236). Nach Auffassung des BGH läge damit eine verbotene Analogie vor.

(2) Begeht der Täter eine Körperverletzung »mittels einer Waffe« (§ 224 Abs. 1 Nr. 2 StGB), wenn er dem Opfer Salzsäure ins Gesicht schüttet? Nach Auffassung des BGH fordert der Wortsinn keine Beschränkung des Waffenbegriffs auf mechanisch wirkende Werkzeuge, da in der Umgangssprache der Begriff der »chemischen Waffen« geläufig sei (BGHSt 1, 1). Nach Ansicht des BGH läge damit eine (zulässige) weite Auslegung vor.

---

8 Eine **Analogie zugunsten des Beschuldigten** ist dagegen auch im Strafrecht unter den für Analogien allgemein geltenden Voraussetzungen ohne Weiteres zulässig.
9 Dabei möchte das BVerfG den „möglichen Wortsinn" des Gesetzes grds. dem heutigen Alltagssprachgebrauch entnehmen (vgl. BVerfGE 71, 108 [115]; 73, 206 [235 f.]).
10 Pointiert nennt BVerfG NStZ 1998, 506 das Analogieverbot das »spezielle Willkürverbot des Grundgesetzes für die Strafgerichtsbarkeit«.

[1] Insbesondere, wenn eine »das Leben gefährdende Behandlung« im konkreten Fall nicht zu bejahen ist.

In Übungsarbeiten sollte das Abgrenzungsproblem – wenn es für die konkrete Fallbearbeitung relevant wird – als ein Problem der grammatischen Auslegung in der Regel an den Anfang der Abwägung verschiedener Auslegungshypothesen gestellt und dort erörtert werden. Der Bearbeiter muss darauf achten, seine Formulierungen so zu wählen, dass nicht der Eindruck entstehen kann, die vom Bearbeiter vertretene Auslegung gehe über den Wortsinn hinaus. Umgekehrt ist darauf zu achten, dass argumentative Hinweise auf einen drohenden Verstoß gegen das Analogieverbot nicht pauschal behauptet werden dürfen, sondern zunächst der Wortsinn zu ermitteln und darzulegen ist, weshalb eine erwogene Interpretation ihn überschreiben würde. Anderenfalls ist die Argumentation zirkulär.

Beispiel:
Eine unzulässige Auslegung wäre es, wenn bei der Frage, ob das Abtransportieren von Holz mit einem Kfz dem Tatbestandsmerkmal »wenn zum Zwecke des Forstdiebstahls **ein bespanntes Fuhrwerk, ein Kahn oder ein Lasttier** mitgebracht ist«, ausgeführt wird:
»Dem bloßen Wortlaut nach fällt ein Kraftfahrzeug, wie es die Angeklagten zur Ausführung des Forstdiebstahls verwendet haben, allerdings nicht unter die Vorschrift, wohl aber nach ihrem Sinn.« (BGHSt 10, 375; vgl. dazu auch Roxin, Strafrecht AT, Teilbd. 1, 4. Aufl., § 5 Rn. 34.)

III. Wichtige juristische Argumentationstypen

Oben wurde die Notwendigkeit angesprochen, die durch die verschiedenen Methoden der Auslegung gewonnenen Argumente für oder gegen eine bestimmte Auslegung zueinander in Beziehung zu setzen und zu gewichten. Im Rahmen dieser Abwägung haben sich verschiedene, immer wiederkehrende Argumentationsmuster herausgebildet, die auch von Studierenden im Rahmen einer Fallbearbeitung genutzt werden sollten.

Merke: Durch die nachfolgenden Argumentationstypen kann die Begründung für eine vom Bearbeiter gewählte Lösung gedanklich stärker strukturiert und ihre Überzeugungskraft damit verstärkt werden. Die Argumentationsfiguren können zwar die Durchdringung einer Fragestellung erleichtern, nicht aber die inhaltliche Auseinandersetzung ersetzen.

1. Argumentum a simile

Dieser Argumentationstyp findet Verwendung, wenn ein nicht ausdrücklich geregelter Fall den gleichen Inhalt wie ein ausdrücklich geregelter Fall hat und um dieser Eigenschaft willen die für den ausdrücklich geregelten Fall getroffene Anordnung auch für den ungeregelten Fall gerechtfertigt ist. Logisch gesehen handelt es sich um einen Analogieschluss. Im Ergebnis wird der Gleichbehandlungsgrundsatz verwirklicht.

Beispiel:
Die Einwilligung des Verletzten ist zwar ausdrücklich nur für die Körperverletzung in § 228 StGB erwähnt, wo die Möglichkeit ihrer rechtfertigenden Wirkung vorausgesetzt wird. Sie kann aber als Verzicht des Verletzten auf Rechtsschutz auch in anderen Tatbeständen (die verzichtbare Individualrechtsgüter schützen) rechtfertigende Wirkung entfalten, und wenn man sich nicht auf den allgemeinen Grundsatz »*volenti non fit iniuria*« beschränken möch-

te, könnte man den in § 228 StGB zum Ausdruck kommenden Gedanken als Beleg dafür heranziehen, dass eine solche rechtfertigende Wirkung möglich ist.

Merke: Der Analogiegedanke kann im Strafrecht nur zugunsten des Täters angewandt werden (vgl. hierzu oben 5. Teil I. vor dem letzten Beispiel sowie eben Anhang A. II.5.).[11] Ist die Auslegungshypothese aber noch durch den Wortlaut gedeckt, handelt es sich bei dem dann zulässigen argumentum a simile nicht um Analogie, sondern (noch) um Auslegung.

2. Argumentum a fortiori bzw. argumentum a maiore ad minus

Mit diesem Argumentationstyp wird ein »Erst-recht-Schluss« gezogen. Anhand eines Beispiels kann dieser Gedankengang wie folgt beschrieben werden:
- Es ist verboten, mit einem Blutalkoholgehalt von 0,5 ‰ Auto zu fahren.
- Das Fahren mit einem BAK von 1,6 ‰ ist noch gefährlicher als das Fahren mit 0,5 ‰.
- Wenn es verboten ist, mit einem BAK von 0,5 ‰ Auto zu fahren, muss es daher erst recht verboten sein, mit 1,6 ‰ zu fahren.

Beispiel:
Voraussetzung einer gemäß § 227 StGB strafbaren Tat ist das Vorliegen einer Körperverletzung im Sinne des § 223 StGB. Liegt sogar eine schwere Körperverletzung (§ 226 StGB) vor, kann diese »erst recht« Grundlage einer nach § 227 StGB strafbaren Körperverletzung mit Todesfolge sein. (Das stellt auch der Klammerzusatz in der Vorschrift klar.)

3. Argumentum e contrario

Hier wird aus einer abweichenden Formulierung in einer Norm oder im Hinblick auf die Regelung in einer anderen Norm der (Umkehr-)Schluss gezogen, die auszulegende Norm müsse einen anderen Inhalt haben.

Beispiel:
Die Frage, ob die §§ 242, 246 StGB auch die Entziehung von elektrischer Energie erfassen, könnte man mit dem Argument bejahen, dass nach der Korpuskeltheorie auch elektrische Energie aus Teilchen (= körperliche Gegenstände = Sachen) besteht. Da der Entzug von elektrischer Energie aber durch § 248c StGB geregelt ist, ist aus dieser Regelung der Umkehrschluss zu ziehen, dass diese Fälle nicht von §§ 242, 246 StGB erfasst werden. (Und dieses Ergebnis stimmt mit der historischen Auslegung der Normen überein.)

Merke: Der Umkehrschluss ist das Gegenteil des Analogieschlusses. Wenn – was der Regelfall ist – zwei Auslegungssubstrate sowohl Gemeinsamkeiten als auch Unterschiede aufweisen, kann ein vertretbares Auslegungsergebnis nicht auf einer schlichten Anwendung des argumentum a simile bzw. argumentum e contrario beruhen. Hier muss wertend entschieden werden, ob den Gemeinsamkeiten oder den Unterschieden der Vorrang gebührt.

---

11 Zudem darf der Gesetzgeber selbst eine Analogie ziehen, wenn er diese in Form eines Gesetzes ausarbeitet. So hat er zB § 263a StGB (Computerbetrug) in Analogie zu § 263 StGB (Betrug) verfasst. – Der Gesetzgeber darf den Rechtsanwender im Strafrecht aber nicht auffordern (auch nicht im Gesetz), selbstständig Analogien zu ziehen.

III. Wichtige juristische Argumentationstypen

4. Argumentum ad absurdum

Dieses Argumentationsmuster ist angebracht, wenn eine bestimmte Auslegung deshalb ausscheidet, weil das Ergebnis offensichtlich untragbar wäre.

Beispiel:
Führt eine Auslegung dazu, dass eine Norm praktisch keinen (sinnvollen) Anwendungsbereich mehr hat, ist dieses Ergebnis nicht mehr tragbar. Vergleiche hierzu das Beispiel zur Abgrenzung des § 249 StGB von §§ 253, 255 StGB (oben Seite Anhang A II. 2.).

Merke: Neben dem Anwendungsbereich im Rahmen der systematischen Auslegung findet dieses Argumentationsschema in Literatur und Rechtsprechung auch bei der teleologischen Auslegung Anwendung. Hier wird nachzuweisen versucht, dass die Auslegung der anderen Seite zu unhaltbaren rechts- bzw. kriminalpolitischen Folgen führen würde.

5. In dubio pro ...

Juristen müssen sich darauf einstellen, dass es ihnen bisweilen trotz aller Anstrengungen nicht gelingt, die zur Entscheidung an sich nötige Klarheit zu gewinnen (»non liquet«). In so einem Fall ist nach Zweifelssätzen bzw. Zweifelsregeln (»in dubio«) zu entscheiden. Davon gibt es viele. Die beiden für das Strafrecht wohl wichtigsten seien im Folgenden knapp vorgestellt.

Der wohl bekannteste Zweifelssatz ist: In dubio pro reo. Vermag der Urteiler trotz hinreichender Anstrengung nicht die zur Verurteilung nötige Überzeugung zu gewinnen, dass sich bestimmte Ereignisse tatsächlich zugetragen haben, so hat er unter den von ihm ernsthaft in Betracht gezogenen Geschehensvarianten die für den Angeklagten günstigste zugrundezulegen (mit Besonderheiten zB nach den Regeln der Stufenverhältnisse und der Wahlfeststellung). Mit diesem Zweifelssatz sind Studierende kaum konfrontiert. Er ist nur bei wirklich offenem Sachverhalt anzuwenden. Nach herrschender und zumindest in der Rechtsprechung praktisch unangefochtener Auffassung betrifft er aber nur Tatsachenfragen, die sich Studierenden – denen fertige Sachverhalte vorgelegt werden – kaum stellen. Er findet hingegen auf Rechtsfragen grds. keine Anwendung.

Teilweise wird indes zu einzelnen Rechtsfragen in anderer Weise mit einer »Zweifelsregel« topisch (dh plausibel, aber nicht zwingend) argumentiert: In dubio pro libertate, im Zweifel für die Freiheit. Meist soll damit eine strafbarkeitsbeschränkende Auffassung vorgezogen werden. Der Topos lässt sich indes auch umkehren, da das Strafrecht Freiheit gerade in Form von Rechtsgütern schützt, ein umfassender Rechtsgüterschutz aber gerade durch strafbarkeitsausdehnende Auffassungen bewirkt wird. Ein eindeutiger strafbarkeitsbeschränkender Topos ist der »fragmentarische Charakter des Strafrechts«.

Anhang B: Praktische Hinweise zur Vorbereitung und zum Anfertigen von Übungsarbeiten

223 Neben den in diesem Werk erörterten »technischen« Fähigkeiten entscheiden natürlich in erster Linie die »materiellen« Kenntnisse über die Erfolgsaussichten in Klausur und Hausarbeit. Es ist unverzichtbar, dass der Übungsteilnehmer mindestens auf dem Stand der jeweiligen Grundvorlesung ist, dh die Problembereiche, die Gegenstand der Vorlesung waren, nachgearbeitet und verstanden hat. Niemand sollte sich in der Sicherheit wiegen, dass die bloße Anwesenheit in der Vorlesung und / oder begleitenden Arbeitsgemeinschaft ausreicht, einen hinreichenden Wissensstand zu erreichen. Die Nachbereitung des Vorlesungsstoffes anhand eines seriösen Lehrbuches ist unverzichtbar. Die jeweiligen Problemfelder müssen so umfassend verstanden sein, dass eine Anwendung auf unbekannte Sachverhaltsgestaltungen möglich ist.

224 Verfahrensökonomisch ist es, das Erarbeiten materiellen Wissens mit der Aneignung »technischer« Fähigkeiten zu verbinden. Wenn man sich ein bestimmtes Problem in materieller Hinsicht aneignet, sollte man sich auch die Frage stellen, in welcher Form dieses Problem in einem Gutachten relevant werden könnte (vgl. 5. Teil II.). Viele Problembereiche (zB: actio libera in causa, Erlaubnistatbestandsirrtum, das Fehlen subjektiver Rechtfertigungselemente, der gesamte Bereich des § 28 StGB) sind in der Klausursituation nur dann zu bewältigen, wenn man sich bereits vorher einmal überlegt hat, an welcher Stelle des Gutachtens das Problem zu erörtern und wie es darzustellen ist. Das bedeutet nicht, dass Studierende von vornherein aufs Examen fixiert sein müssten. Recht verstanden leitet das Durchdenken des Stoffes in Klausurkonstellationen auch dazu an, gezielt erste wissenschaftliche Fragen zu stellen und selbstständig nach Antworten darauf zu suchen.

225 Zur Anfertigung der Übungsarbeiten ist kurz Folgendes anzumerken:

Klausuren werden innerhalb sehr begrenzter Zeit geschrieben. Eine sinnvolle Zeiteinteilung ist unerlässlich. Die Klausurbearbeitung muss mit dem sorgfältigen Erfassen des Sachverhalts beginnen (s. o. 2. Teil). Anschließend sollte eine Lösungsskizze angefertigt werden, die den »Fahrplan« für die Bearbeitung enthält. Aus ihr müssen die zu prüfenden Tatbestände und die – für die Schwerpunktbildung wichtigen – problematischen Merkmale hervorgehen. Einzukalkulieren ist, dass gerade im Strafrecht die Niederschrift eine nicht unerhebliche Zeit in Anspruch nimmt und sich beim Abfassen der Arbeit noch Schwierigkeiten ergeben können, die man beim Anfertigen der Lösungsskizze übersehen hat. In strafrechtlichen Übungen sollte die Anfertigung der Lösungsskizze daher nicht mehr als 1/4 bis 1/3 der zur Verfügung stehenden Zeit in Anspruch nehmen. Eine gute Lösungsskizze ermöglicht eine sachgerechte Schwerpunktbildung und vermeidet den häufig zu beobachtenden Mangel, dass die ersten – oft völlig unproblematischen – Tatbestandsmerkmale bzw. Tatbestände viel zu breit erörtert sind und sich dann aus Zeitmangel in der zweiten Hälfte der Arbeit nur noch Stichworte oder gar + und – Zeichen finden.

226 Für die Anfertigung von Hausarbeiten gilt: Nach Erhalt des Sachverhalts muss dieser wiederum zunächst sorgfältig erfasst werden. Sodann empfiehlt es sich, den Sachverhalt wie eine Klausur zu lösen. Dieser Aufwand lohnt sich, da so die »versteckten« Probleme und die Schwerpunkte der Arbeit besonders deutlich werden. Nimmt man diese Mühe nicht auf sich, muss zumindest eine ausführliche Lösungsskizze angefertigt werden. Um die Bearbeitung nicht bereits zu diesem frühen Zeitpunkt zu unübersicht

Anhang B: Praktische Hinweise z. Vorbereitung/Anfertigen von Übungsarbeiten

lich werden zu lassen, wird die Lösungsskizze nur mithilfe eines Kommentars erarbeitet. Anhand der Lösungsskizze sind dann die einzelnen Tatbestände durchzuprüfen und insbesondere die als problematisch erkannten Merkmale unter Benutzung der Bibliothek aufzuarbeiten.

Die auch bei der Anfertigung der Hausarbeit kostbare Zeit kann im Übrigen nur dann vollständig für die Bearbeitung des Falles genutzt werden, wenn man bereits vor Beginn der Hausarbeit den Umgang mit der Bibliothek erlernt hat. Man sollte in der Lage sein, den Katalog zu benutzen, und wissen, wo die stets heranzuziehende Standardliteratur sowie die wichtigsten Zeitschriften und Entscheidungssammlungen zu finden sind. Man sollte sich auch mit den Hilfsmitteln »Kommentar« und »Entscheidung« vertraut gemacht haben.

Eine weitere große Erleichterung ist es, die verarbeitete Literatur sofort genau zu erfassen (Verfasser, Titel, Auflage, Erscheinungsjahr usw). Dadurch erspart man es sich, die benutzte Literatur zu einem späteren Zeitpunkt noch einmal heraussuchen zu müssen, wenn man das Literaturverzeichnis anfertigen will.

Anhang C: Beispiele kompletter Fallbearbeitungen

I. Vorbemerkung

229 Die nachfolgenden Bearbeitungen einer Klausur- und einer Hausarbeitsaufgabe basieren auf zwei Fällen, die im Rahmen einer Übung für Fortgeschrittene (als Klausuren) zur Bearbeitung ausgegeben wurden. Die Lösungen orientieren sich inhaltlich an den insoweit vom Aufgabensteller erarbeiteten Lösungsskizzen und sollen verdeutlichen, wie diese Fälle gelöst werden können. Sie geben die unserer persönlichen Auffassung nach »richtige« Lösung wieder, wobei andere, von der Stilistik oder auch inhaltlichen Ergebnissen her abweichende Lösungen ohne Frage ebenso »richtig« sein können. Auch an dieser Stelle sei noch einmal darauf hingewiesen, dass nicht so sehr das bestimmte Ergebnis, sondern die inhaltliche Substanz einer Fallbearbeitung darüber entscheidet, wie diese zu bewerten ist.

230 Unser Ziel ist es, anhand der kompletten Lösungen die in den vorstehenden Abschnitten notwendigerweise nur »scheibchenweise« vorgestellten Techniken abschließend im Zusammenhang darzustellen. Die in die Klausurbearbeitung eingearbeiteten technischen Hinweise sollen an den uns besonders wichtig erscheinenden Stellen die Verzahnung mit den vorstehenden Ausführungen verstärken. Sein Hauptaugenmerk sollte der Leser vor allem auf die Schwerpunktsetzung und den hiermit verbundenen Wechsel der Stilmittel richten.

231 Hinzuweisen ist darauf, dass es sich hier um Lösungen handelt, die zwar ohne zeitliche Beschränkung erarbeitet wurden, die aber – weil es letztlich ja »nur« um die beispielhafte Demonstration der Gutachtentechnik geht – vom Umfang her bewusst knapp gehalten wurden. Eine ausführlichere Lösung – insbesondere eine umfangreichere Aufarbeitung der einzelnen Problemschwerpunkte – würde im Ernstfall also unter keinen Umständen ein überobligatorisches Bemühen darstellen. In diesem Sinne mögen die nachfolgenden Lösungen als Beispiele dafür verstanden werden, wie man an die Bearbeitung einer Klausur bzw. Hausarbeit herangehen kann.

II. Beispiel einer Klausurbearbeitung

232 Sachverhalt:

X erfährt, dass er an der Alzheimer-Krankheit leidet. Nach den Angaben seiner Ärzte wird die Krankheit in den nächsten Monaten ein Stadium erreichen, in dem unter anderem erste erhebliche Erinnerungsschwächen auftreten werden. In der Folgezeit wird sich das Krankheitsbild zunehmend verschlechtern, bis hin zu einem Zustand, in dem X nicht einmal mehr in der Lage sein wird, einfachste Verrichtungen ohne fremde Hilfe zu bewältigen. X, der über diese Nachricht zutiefst bestürzt und entsetzt ist, beschließt, sein Leben zunächst wie gehabt weiterzuführen, insbesondere niemanden über seine Krankheit zu informieren. Um aber den mit den fortschreitenden Stadien der Krankheit verbundenen Verlust an äußerlicher Würde zu vermeiden, tritt er an den ihm als Auftragskiller bekannten A heran und beauftragt diesen, ihn gegen Zahlung von 20.000 EUR zu töten, wenn er – der X – nicht mehr in der Lage ist, auf einen Anruf des A mit dem vereinbarten Codewort zu reagieren. X zahlt A das vereinbarte Honorar; auf die Anrufe des A reagiert X stets mit dem vereinbarten Codewort.

II. Beispiel einer Klausurbearbeitung

B, dem bekannt ist, dass X ihn zu seinem testamentarischen Alleinerben bestimmt hat, befindet sich in einer finanziellen Notlage, aufgrund derer es ihm in absehbarer Zeit unmöglich sein wird, seine demnächst fällig werdenden Schulden zu begleichen. Nachdem X es abgelehnt hat, B mit einem größeren Darlehen auszuhelfen, kommt B auf die Idee, X beseitigen zu lassen, um in den Genuss der Erbschaft zu kommen. Zu diesem Zweck wendet er sich ebenfalls an den A. A, der dem B noch einen Gefallen schuldet, weil dieser ihm vor einigen Jahren mit einer Gefälligkeitsaussage vor Gericht einen Dienst erwiesen hat, erklärt sich bereit, X zu töten. Dass er bereits von X selbst einen entsprechenden Auftrag erhalten hat, verschweigt A. B versorgt A mit einer Schusswaffe und trägt ihm auf, die Tat möglichst umgehend auszuführen, damit er seine drängenden Gläubiger befriedigen kann.

Noch in der darauffolgenden Nacht begibt sich A zum Anwesen des X und präpariert den Motor von dessen Wagen. Die Schusswaffe, die er von B erhalten hat, führt A bei sich, um gegebenenfalls etwaige Personen auszuschalten, die ihn bei seiner Tätigkeit überraschen. Als X am nächsten Morgen mit dem Wagen losfährt, explodiert dieser in dem Moment, als X gerade das Grundstück verlassen will, um sich in den noch spärlichen Verkehr einzufädeln. X kommt bei der Explosion um, andere Verkehrsteilnehmer werden nicht gefährdet.

Haben sich A und B wegen der Tötung des X nach dem StGB strafbar gemacht?

Verstöße gegen waffen- und sprengstoffrechtliche Bestimmungen sowie eine mögliche Strafbarkeit gemäß §§ 30 Abs. 2, 223 ff., 303, 308, 310, 315b StGB sind nicht zu prüfen.

233

Lösungsvorschlag:

(Auf der ersten Seite: Angabe des Namens des Bearbeiters, ggf. der Immatrikulationsnummer sowie der Lehrveranstaltung und der Klausur. Auf den einzelnen Seiten oben jeweils: Name des Bearbeiters und Seitenzahl.)

I. Strafbarkeit des A[12]

1. Tötung auf Verlangen, §§ 216, 212 StGB[13]

A könnte sich einer Tötung auf Verlangen schuldig gemacht haben, indem er den Motor des Wagens des X derart präparierte, dass dieser explodierte, kurz nachdem X den Wagen in Bewegung gesetzt hatte.

Voraussetzung hierfür ist zunächst, dass A den X getötet hat (Grunddelikt des § 212 StGB). X ist bei der Explosion des Wagens ums Leben gekommen. Das Verhalten des A ist kausal für den Tod des X, da die Manipulation an dem Motor nicht hinweggedacht werden kann, ohne dass die Explosion des Wagens und damit der hierdurch bedingte Tod des X entfällt. Dass X zu einem nicht näher bekannten Zeitpunkt an den Folgen seiner Krankheit verstorben wäre, ändert an der Kausalität des Verhaltens des

---

[12] Es ist zwingend, mit der Strafbarkeit des A zu beginnen, da die Strafbarkeit des Haupttäters grundsätzlich vor der etwaiger Teilnehmer zu prüfen ist (3. Teil I.1.).

[13] In Strafrechtsklausuren darf die Gesetzesangabe beim StGB meist auch weggelassen werden. Man sollte dann aber in einer ersten Sternfußnote darauf hinweisen, dass »§§ ohne Gesetzesangaben solche des StGB« sind.
Privilegierende Tatbestände sollten wegen ihrer Sperrwirkung grundsätzlich vor dem Grunddelikt geprüft (3. Teil II. 2. Grundsatz) oder zumindest ihre Sperrwirkung später deutlich hervorgehoben werden.

A nichts, da X krankheitsbedingt erst zu einem späteren Zeitpunkt gestorben wäre. Da es aber allein auf den tatsächlich eingetretenen konkreten Deliktserfolg ankommt, stellt die Krankheit des X eine für die strafrechtliche Kausalbetrachtung unbeachtliche bloß hypothetische Ersatzursache dar.[14]

Weiterhin müsste A, um die Privilegierung nach § 216 StGB zu erlangen, durch ein ausdrückliches und ernsthaftes Verlangen des X zu dessen Tötung bestimmt worden sein. Zwischen X und A war vereinbart, dass A den X töten sollte, wenn dieser auf einen Anruf des A nicht mehr mit einem zwischen ihnen vereinbarten Codewort reagieren würde. Fraglich ist schon, ob ein derart bedingtes, erst für spätere Zukunft gemeintes Verlangen überhaupt ausreichend wäre. Jedenfalls aber müsste das in dieser Vereinbarung enthaltene Tötungsverlangen des X für die konkrete Tötungshandlung des A ursächlich gewesen sein. Laut Sachverhalt hat X auf die Anrufe des A indes stets mit dem vereinbarten Codewort reagiert. Damit war die vereinbarte Bedingung noch nicht eingetreten und das Verlangen jedenfalls noch nicht wirksam. A ließ sich auch tatsächlich nicht von dem Verlangen motivieren, sondern von B, als er sich entschloss, den X zu töten. Das Tötungsverlangen des X hat den A damit nicht zu der von ihm ausgeführten Tötungshandlung bestimmt.

A stellte sich auch nichts anderes vor, so dass § 16 II StGB nicht eingreift.

Es liegt keine nach § 216 StGB privilegierte Tat vor.

2. Mord, §§ 212, 211 StGB[15]

A könnte sich aber eines Mordes (§§ 212, 211 StGB) an X schuldig gemacht haben.

a)[16] Wie bereits oben (I.1.) dargelegt, hat A den X getötet.[17] A handelte auch vorsätzlich hinsichtlich des Taterfolgs, da es seine Absicht war, den X zu töten, um dem B einen Gefallen zu tun (dolus directus 1. Grades).[18]

Zu prüfen bleibt, ob A ein Mordmerkmal iSd § 211 Abs. 2 StGB verwirklicht hat.

i) A könnte den X heimtückisch (§ 211 II Grp. 2 Var. 1 StGB) getötet haben. Die Auslegung des Merkmals Heimtücke ist umstritten.[19]

Die Rechtsprechung definiert Heimtücke als Tötung in feindseliger Willensrichtung und unter bewusster Ausnutzung der Arg- und Wehrlosigkeit des Opfers. Arglos ist hiernach, wer sich zur Tatzeit keines Angriffs vonseiten des Täters versieht. Wehrlos

---

14 Dies ist in der Sache absolut unstreitig. Da aber der Sachverhalt diesen Umstand hervorhebt, muss er zumindest kurz abgehandelt werden (zum abgekürzten Gutachtenstil vgl. 1. Teil IV.).
15 Vertretbar wäre es auch, zunächst nur § 212 StGB zu prüfen. Da sich nach dem Sachverhalt aber die Erörterung von Mordmerkmalen geradezu aufdrängt und die Prüfung des § 212 StGB keinerlei Probleme enthalten würde, sollte sogleich mit § 211 StGB begonnen werden, um eine Straffung der Darstellung zu erreichen. Durch die Angabe beider angewendeten Vorschriften bringt man zum Ausdruck, ob man § 211 StGB als gegenüber § 212 StGB selbstständig (sogar exklusiv) ansieht, oder als Qualifikation (entspr. schon zuvor bzgl. §§ 216, 212 StGB). Das ist zwischen Rspr. und Lehre umstritten und greift evtl. späterer Diskussion vor, ist aber unvermeidlich. Als Aufbaufrage ist das an dieser Stelle in der Ausarbeitung nicht zu kommentieren.
16 Wer möchte, kann weitere Überschriften setzen. Jedenfalls sind Gliederungszeichen bisweilen hilfreich. Auch ohne Überschriften ist die Reihenfolge (zB Deliktstatbestandsmäßigkeit – Rechtswidrigkeit – Schuld, objektive vor subjektiven Merkmalen etc.) einzuhalten.
17 Zu Verweisungen siehe 4. Teil II. 4.
18 Da Begründung und Ergebnis an dieser Stelle eindeutig sind, bietet sich der Urteilsstil an (zu den Ausnahmen von der strikten Anwendung des Gutachtenstils vgl. 1. Teil IV.).
Auf die Vorsatzform kommt es nicht an. Man kann sie – wie hier – angeben (zumal sie im Verfahren auch für die Strafzumessung von Bedeutung wäre), muss das aber nicht.
19 Die Bearbeitung von Meinungsständen ist im 5. Teil ausführlich erläutert.

ist, wer bei Beginn des Angriffs infolge seiner Arglosigkeit in seiner natürlichen Abwehrbereitschaft stark eingeschränkt ist. X war zwar darauf gefasst, dass A ihn töten würde, wenn er auf einen Anruf des A nicht mehr mit dem vereinbarten Codewort reagieren würde. Da diese Bedingung aber noch nicht eingetreten war, ging X davon aus, einen Angriff von Seiten des A noch nicht befürchten zu müssen. X war damit arglos. Weil sein fehlendes Misstrauen ihn ferner davon absehen ließ, mögliche Sicherheitsmaßnahmen – wie zB eine Untersuchung des Wagens vor der Inbetriebnahme – durchzuführen, war er als Folge seiner Arglosigkeit in seiner Verteidigungsfähigkeit konkret eingeschränkt und damit im Zeitpunkt der Tötungshandlung wehrlos. A, der um die Arg- und Wehrlosigkeit des X wusste, hat insoweit auch vorsätzlich gehandelt. An einem Handeln in feindseliger Willensrichtung würde es fehlen, wenn A geglaubt hätte, zum Besten des X zu handeln. A hat den X aber nicht getötet, um diesen von einem Leiden zu befreien, sondern um dem B einen Gefallen zu tun. Unter Zugrundelegung der Auffassung der Rechtsprechung hätte sich A damit einer heimtückischen Tötung schuldig gemacht.

In der Literatur wird eine gegenüber der Rechtsprechung restriktivere Auslegung des Heimtückemerkmals gefordert. Nach einer Auffassung soll neben der Ausnutzung der Arg- und Wehrlosigkeit zusätzlich ein besonders verwerflicher Vertrauensbruch erforderlich sein. Eine besondere Nähebeziehung, die als Grundlage für ein besonderes Vertrauensverhältnis dienen könnte, ist im Verhältnis von A zu X nicht ersichtlich. Auch aus der Vereinbarung zwischen X und A kann ein besonderes Vertrauensverhältnis nicht hergeleitet werden. Selbst wenn die vereinbarte Bedingung noch nicht eingetreten ist, ist dies kein Anlass dafür, dass X dem A ein besonderes Vertrauen entgegengebracht hat, das über das Vertrauen hinausgeht, das grundsätzlich jedermann gegenüber der Tötungshemmung seiner Mitmenschen hat. Unter Zugrundelegung dieser Auffassung hätte A mangels eines besonders verwerflichen Vertrauensbruches nicht heimtückisch gehandelt. Eine andere in der Literatur vertretene Auffassung geht dahin, neben der Ausnutzung der Arg- und Wehrlosigkeit ein tückisch-verschlagenes Vorgehen zu verlangen, was wiederum voraussetzt, dass der Täter sein Opfer über seine wahren (Tötungs-)Absichten täuscht. Dass A den X im vorliegenden Fall in dieser qualifizierten Art und Weise über seine Absicht, ihn bereits jetzt zu töten, getäuscht hat, lässt sich dem Sachverhalt nicht entnehmen.[20] Auch nach dieser Auffassung wäre damit eine heimtückische Tötung des X durch den A zu verneinen.

Gegen die Auffassung der Rechtsprechung spricht, dass danach schon ein heimliches Vorgehen allein genügen soll, was bereits im Hinblick auf den Wortlaut, der ausdrücklich auch ein tückisches Vorgehen verlangt, bedenklich erscheint.[21] Angesichts der extrem hohen und überdies auch absoluten Strafandrohung der lebenslangen Freiheitsstrafe muss der Anwendungsbereich des § 211 StGB durch eine restriktive Auslegung der einzelnen Mordmerkmale auf die Fallgestaltungen begrenzt werden, bei denen dem besonderen Unrechtsgehalt der Tat nicht mehr durch eine zeitige Freiheitsstrafe Rechnung getragen werden kann. Angesichts dessen, dass zB die heimlich ausgeführte Tötung eines körperlich überlegenen Gegners kein wesentlich anderes Unwerturteil rechtfertigt als die offen ausgeführte Tötung des gleichen Gegners mittels einer Schusswaffe,

---

20 Weitere Aussagen kann der Bearbeiter hierzu nicht treffen; keinesfalls darf er mit unbegründeten Annahmen arbeiten.
21 Diese Formulierung impliziert, dass die Auffassung der Rechtsprechung zwar bedenklich, nicht aber unvertretbar ist. Wäre dies anders, müsste die Argumentation an dieser Stelle abgebrochen werden (vgl. Teil V.; Anhang A II.1.).

kann die Auslegung des Heimtückemerkmals durch die Rechtsprechung nicht befriedigen. Ob die Restriktion auf die den Sanktionssprung von § 212 zu § 211 StGB rechtfertigenden Fallgestaltungen durch das zusätzliche Merkmal eines »besonders verwerflichen Vertrauensbruches« oder aber durch eine Betonung des Handelns »in verschlagener Sinnesart« zu erfolgen hat, kann im Ergebnis offenbleiben,[22] da im vorliegenden Fall beide Auffassungen zur Verneinung der Heimtücke führen. A hat sich damit keiner heimtückischen Tötung des X schuldig gemacht.

ii) A könnte den X aber mittels eines gemeingefährlichen Mittels (§ 211 II Grp. 2 Var. 3) getötet haben. Gemeingefährlich sind Mittel, deren Wirkung auf Leib oder Leben einer Mehrzahl anderer Menschen der Täter nach den konkreten Umständen der Tatausführung nicht kontrollieren kann. A hatte den Motor des von X benutzten Pkw durch seine Manipulationen praktisch in eine Bombe verwandelt. Dass möglicherweise bei der Explosion des Motors neben dem X als Fahrer des Pkw auch andere Mitinsassen des Pkw sowie Fußgänger oder andere Verkehrsteilnehmer gefährdet und getötet werden könnten, war nicht auszuschließen[23] und konnte von A in keiner Weise gesteuert oder verhindert werden. Es kommt zwar auf die konkrete Verwendungsweise des Mittels, nicht aber darauf an, ob bereits eine konkrete Gefahr eingetreten ist. A tötete den X damit mittels eines gemeingefährlichen Mittels. Da davon ausgegangen werden muss, dass A die naheliegende Tatsache der unkontrollierbaren Gefährdung anderer Personen bewusst und bekannt war, handelte er auch vorsätzlich. Der Tatbestand eines vorsätzlichen Mordes durch Einsatz eines gemeingefährlichen Mittels ist damit erfüllt.

iii) A könnte zudem aus Habgier (§ 211 II Grp. 1 Var. 3) gehandelt haben. Habgier erfordert eine ungewöhnliche, ungesunde und sittlich anstößige Steigerung des Erwerbssinns, setzt also das Streben nach einer durch den Tod des Opfers herbeizuführenden Vermögensvermehrung voraus. Aus dem Sachverhalt ergibt sich nicht, dass A eine Belohnung oder finanzielle Entschädigung durch B angestrebt hat; dem Sachverhalt kann auch nicht entnommen werden, dass A von B eine finanzielle Entlohnung erhalten hat bzw. erhalten sollte. A hat den X vielmehr getötet, um dem B einen Gefallen zu tun.[24] Insoweit handelte A nicht aus Gewinnsucht.

A hatte aber zuvor bereits von X selbst 20.000 EUR erhalten, mit dem Auftrag, den X unter bestimmten, zwischen A und X vereinbarten Bedingungen zu töten. Da X zu dem Zeitpunkt, als A ihn mittels des manipulierten Motors in die Luft sprengte, noch in der Lage war, auf die Anrufe des A mit dem vereinbarten Codewort zu reagieren, kann nicht davon ausgegangen werden, dass die Vereinbarung mit X ursächlich für den Entschluss des A war.[25] Die generelle Bereitschaft des A, Menschen gegen eine entsprechende Geldzahlung zu töten, reicht nicht aus, Habgier hinsichtlich einer konkreten Tötungshandlung zu bejahen. A handelte mithin nicht aus Habgier.

---

22 Ein Meinungsstreit ist nur insoweit zu behandeln und zu entscheiden, wie dies zur Lösung des Falles erforderlich ist. Die Entscheidung zwischen Meinungen, die im konkreten Fall zu gleichen Ergebnissen kommen, ist methodisch falsch und kostet zudem wertvolle Zeit.
23 Auch wenn der Sachverhalt nicht ausdrücklich zu den durch die Explosion hervorgerufenen Gefahren Stellung nimmt, lässt eine lebensnahe Betrachtung des Geschehens keine andere Beurteilung zu.
24 Auch wenn Auftragskiller in der Regel nur gegen Bezahlung tätig werden, liegt hier nach dem insoweit eindeutigen Sachverhalt eine Ausnahme vor: Von einer Entlohnung des A durch B ist keine Rede. A schuldet dem B noch einen Gefallen, so dass es naheliegt, dass er sich gerade deshalb bereit erklärt, den X zu töten (zur Aufarbeitung des Sachverhalts vgl. den 2. Teil).
25 Auch hier muss aus dem äußeren Verhalten des A und aus den Umständen der Tat auf die Beweggründe des A geschlossen werden (vgl. 2. Teil »Vertiefung«).

b) Rechtfertigungs- und Schuldausschlussgründe sind nicht erfüllt.[26] A hat sich eines Mordes durch Einsatz eines gemeingefährlichen Mittels zum Nachteil des X schuldig gemacht.

3. Konkurrenzen

A hat sich gemäß §§ 211, 212 StGB strafbar gemacht. Der gleichfalls verwirklichte Totschlag (§ 212 StGB) tritt hinter den Mord zurück.[27]

II. Strafbarkeit des B

1. Anstiftung zum Mord, §§ 212, 211, 26 StGB

B könnte sich dadurch, dass er dem A den Auftrag gab, den X zu töten, einer Anstiftung zum Mord schuldig gemacht haben (§§ 211, 26 StGB).

a) Dazu müsste A eine vorsätzliche und rechtswidrige Tat begangen haben. Wie oben dargelegt (I.2. und 3.), hat sich A eines vorsätzlichen und rechtswidrigen Mordes (§ 211 StGB) an X schuldig gemacht. Somit liegt eine teilnahmefähige Haupttat vor.

B müsste den A zur Begehung dieser Tat bestimmt haben. Bestimmen setzt voraus, dass der Anstifter beim Haupttäter den Entschluss zur Begehung der Tat hervorruft. Im vorliegenden Fall war A zwar bereits vor dem Gespräch mit B entschlossen, den X zu töten. Ein sog. omnimodo facturus kann nicht mehr zur Tat angestiftet werden, doch das ist nur, wer zur Tat bereits unbedingt entschlossen ist. Der Entschluss des A hingegen stand unter der Bedingung, dass X bei einem Anruf des A das vereinbarte Codewort nicht mehr nennen würde. Dagegen war der Entschluss des A, den X durch die Explosion des Pkw zu töten, durch die Absicht motiviert, dem B einen Gefallen zu tun, und zwar unabhängig davon, dass die mit X vereinbarte Bedingung noch nicht eingetreten war. Aufgrund dessen, dass der Zeitpunkt der Tötung des X verändert wurde, handelt es sich bei der ausgeführten Tat um eine andere als die zwischen A und X vereinbarte Tat. Der Entschluss, den X bereits jetzt zu töten, ist daher durch die Bitte des B verursacht worden. B hat den A damit zur Begehung dieser konkreten Tat bestimmt.

b) B müsste vorsätzlich gehandelt haben. Es war seine Absicht, den A zu veranlassen, den X zu töten. Obwohl die Tötung mit einer Autobombe gegenüber der Erschießung ein Abweichen vom vorgestellten Kausalverlauf ist, scheidet ein Tatumstandsirrtum (§ 16 Abs. 1 StGB) aus, denn in Bezug auf die Tötung ist die Abweichung nicht wesentlich. Somit liegt ein (sog. »doppelter«) Vorsatz bzgl. der beiden Merkmale Haupttat Totschlag und Bestimmen vor.

Fraglich ist, ob sich der Vorsatz des B auch darauf erstreckte, dass A einen Mord begehen werde. Wie oben bereits dargelegt, hat A den X mit einem gemeingefährlichen Mittel getötet. Das ist ein objektives Mordmerkmal, so dass der Vorsatz des Anstifters sich unabhängig von Fragen des § 28 StGB auf dessen Umstände beziehen muss. Dem Sachverhalt kann aber nicht entnommen werden, dass B den A bezüglich der Auto-

---

26 Sofern sich keine Anhaltspunkte für Rechtfertigungs- und Schuldausschlussgründe aus dem Sachverhalt ergeben, reicht die kurze Erwähnung im Rahmen des (Zwischen-)Ergebnisses aus.
27 Gerade in der Klausursituation empfiehlt es sich, ebenfalls erfüllte Delikte, die offenbar wegen Gesetzeskonkurrenz hinter ein bejahtes Delikt zurücktreten, nur im Rahmen der Konkurrenzen kurz anzusprechen. Das Gleiche würde für die (im Bearbeitervermerk aber ohnehin ausgenommenen) ebenfalls enthaltenen Körperverletzungsdelikte gelten.

bombe als Tatmittel instruiert hat bzw. ihm bekannt war, dass A den X durch eine Autobombe töten wollte. Aus dem Sachverhalt geht vielmehr hervor, dass B dem A eine Schusswaffe übergeben hatte. Dieser Umstand legt die Annahme nahe, dass B davon ausgegangen ist, A werde den X erschießen.[28] Da der Täter bei der Benutzung einer Schusswaffe kontrollieren kann, welche Personen durch die Tötungshandlung gefährdet werden, wäre die Tat des A in diesem Falle aber nicht als eine Tötung mit einem gemeingefährlichen Mittel anzusehen gewesen. Im Ergebnis muss daher davon ausgegangen werden, dass B nicht wusste, dass A einen Mord (§ 211 StGB) begehen werde. B hatte somit nicht den Vorsatz, den A zu einer Straftat gemäß § 211 StGB anzustiften (§ 16 Abs. 1 Satz 1 StGB). Nach den im Rahmen des § 26 StGB allgemein geltenden Akzessorietätsgrundsätzen hätte B damit eigentlich nur den Tatbestand der Anstiftung zum Totschlag (§§ 212, 26 StGB) verwirklicht, nicht aber den Tatbestand einer Anstiftung zum Mord (§§ 211, 26 StGB).

Möglicherweise hat sich B aber dennoch einer Straftat gemäß §§ 211, 26 StGB schuldig gemacht. Voraussetzung hierfür wäre, dass B selbst ein Mordmerkmal verwirklicht hat und es sich bei diesem Mordmerkmal um ein besonderes persönliches Merkmal iSd § 28 Abs. 2 StGB handelt. Dann ergibt sich aus dieser Vorschrift eine sog. Tatbestandsverschiebung.

B könnte bei der Anstiftung selbst das Mordmerkmal der Habgier verwirklicht haben, weil er den A zur Tötung des X bestimmt hat, um als Erbe des X dessen Vermögen zu erlangen. Unter Habgier versteht man ein Streben nach materiellen Gütern und Vorteilen, das in seiner Hemmungslosigkeit und Rücksichtslosigkeit das erträgliche Maß weit übersteigt.[29] Das Motiv, einen Menschen töten zu lassen, um in den Genuss einer Erbschaft zu kommen, offenbart ein rücksichtsloses und ungezügeltes Streben nach Vermögensvorteilen um jeden Preis. B handelte somit aus Habgier.

Weiterhin müsste § 28 StGB anwendbar sein. Voraussetzung hierfür ist, dass es sich bei dem Mordmerkmal der Habgier um ein besonderes persönliches Merkmal handelt. Merkmale in diesem Sinne sind besondere persönliche Eigenschaften, Verhältnisse oder Umstände (vgl. § 14 Abs. 1 StGB). Dies bedeutet: § 28 StGB findet Anwendung bei täterbezogenen Merkmalen, nicht aber bei sog. tatbezogenen Merkmalen. Das Merkmal der Habgier ist kein Indiz, das den Unrechtsgehalt der Tat an sich bzw. deren Verwerflichkeit als solche erhöht. Habgier ist vielmehr ein Merkmal, das eine besondere Gesinnung des Täters bezeichnet. Habgier ist daher ein täterbezogenes Merkmal und § 28 StGB damit grundsätzlich anwendbar.

Zu klären bleibt, ob § 28 Abs. 2 StGB anwendbar ist. Dies setzt voraus, dass es sich bei der Habgier um ein strafmodifizierendes besonderes persönliches Merkmal handelt. Die Frage, ob es sich bei der Habgier um ein strafbegründendes oder um ein strafmodifizierendes Merkmal handelt, ist abhängig davon, ob man den Mordtatbestand als einen eigenständigen Straftatbestand oder als einen Qualifikationstatbestand zu § 212 StGB versteht. Die Rechtsprechung sieht in § 211 StGB einen eigenständigen Straftatbestand, mit der Folge, dass es sich bei den täterbezogenen Mordmerkmalen

---

28 Hier zeigt sich, dass grundsätzlich alle Angaben im Sachverhalt für die Lösung von Bedeutung sind (2. Teil 1. Grundsatz). Der Sachverhaltshinweis auf die Schusswaffe stellt iVm der allgemeinen Lebenserfahrung klar, dass B damit rechnete, A werde X erschießen. Dagegen enthält der Sachverhalt keinen Hinweis darauf, dass B damit rechnete, A werde X durch eine Autoexplosion töten. Der Halbsatz »B versorgt A mit einer Schusswaffe« wäre bei letzterer Auslegung sinnlos.

29 Man spart praktisch nichts, macht die Ausarbeitung aber wesentlich unübersichtlicher, wenn man hier hinsichtlich der Definition nach oben verweist.

um strafbegründende Merkmale iSd § 28 Abs. 1 StGB handelt. Legt man diese Auffassung zugrunde, hätte sich B im vorliegenden Fall nicht nach §§ 211, 26 StGB schuldig gemacht, obwohl er selbst das Mordmerkmal der Habgier verwirklicht hat. Demgegenüber versteht die Lehre § 211 StGB als einen Qualifikationstatbestand zu § 212 StGB, mit der Folge, dass es sich bei den täterbezogenen Mordmerkmalen um strafschärfende Merkmale iSd § 28 Abs. 2 StGB handelt. Folgt man dieser Auffassung, hätte sich B im Hinblick auf seine eigene Habgier der Anstiftung zum Mord schuldig gemacht.

Die Rechtsprechung beruft sich für ihre Auffassung auf den Wortlaut sowie auf die systematische Stellung der §§ 211, 212 StGB. Dem ist entgegenzuhalten, dass der aus dem Jahre 1935 stammende, auf die überwundene Lehre vom Tätertyp abgestimmte Wortlaut die hier zu entscheidende Fragestellung nicht mehr präjudizieren kann. Die – von der üblichen systematischen Stellung von Grund- und Qualifikationstatbeständen abweichende – Stellung des § 211 vor dem § 212 StGB ist darauf zurückzuführen, dass es sich bei dem Mordtatbestand um ein Delikt handelt, bei dem insbesondere wegen der absolut angedrohten lebenslangen Freiheitsstrafe eine besondere, herausgehobene Stellung im Gesetz angemessen ist.[30] Gegen die Auffassung der Rechtsprechung spricht weiterhin, dass dann, wenn man die §§ 211, 212 StGB als voneinander unabhängige Straftatbestände mit einem jeweils eigenständigen Unrechtscharakter versteht, in den Fällen, in denen nicht eindeutig geklärt werden kann, ob ein Mordmerkmal vorliegt oder nicht, der Angeklagte – in dubio pro reo – sowohl vom Vorwurf des Mordes als auch vom Vorwurf des Totschlags freizusprechen wäre. Indes ist niemand – auch nicht die Rechtsprechung – bereit, dieses Ergebnis zu akzeptieren. Hinzu kommt, dass die Annahme des eigenständigen Charakters beider Straftatbestände dazu führen würde, dass im Falle der Beihilfe zum Mord im Hinblick auf die gemäß §§ 27 Abs. 2, 28 Abs. 1, 49 Abs. 1 StGB gebotene doppelte Milderung des Strafrahmens die Mindeststrafe für den Gehilfen sechs Monate betragen würde, während die Mindeststrafe des Gehilfen bei einer Beihilfe zum Totschlag aufgrund der nur einmaligen Milderung des Strafrahmens zwei Jahre betragen würde. Vor diesem Hintergrund wäre ein Gehilfe also milder zu bestrafen, wenn er Beihilfe zu einem Mord leistet. Angesichts dessen, dass die Auffassung der Lehre die aufgezeigten sachwidrigen Ergebnisse vermeidet und darüber hinaus im Gegensatz zur Auffassung der Rechtsprechung auch den Fall des qualifiziert handelnden Teilnehmers an einem Totschlag angemessen erfassen kann, ist im Ergebnis mit der Lehre davon auszugehen, dass § 211 StGB als ein Qualifikationstatbestand zu § 212 StGB anzusehen ist.

Für den vorliegenden Fall bedeutet dies, dass im Hinblick auf die bei B gegebene Habgier § 28 Abs. 2 StGB zur Anwendung kommt.

c) B handelte ebenfalls rechtswidrig und schuldhaft. Er hat sich damit gemäß §§ 211, 26 StGB schuldig gemacht.

2. Beihilfe zum Mord, §§ 212, 211, 27 StGB

B könnte sich weiterhin einer Beihilfe zum Mord schuldig gemacht haben, indem er dem A eine Schusswaffe übergab, die dieser bei der Tatausführung bei sich führte.

---

30 Die Technik, ein Argument sogleich durch das entsprechende Gegenargument der anderen Auffassung zu widerlegen, spart Platz und fördert durch die sachbezogene Argumentation die Verständlichkeit der Darstellung.

a) Haupttat ist weiterhin der vorsätzlich begangene, rechtswidrige Mord des A. Eine Beihilfe scheitert nicht schon daran, dass A die ihm von B übergebene Schusswaffe gar nicht eingesetzt hat. Es genügt vielmehr als Hilfeleistung iSd § 27 StGB, dass er sie bei sich führte und das Verhalten des B so dazu beigetragen hat, die Tatausführung abzusichern.[31]

b) Hinsichtlich seines eigenen Beitrags nahm B zwar an, dass die Waffe zum Einsatz käme. Dann aber wäre der Beitrag sogar noch gewichtiger gewesen, und die Abweichung seiner Vorstellung von den tatsächlichen Geschehnissen liegt im Rahmen des nach allgemeiner Lebenserfahrung Voraussehbaren. Weitergehende Anforderungen sind an den Vorsatz bzgl. der Hilfsleistung nicht zu stellen.

Hinsichtlich der Haupttat hatte B lediglich den Vorsatz, dem A zu einem Totschlag an X Hilfe zu leisten. B handelte jedoch selbst aus Habgier. Nach § 28 Abs. 2 StGB verschiebt sich der Tatbestand daher wieder zu §§ 211, 27 StGB, denn § 28 StGB betrifft Anstiftung und Beihilfe gleichermaßen (zur näheren Begründung sei daher auf die Darstellung bei der Anstiftung Bezug genommen).

3. Konkurrenzen

B hat sich wegen habgieriger Anstiftung zum Mord nach §§ 212, 211, 26 StGB strafbar gemacht. Die ebenfalls verwirklichte habgierige Beihilfe zum Mord gemäß §§ 212, 211, 27 StGB tritt dahinter zurück.

III. Gesamtergebnis

A ist wegen eines Mordes an X gemäß § 211 StGB und B wegen Anstiftung zum Mord gemäß §§ 211, 26 StGB zu bestrafen.[32]

---

31 Deshalb wäre es unnötig, die verschiedenen Auffassungen zur Hilfeleistung und ihrer Kausalität hier im Einzelnen zu diskutieren (vgl. 5. Teil I.).
32 Zu X: Die Strafbarkeit von Toten wird idR nicht geprüft, da eine Strafverfolgung unzulässig wäre (dauerhaftes Prozesshindernis). Bei einer Abwandlung des Falles dahin gehend, dass doch eine versuchte Tötung auf Verlangen vorlag, würde sie allerdings noch die (ggf. hilfsgutachtlich zu behandelnde) Frage aufwerfen, ob derjenige, der das Verlangen, getötet zu werden, äußert, sich bei einem Fehlschlag wegen Anstiftung zu einer versuchten Tötung auf Verlangen (an sich selbst) strafbar machen kann. Dies wird von der ganz herrschenden Meinung mittels der Figur der notwendigen Teilnahme abgelehnt (das Verlangen des Opfers ist immer schon Voraussetzung dafür, dass § 216 überhaupt Anwendung finden kann). Zudem wird darauf abgestellt, dass die Selbsttötung straffrei ist; dabei müsse es auch bei einer Teilnahme an der eigenen Tötung bleiben.

III. Beispiel einer Hausarbeitsbearbeitung

Mustermann, Peter
Musterstraße X
00000 Musterburg
Matrikel-Nr. 123456
X. Semester

Wintersemester 2014 / 15
Übungen im Strafrecht für Anfänger
Prof. Dr. Platzhalter
X. Hausarbeit

Sachverhalt:

Dem C ist bekannt, dass sich A und B in einer finanziellen Notlage befinden. Um dem ihm verhassten W einen Schaden zuzufügen, macht C den Vorschlag, A und B könnten doch den W überfallen, wenn dieser sich – was er jeden Tag tue – gegen Mitternacht mit den Tageseinnahmen seines Lokals zu einer der beiden in der Nähe liegenden Bankfilialen begebe und die Gelder dort in den Nachttresor einwerfe. A und B beschließen, dem Vorschlag des C zu folgen. Sie verabreden, dass jeder von ihnen noch am gleichen Abend jeweils einen der beiden in Betracht kommenden Wege bewachen soll. W soll entweder von A oder B niedergeschlagen und der bewusstlose oder doch zumindest benommene W dann um die Tageseinnahmen erleichtert werden. Das Geld wollen A und B teilen. C, der eine Beteiligung an dem Erlös dankend ablehnt, beschreibt den beiden die Person des W sowie die beiden Wege, die dieser benutzt, wenn er die Tageseinnahmen wegbringt.

Gegen 23.00 Uhr begeben sich A und B auf ihre Posten und warten. Nachdem B bereits einige Zeit vergeblich gewartet hat, kommen ihm Bedenken, dass die Sache auch »nach hinten losgehen« könne. Da er auf keinen Fall eine Freiheitsstrafe riskieren will, beschließt er, aus der Sache auszusteigen. Während A, der von dem Sinneswandel des B keine Kenntnis hat, weiterhin auf der Lauer liegt, begibt sich B in seine Wohnung und geht zu Bett.

Gegen 00.15 Uhr sieht A eine Gestalt nahen, die mit der von C gegebenen Beschreibung des W übereinstimmt. Tatsächlich handelt es sich aber nicht um den W, sondern um den G, der als letzter Gast das Lokal des W verlassen hatte und der sich nun auf dem Heimweg befindet. A nähert sich dem G von hinten und versucht, diesen mit einem leichten Schlag auf den Hinterkopf zum Fallen zu bringen. Aufgrund seiner Aufregung misslingt ihm dies. G wird lediglich an der Schulter getroffen und rennt – laut »Überfall! Polizei!« schreiend – davon. In einigen der umliegenden Wohnungen gehen daraufhin Lichter an und es erscheinen Personen an den Fenstern. A, der der Auffassung ist, dass ihm der W sowieso entwischt sei, flüchtet, um einer Festnahme zu entgehen.

Prüfen Sie die Strafbarkeit von A, B und C.

Bearbeitervermerk: Erforderliche Strafanträge sind gestellt worden.

Literaturverzeichnis:

Beck´scher Online Kommentar: Hrsg. von Heintschel-Heinegg, Stand, 56. Edition, Stand 01.02.2023
Bemmann, Günter: Die Objektverwechslung des Täters in ihrer Bedeutung für den Anstifter, in: Beiträge zur Rechtswissenschaft, Festschrift für Walter Stree und Johannes Wessels

zum 70. Geburtstag, hrsg. von Wilfried Küper und Jürgen Welp, Heidelberg 1993, S. 397, zitiert: Bemmann, Stree/Wessels-FS

Dölling, Dieter/Duttge, Gunnar/König, Stefan/Rössner, Dieter, Gesamtes Strafrecht, 5. Aufl., Baden-Baden 2022, zitiert HK-GS/Bearbeiter

Fischer, Thomas: Strafgesetzbuch und Nebengesetze, 70. Aufl., München 2023

Geppert, Klaus: Zum »error in persona vel obiecto« und zur »aberratio ictus«, insbesondere vor dem Hintergrund der neuen »Rose-Rosahl-Entscheidung« (= BGHSt 37, 214 ff), Jura 1992, 163

Hauf, Claus-Jürgen: Neuere Entscheidungen zur Mittäterschaft unter besonderer Berücksichtigung der Problematik der Aufgabe der Mitwirkung eines Beteiligten während der Tatausführung bzw. vor Eintritt in das Versuchsstadium, NStZ 1994, 263

Herzberg, Rolf Dietrich: Täterschaft und Teilnahme, München 1977

Jakobs, Günther, Strafrecht: Allgemeiner Teil, 2. Aufl., Berlin u. a. 1993

Jäger, Christian: Examens-Repetitorium Strafrecht Allgemeiner Teil, 10. Aufl., Heidelberg 2021

Jescheck, Hans-Heinrich/Weigend, Thomas: Lehrbuch des Strafrechts, Allgemeiner Teil, 5. Aufl., Berlin 1996

Kindhäuser, Urs: Strafrecht Besonderer Teil I, 10. Aufl., Baden-Baden 2021

Kölbel, Ralf / Selter, Susanne: § 24 II StGB – Der Rücktritt bei mehreren Tatbeteiligten, JA 2012, 1

Kubiciel, Michael: StGB: Strafbarkeit des Anstifters bei Personenverwechslung des Täters, JA 2005, 694

Kühl, Kristian: Strafrecht, Allgemeiner Teil, 8. Aufl., München 2017

Küper, Wilfried: Versuchsbeginn und Mittäterschaft, Heidelberg u. a. 1978

Küpper, Georg: Anspruch und wirkliche Bedeutung des Theorienstreits über die Abgrenzung von Täterschaft und Teilnahme, GA 1986, 437

Lackner, Karl / Kühl, Kristian / Heger, Martin: Strafgesetzbuch mit Erläuterungen, 30. Aufl., München 2023

Leipziger Kommentar, Strafgesetzbuch, 11. Aufl., hrsg. von Jähnke, Laufhütte und Odersky, Berlin u. a. 1992 ff., zitiert: LK/Bearbeiter, 11. Aufl.

Leipziger Kommentar, Strafgesetzbuch, 12. Aufl., hrsg. von Laufhütte, Rissing-van Saan und Tiedemann, Berlin u. a. 2010 ff.; 13. Aufl., hrsg. von Dannecker / Hilgendorf / Jeßberger / et al., Berlin 2020; zitiert: LK/Bearbeiter

Loos, Fritz: Beteiligung und Rücktritt – Zur Abgrenzung zwischen Abs. 1 und Abs. 2 des § 24 StGB, Jura 1996, 518

Müller, Jürgen: Das Urteil des BGH zu Anstiftung und »error in persona«, MDR 1991, 830

Otto, Harro: Grundkurs Strafrecht, Allgemeine Strafrechtslehre, 7. Aufl., Berlin u. a. 2004

Puppe, Ingeborg: Anmerkung zu BGH, Urteil vom 25.10.1990 – 4 StR 371/90, NStZ 1991, 124
- Wie wird man Mittäter durch konkludentes Verhalten?, NStZ 1991, 571

Rengier, Rudolf: Strafrecht Allgemeiner Teil, 14. Aufl., München 2022
- Strafrecht Besonderer Teil I, 25. Aufl. München 2023
- Strafrecht Besonderer Teil II, 23. Aufl. München 2022

Roxin, Claus: Strafrecht, Allgemeiner Teil, Band I, 5. Aufl., München 2020
- Tatentschluss und Anfang der Ausführung beim Versuch, JuS 1979, 1
- Der fehlgeschlagene Versuch, JuS 1981, 1
- Rose-Rosahl redivivus, in: Festschrift für Günter Spendel zum 70. Geburtstag, hrsg. von Manfred Seebode, Berlin u. a. 1992, S. 289, zitiert: Roxin Spendel-FS

Satzger, Helmut / Schluckebier, Wilhelm / Widmaier, Gunter: Kommentar zum Strafgesetzbuch, 5. Aufl., München und Karlsruhe 2021, zitiert SSW-StGB/Bearbeiter

Scheffler, Uwe: Der Verfolger-Fall (BGHSt 11, 268) und die Strafbarkeit der »versuchten fahrlässigen Selbsttötung«, JuS 1992, 920

Schilling, Georg: Der Verbrechensversuch des Mittäters und des mittelbaren Täters, Köln, München u. a. 1975

Schönke, Adolf/Schröder, Horst, Strafgesetzbuch: 30. Aufl., München 2019, zitiert: Schönke/Schröder/Bearbeiter

Schreiber, Hans-Ludwig: Grundfälle zu »error in objecto« und »aberratio ictus« im Strafrecht, JuS 1985, 873

Seelmann, Kurt: Mittäterschaft im Strafrecht, JuS 1980, 571

Streng, Franz: Die Strafbarkeit des Anstifters bei error in persona des Täters (und verwandte Fälle) – BGHSt 37, 214, JuS 1991, 910

Systematischer Kommentar zum Strafgesetzbuch, hrsg. von Jürgen Wolter, Band I, Allgemeiner Teil (§§ 1 – 37), 9. Aufl., Köln 2017

Welzel, Hans: Das Deutsche Strafrecht, 11. Aufl., Berlin 1969

Wessels, Johannes/Beulke, Werner/Satzger, Helmut: Strafrecht, Allgemeiner Teil, 52. Aufl., Heidelberg 2022

Wörner, Liane: Der sogenannte fehlgeschlagene Versuch zwischen Tatplan und Rücktrittshorizont – zugleich eine Besprechung von BGH, 2 StR 576/08, Urteil vom 20.5.2009, NStZ 2010, 66

Gliederung:
(Seitennummern hier aus drucktechnischen Gründen fortgelassen)
1. Teil   Strafbarkeit des A
    A. Körperverletzung, § 223
        I. Objektiver Tatbestand
        II. Subjektiver Tatbestand
        III. Rechtswidrigkeit und Schuld
    B. Qualifikation zur gefährlichen Körperverletzung, § 224
    C. Versuchter Raub, §§ 249, 22
        I. Tatentschluss
        II. Unmittelbares Ansetzen
        III. Rechtswidrigkeit und Schuld
        IV. Rücktritt, § 24
    D. Konkurrenzen

2. Teil   Strafbarkeit des B
    A. Versuchter Raub in Mittäterschaft, §§ 249, 22, 25 Abs. 2
        I. Tatentschluss
        II. Unmittelbares Ansetzen
            1. Eigenes Verhalten des B
            2. Zurechnung vom Verhalten des A
        III. Rechtswidrigkeit, Schuld und Rücktritt nach § 24
    B. Konkurrenzen

3. Teil   Die Strafbarkeit des C
    A. Anstiftung zum mittäterschaftlichen Raubversuch von A und B, §§ 249, 22, 25 Abs. 2, 26

        I. Objektiver Tatbestand
        II. Subjektiver Tatbestand
        III. Rechtswidrigkeit und Schuld
   B. Konkurrenzen

4. Teil   Gesamtergebnis

Teil 1: Strafbarkeit des A

A. Körperverletzung, § 223 StGB[1]

A könnte sich einer Körperverletzung zum Nachteil des G schuldig gemacht haben, indem er von hinten auf ihn einschlug.

I. Objektiver Deliktstatbestand

Eine körperliche Misshandlung ist eine üble, unangemessene Behandlung, durch die das körperliche Wohlbefinden mehr als nur unerheblich beeinträchtigt wird.[2] Der Schlag auf die Schulter war eine schmerzhafte, nicht bloß belanglose Einwirkung auf den Körper des G. A hat G somit körperlich misshandelt.

Eine Gesundheitsschädigung ist das Hervorrufen oder Steigern eines gegenüber dem Normalzustand der körperlichen Funktionen nicht nur unerheblich verschlechterten krankhaften Zustandes.[3] Hämatome genügen dafür.[4] Davon, dass ein Schlag auf die Schulter solche Folgen hat, ist nach allgemeiner Lebenserfahrung jedenfalls dann auszugehen, wenn ein Schlag mit nicht unerheblicher Wucht ausgeführt wird. Dass es sich im vorliegenden Fall so verhält, muss angenommen werden, da es die Absicht des A war, sein Opfer mit dem Schlag niederzustrecken. Folglich liegt auch eine Gesundheitsschädigung vor. Zwar trifft A die Schulter und nicht den Kopf, aber dies ist kein völlig atypischer Kausalverlauf in Bezug auf beide Varianten. Der objektive Deliktstatbestand ist in seinen beiden Varianten erfüllt.

II. Subjektiver Deliktstatbestand

In subjektiver Hinsicht ist Vorsatz, mindestens in Form von dolus eventualis, erforderlich. A hatte die Absicht, W mit einem Schlag niederzustrecken. Schon wegen der dabei intendierten Wucht bestehen keine Zweifel, dass A erkannte, dass dies zu solchen körperlichen Beeinträchtigungen führen würde, wie G sie tatsächlich erlitt.

Als er auf G einschlug, dachte A allerdings, W vor sich zu haben. Ein solcher Irrtum über die Identität des tatsächlich angegriffenen Opfers stellt indes einen unbeachtlichen Motivirrtum dar (sog. error in persona).[5] Es genügt, dass A die Absicht hatte, die tatsächlich anvisierte und getroffene Person zu verletzen.

Der Körperverletzungsvorsatz wird auch nicht dadurch ausgeschlossen, dass A nicht, wie von ihm geplant, den Kopf, sondern die Schulter des G getroffen hat. Eine Abweichung des tatsächlichen vom vorgestellten Geschehensablauf ist strafrechtlich erst dann beachtlich, wenn eine erhebliche Abweichung des Kausalverlaufes vorliegt. Hieran fehlt es, wenn sich die Abweichung noch innerhalb der Grenzen des nach allgemeiner Lebenserfahrung Voraus-

---

1 Nachfolgende §§ ohne Gesetzesangabe sind solche des StGB.
2 BGHSt 14, 269, 271; 25, 277, 277/278; Lackner/Kühl/Heger/Heger § 223 Rn. 4; Schönke/Schröder/Eser § 223 Rn. 5; Rengier, BT II, § 13 Rn. 7; SSW-StGB/Momsen/Momsen-Pflanz § 223 Rn. 17 mwN.
3 BGHSt 36, 1, 6; Lackner/Kühl/Heger § 223 Rn. 5; LK/Lilie, 12. Aufl., § 223 Rn. 12.
4 LK/Lilie, 12. Aufl., § 223 Rn. 13.
5 BGHSt 11, 268, 270; 37, 214, 216; BeckOK-StGB/Kudlich § 16 Rn. 6; Rengier, AT, § 15 Rn. 22; Roxin § 12 Rn. 173 ff.; Kühl § 13 Rn. 20 ff.

sehbaren hält und keine andere Bewertung der Tat rechtfertigt.[6] So liegt es im vorliegenden Fall. Wenn bei einem gegen den Kopf geführten Angriff versehentlich die Schulter des Opfers getroffen wird, handelt es sich um eine Abweichung, mit der angesichts des dynamischen Geschehensablaufes stets zu rechnen ist und die – da lediglich der vom Täter gewählte Angriffspunkt durch einen anderen ersetzt wird – für die rechtliche Bewertung der Tat als körperliche Misshandlung und Gesundheitsschädigung ohne Bedeutung ist. Ein Tatumstandsirrtum gem. § 16 Abs. 1 scheidet somit aus. A handelte folglich vorsätzlich in Bezug auf die Körperverletzung an G.

III. Rechtswidrigkeit und Schuld

Rechtfertigungs- oder Entschuldigungsgründe sind nicht erfüllt. A hat also auch rechtswidrig und schuldhaft gehandelt und sich deshalb gemäß § 223 schuldig gemacht. Der nach § 230 nötige Strafantrag ist gestellt worden.

B. Qualifikation zur gefährlichen Körperverletzung, § 224

Das gerade bejahte Grunddelikt könnte zu einer gefährlichen Körperverletzung qualifiziert sein. Von einem Fall des § 224 Abs. 1 Nr. 2 ist aber nicht auszugehen, da der Sachverhalt keinen Hinweis darauf enthält, dass sich A bei dem Schlag auf den Hinterkopf des G überhaupt eines mechanischen Hilfsmittels bedient hätte. Für einen hinterlistigen Überfall iSd Nr. 3 reicht nicht schon die bewusste Ausnutzung des Überraschungsvorteils aus.[7] Hinzukommen muss eine auf Verdeckung der wahren Absichten berechnete planmäßige Vorbereitung, die darauf abzielt, die wahren Absichten des Angreifers zu verbergen und gerade hierdurch dem Angegriffenen die Abwehr zu erschweren.[8] Dass A den G durch sein Verhalten in Sicherheit gewiegt hat, kann dem Sachverhalt indes nicht entnommen werden. In Betracht kommt aber ein Fall des § 224 Abs. 1 Nr. 4. Eine gemeinschaftliche Begehung der Körperverletzung iSd Nr. 4 erfordert mindestens die Anwesenheit einer weiteren Person am Tatort.[9] Zwar ist umstritten, ob die mitwirkende Person ein Täter sein muss,[10] aber vorliegend ist diese Streitfrage nicht zu klären, da B und C jeweils nicht vor Ort zugegen waren. Weitere Nummern des § 224 kommen hier nicht in Betracht. Es liegt keine gefährliche Körperverletzung vor.

C. Versuchter Raub, §§ 249, 22

Indem A auf G in der Absicht eingeschlagen hat, so an die Tageseinnahmen des Lokals zu gelangen, könnte er sich eines versuchten Raubes schuldig gemacht haben, der gemäß §§ 249 Abs. 1, 23 Abs. 1, 12 Abs. 1 strafbar ist. Ein vollendeter Raub liegt nicht vor, weil es nicht zu einer Wegnahme der Tageseinnahmen gekommen ist.

I. Tatentschluss

A müsste den Tatentschluss gehabt haben, einen Raub zu begehen. Das umfasst alle Anforderungen an den Vorsatz der Tat sowie die überschießende Innentendenz.

1. A wollte die vor ihm gehende Person niederschlagen, was eine Ausübung von Gewalt iSv § 249 Abs. 1 darstellt. Dabei stellte A sich vor, die vor ihm gehende Person würde die Tageseinnahmen des Lokals bei sich tragen. Es sollte sich um Geldscheine und Münzen, also be-

---

6 BGHSt 7, 325, 329; 38, 32, 34; BeckOK-StGB/Kudlich § 16 Rn. 9; Kühl § 13 Rn. 41.
7 BGH bei Holtz MDR 1981, 267; SSW-StGB/Momsen/Momsen-Pflanz § 224 Rn. 22; Schönke/Schröder/Stree/Sternberg-Lieben § 224 Rn. 10; HK-GS/Dölling § 224 Rn. 4.10.
8 BGH NStE Nr. 8 zu § 223a StGB; LK/Lilie, 12. Aufl., § 224 Rn. 31; Rengier, BT II, § 14 Rn. 44.
9 Rengier, BT II, § 14 Rn. 46.
10 Kindhäuser, BT I, § 9 Rn. 20.

wegliche Sachen handeln. Diese sollten im Eigentum anderer Personen als des A stehen, also für ihn fremd sein. Die vor A gehende Person sollte entsprechend der Verkehrsanschauung die von ihrem Willen getragene Sachherrschaft über dieses Geld und damit Gewahrsam an ihm haben. Ohne ihr Einverständnis wollte A dieses Geld an sich nehmen und wegtragen, dh ihren Gewahrsam brechen und neuen Gewahrsam begründen, es ihr mithin wegnehmen. Da ein natürlicher Gewahrsamswille genügt, haben auch Bewusstlose Gewahrsam;[11] deshalb ist es für die Vorstellung eines Gewahrsamsbruchs unerheblich, ob die niedergeschlagene Person eventuell bewusstlos sein sollte. Die angewendete Gewalt sollte die Wegnahme auch ermöglichen, also Mittel der Wegnahme sein.

Dass er sich über die Identität des von ihm tatsächlich angegriffenen Opfers geirrt hat, stellt – wie oben bereits ausgeführt (vgl. I.1.) – einen unbeachtlichen Motivirrtum dar. Dass die Person tatsächlich nicht die Tageseinnahmen des Lokals bei sich führte, ist für den Tatentschluss irrelevant, denn dieser richtet sich gerade nur nach der Vorstellung des Täters.

2. Da er die Tageseinnahmen, auf die er keinen Anspruch hatte, zumindest teilweise für sich behalten wollte, hatte er auch die Absicht, sich diese zuzueignen. Lebensnah ist davon auszugehen, dass A bekannt und bewusst war, dass er keinen Anspruch auf die Tageseinnahmen hatte. Er handelte damit auch im Hinblick auf die Rechtswidrigkeit der von ihm beabsichtigten Zueignung vorsätzlich und hatte somit den Tatentschluss, einen Raub zu begehen.

II. Unmittelbares Ansetzen

A müsste weiterhin iSd § 22 zur Verwirklichung der Tat unmittelbar angesetzt haben. Ein unmittelbares Ansetzen zum Raub ist jedenfalls dann zu bejahen, wenn der Täter die auf die Wegnahme abzielende Gewalthandlung als einen Teil der tatbestandlichen Ausführungshandlung bereits vorgenommen hat.[12] Vorliegend hatte A schon seinem Tatplan entsprechend auf G eingeschlagen. Damit hat er unmittelbar zum Raub angesetzt.

III. Rechtswidrigkeit und Schuld

A handelte rechtswidrig und schuldhaft.

---

11 Rengier, BT I, § 2 Rn. 42.
12 LK/Vogel, 13. Aufl., § 249 Rn. 58; Fischer § 249 Rn. 17; SSW StGB/Kudlich § 249 Rn. 21 sowie allgemein: OLG Bamberg NStZ 1982, 247; Schönke/Schröder/Eser § 22 Rn. 37 f.

IV. Rücktritt, § 24

Fraglich ist, ob A dadurch, dass er sein Vorhaben nicht mehr weiterverfolgte, gemäß § 24 strafbefreiend vom Raubversuch zurückgetreten ist.[13] Weil A mit B gemeinsam handelte, ist grundsätzlich § 24 Abs. 2 anzuwenden. Ob hier davon eine Ausnahme zu machen ist, weil nur mehr A in direktem Kontakt zum Opfer stand[14], kann dahinstehen, wenn der Rücktritt scheitert, weil der Versuch fehlgeschlagen war, dh der Täter seinen Tatplan als endgültig gescheitert angesehen hat.[15] Dabei ist es im Ergebnis unerheblich und kann daher dahingestellt bleiben, ob man den Ausschluss eines Rücktritts bei fehlgeschlagenem Versuch als Voraussetzung des Rücktrittsverhaltens oder als vorgezogenen Prüfungsteil der in Abs. 1 und Abs. 2 gleichermaßen vorausgesetzten Freiwilligkeit des Rücktrittsverhaltens ansieht[16].

A war der Auffassung, der Plan, die Tageseinnahmen an sich zu bringen, sei nicht mehr auszuführen, da ihm das Opfer entwischt sei. Damit war der Versuch aus der allein maßgeblichen subjektiven Sicht des A fehlgeschlagen. Selbst ein (freiwilliges) bloßes »Aufgeben« der weiteren Tatausführung scheidet damit aus.[17] A ist deshalb nicht strafbefreiend vom Raub zurückgetreten.

D. Konkurrenzen

A hat sich wegen versuchten Raubes strafbar gemacht. Tatbestandlich ebenfalls verwirklicht sind die §§ 240, 22; 242, 22 sowie die Verbrechensverabredung mit B gemäß §§ 249, 30 Abs. 2. Der versuchte Diebstahl und die versuchte Nötigung treten hinter den versuchten Raub als das speziellere Delikt zurück.[18] Die Verbrechensverabredung tritt wegen materieller Subsidiarität hinter §§ 249, 22 zurück.[19]

Demgegenüber besteht zwischen der vollendeten Tat nach § 223 und dem Versuch nach §§ 249, 22 Tateinheit. Zum einen geht schon allgemein Gewalt iSd § 249 nicht zwingend mit einer Körperverletzung einher. Hinzu kommt in der konkreten Situation, dass durch die Verurteilung wegen (nur) versuchten Raubes nicht deutlich würde, dass bereits ein qualifizierter Nötigungserfolg eingetreten ist (sog. »klarstellende Idealkonkurrenz«).

Teil 2: Strafbarkeit des B
A. Versuchter Raub in Mittäterschaft, §§ 249, 22, 25 Abs. 2

B könnte sich bereits dadurch, dass er sich bereithielt, den W zu überfallen, falls dieser den von ihm bewachten Weg benutzen sollte, eines versuchten Raubes schuldig gemacht haben. Ein vollendeter Raub scheidet aus, da es weder zu einer Nötigung noch zu einer Wegnahme gekommen ist. Der versuchte Raub ist strafbar gemäß §§ 249 Abs. 1, 12 Abs. 1, 23 Abs. 1.

I. Tatentschluss

B müsste entschlossen gewesen sein, einen Raub zu begehen. Als B sich auf seinen Posten begab und sich dort für den Überfall bereithielt, hatte er zunächst noch die Absicht, W die

---

13 Kölbel/Selter JA 2012, 1 f.
14 Loos Jura 1996, 518, 519.
15 BGHSt 34, 53, 56 f.; 39, 221, 228; SSW-StGB/Kudlich/Schuhr § 24 Rn. 16; Lackner/Kühl/Heger § 24 Rn. 10; Rengier, AT, § 37 Rn. 15; Roxin JuS 1981, 1, 1 f.
16 Dazu krit. in jüngerer Zeit zB Wörner NStZ 2010, 66, 71.
17 Vgl. SK-StGB/Jäger § 24 Rn. 14; Lackner/Kühl/Heger § 24 Rn. 10.
18 LK/Vogel, 13. Aufl., § 242 Rn. 205.
19 Vgl. BGHSt 14, 378, 379.

Tageseinnahmen mit Gewalt wegzunehmen. Er hatte damit den Tatentschluss, einen Raub zu begehen.

II. Unmittelbares Ansetzen

1. Eigenes Verhalten des B

Problematisch ist, ob in dem Auflauern allein bereits ein unmittelbares Ansetzen iSd § 22 gesehen werden kann. Erforderlich ist ein Verhalten, das nach dem Gesamtplan des Täters so eng mit der tatbestandsmäßigen Ausführungshandlung verknüpft ist, dass es bei ungestörtem Fortgang unmittelbar zur Verwirklichung des Straftatbestandes führen soll.[20] Ob dies der Fall ist, beurteilt sich aufgrund der Vorstellung des Täters von der Tat: Je nach Tatplan und Art des zu verwirklichenden Straftatbestandes kann sich ein Hinweis auf die Tatbestandsnähe daraus ergeben, dass die vom Täter in Gang gesetzte Ursachenreihe ohne Unterbrechung und ohne weitere wesentliche Zwischenschritte in die Tatbestandsverwirklichung einmünden soll, mit der Folge, dass aus seiner Sicht das Angriffsobjekt bereits konkret gefährdet erscheint.[21] Dafür, dass B nach seinem Plan die insoweit erforderliche Tatbestandsnähe bereits erreicht hatte, könnte sprechen, dass er sich auf seinen Posten begeben und eine gewisse Zeit auf den W gewartet hat. Wäre nämlich der W an diesem Punkt vorbeigekommen, bevor sich bei B Bedenken eingestellt hatten, hätte B den W ohne Weiteres angegriffen. Soweit der BGH es als ausreichend angesehen hat, dass der Täter das Opfer am geplanten Tatort erwartet bzw. ihm dort auflauert,[22] kann dem indes im Ergebnis nicht gefolgt werden. Maßgeblich ist, dass der Angriff auch nach der Vorstellung des B gerade noch vom Erscheinen des W und danach dem Entschluss des B, ihn wirklich anzugreifen, abhängig war. Solange sich das erwartete Opfer dem im Hinterhalt lauernden Täter noch nicht genähert, ist dieses – wie auch der BGH selbst in anderen Entscheidungen zu Bedenken gegeben hat – zudem noch nicht konkret gefährdet.[23] Das Erscheinen des Opfers in Tatortnähe stellt damit auch aus der Sicht des Täters eine ganz wesentliche, dem Eintritt in das Versuchsstadium vorgelagerte Bedingung (und sein weiteres Verhalten solange noch Zwischenakte) dar.[24] Folglich hat B durch das bloße erfolglose Warten auf den W noch nicht zur Verwirklichung eines Raubes unmittelbar angesetzt.

2. Zurechnung von Verhalten des A

Zu prüfen ist jedoch, ob dem B das unmittelbare Ansetzen des A wegen Mittäterschaft nach § 25 Abs. 2 zugerechnet werden kann.

a) Dazu müssten A und B die Tat gemeinschaftlich begangen haben.

aa) Nach der Tatherrschaftslehre setzt die Mittäterschaft ein von einem gemeinsamen Tatentschluss getragenes arbeitsteiliges Zusammenwirken der Tatbeteiligten voraus.[25] Mittäter ist, wer bei der Tatbestandsverwirklichung eine dem gemeinsamen Tatplan entsprechende Funktion ausübt, die für das Gelingen des Tatplanes wesentlich ist.[26]

A und B hatten vereinbart, dem W die Tageseinnahmen zu rauben. Zu diesem Zweck sollte jeder von ihnen einen Weg bewachen und dem W, je nachdem, welchen Weg dieser neh-

---

20 BGHSt 31, 178, 181/182; BGH NStZ 1993, 133.
21 BGHSt 30, 363, 364; 36, 249, 250; BGH NStZ 1993, 133.
22 BGH NJW 1952, 514, 515.
23 Vgl. BGH NJW 1954, 567; BGH bei Dallinger MDR 1973, 728; BGH, NJW 1997, 3453 f.; aus der Literatur: Otto § 18 Rn. 30 f.
24 Vgl. BeckOK-StGB/Beckemper/Cornelius § 22 Rn. 42; LK/Hillenkamp, 13. Aufl., § 22 Rn. 141.
25 SSW-StGB/Murmann § 25 Rn. 231.
26 BeckOK-StGB/Kudlich § 25 Rn. 44; LK/Schunemann, 13. Aufl., § 25 Rn. 156; SK-StGB/Hoyer § 25 Rn. 121 (insoweit Stand: März 2000), jeweils mwN.

men würde, das Geld mit Gewalt wegnehmen. Demnach hatten sie einen gemeinsamen Tatplan.

A und B müssten ferner einen für das Gelingen des Gesamtplanes wesentlichen Tatbeitrag geleistet haben. Für A ist dies zu bejahen, denn er hat, wie oben dargestellt (vgl. Teil 1 C II.), die auf die Begehung des Raubes gerichtete Ausführungshandlung vorgenommen. Fraglich ist jedoch, ob das bloße Absichern eines Weges durch B als ausreichend angesehen werden kann. Die Besonderheit der vorliegend gegebenen Fallgestaltung liegt darin, dass nach dem Tatplan feststand, dass nur einer von beiden in Aktion treten musste. Selbst nach der Tatherrschaftslehre braucht der Tatbeitrag eines Mittäters aber nicht unbedingt darin zu bestehen, ein Tatbestandsmerkmal zu erfüllen. Ausreichend ist es, wenn er ein Teil der von einem gemeinschaftlichen Tatwillen getragenen Tatausführung in dem Sinne ist, dass er im Rahmen des arbeitsteiligen Zusammenwirkens den Tatablauf wesentlich mitgestaltet.[27] Für das Funktionieren des gemeinschaftlichen Tatplans war es eine unverzichtbare Bedingung, dass beide Wege gleichzeitig abgesichert wurden. Die Absicherung des einen Weges war damit ein für das Gelingen des gemeinsamen Tatplanes wesentlicher Beitrag.[28] Mithin hat auch B einen hinreichenden Tatbeitrag geleistet.

bb) Die in der Rechtsprechung vorherrschende subjektive Theorie zur Abgrenzung von Täterschaft und Teilnahme sieht denjenigen als Mittäter an, der – auf der Basis eines gemeinsamen Tatentschlusses – einen wie auch immer gearteten Tatbeitrag mit Täterwillen erbringt.[29] Als Kriterien für die Feststellung des Täterwillens stützt sich die Rechtsprechung auf das Tatinteresse, den Willen zur Tatherrschaft, den Umfang der Tatbeteiligung und die Tatherrschaft.[30] Als B sich auf seinen Posten begab und damit – wie oben bereits dargelegt – einen Beitrag zum Gelingen des gemeinsamen Tatplanes erbrachte, war er daran interessiert, dass die Tat durchgeführt wurde, damit er in den Genuss eines Teils der Tageseinnahmen kommen konnte. B war auch bereit, wenn notwendig, sogar den entscheidenden Beitrag – den Angriff auf W – selbst zu erbringen. B handelte daher mit animus auctoris. Folglich liegen im Zeitpunkt des Postenbeziehens durch B auch auf der Grundlage der subjektiven Theorie die Voraussetzungen für die Zurechnung der Tatbeiträge von A an B vor.

b) Problematisch ist aber, dass B – zeitlich bevor A zum Angriff auf G angesetzt und ohne, dass A hiervon Kenntnis hatte – seine weitere Mitwirkung an der Verwirklichung des Tatplanes aufgegeben hat. Nach Auffassung des BGH vermag das Aufkündigen eines gemeinsamen Tatplans durch einen Mittäter diesen allerdings dann nicht zu entlasten, wenn die Abstandnahme von der weiteren Mitwirkung für den anderen Mittäter nicht erkennbar wird,[31] es sei denn, dass mit der Sinnesänderung auch gleich ein notwendiges Tatbestandsmerkmal – etwa die Zueignungsabsicht – wegfällt.[32] Vorliegend ist nicht ersichtlich, dass B auch die Absicht aufgegeben hat, an einer eventuellen Tatbeute zu partizipieren. Unter Zugrundelegung der Auffassung des BGH wäre die Aufgabe der weiteren Mitwirkung an der Tatausführung durch B damit unbeachtlich.

Puppe ist demgegenüber der Ansicht, der gemeinsame Tatentschluss müsse zumindest beim Eintritt in das Versuchsstadium objektiv noch vorhanden sein.[33] Da B seine weitere

---

27 Vgl. wiederum die Nachweise Fn. 23.
28 So auch Seelmann JuS 1980, 571, 574 für einen gleichgelagerten Fall.
29 Vgl. BGHSt 8, 70, 73; 28, 346, 348; w. N.b. LK/Schünemann, 13. Aufl., § 25 Rn. 173.
30 BGH NStZ 1985, 165; 1993, 137, 138.
31 BGHSt 37, 289, 293 mit zust. Bespr. Hauf NStZ 1994, 263, 265.
32 BGH NStZ 1994, 29, 30.
33 Puppe NStZ 1991, 571, 572 f.

Mitwirkung vor dem Zeitpunkt des Angriffs auf G durch A bereits aufgegeben hatte, wäre nach dieser Auffassung im vorliegenden Fall eine mittäterschaftliche Zurechnung nicht möglich. Für die Auffassung Puppes spricht, dass das Opfer im Vorbereitungsstadium der Tat noch nicht in strafrechtlich relevanter Weise gefährdet ist. Dem wird man aber mit dem BGH entgegenhalten müssen, dass bei der Tatbeteiligung mehrerer Personen die Hemmschwelle, von der weiteren Tatausführung Abstand zu nehmen, aufgrund gruppendynamischer Zwänge höher ist als beim Einzeltäter. Um dieser erhöhten Gefährlichkeit der Tat hinreichend Rechnung zu tragen, ist eine manifeste, dh den anderen Tatbeteiligten erkennbare Abstandnahme zu verlangen. So sieht das auch § 24 Abs. 2 vor, nach dem es nicht ausreicht, dass der Mittäter lediglich seinen eigenen Tatbeitrag neutralisiert, sondern der verlangt, sich auch um eine Verhinderung der Herbeiführung des Erfolges durch die anderen Beteiligten zumindest ernsthaft zu bemühen, und ob dies der Fall ist, ist keine Frage des Tatbestandes, sondern erst der individuellen Strafbefreiung.[34] Folglich ist die Zurechnung auch des erst späteren unmittelbaren Ansetzens durch A nach § 25 Abs. 2 nicht schon dadurch ausgeschlossen, dass B seine weitere Mitwirkung an der Tatausführung bereits aufgegeben hatte.

c) Möglicherweise scheitert die Zurechnung des Verhaltens des A bei B aber daran, dass A nicht, wie von A und B geplant, den W, sondern stattdessen versehentlich den G angegriffen hat. Das ist dann der Fall, wenn sich dieses Verhalten für B als nicht dem gemeinsamen Tatentschluss konform und damit nicht als unmittelbares Ansetzen iSd § 22 darstellt. Ob dies der Fall ist, der error in persona eines Mittäters also die Zurechnung der Tatausführung für den oder die anderen Mittäter ausschließt, ist umstritten.

Nach der wohl überwiegend vertretenen Auffassung ist die Personenverwechslung nicht nur für den irrenden Mittäter selbst, sondern auch für den anderen Mittäter unbeachtlich und unterbricht daher den Zurechnungszusammenhang nicht.[35] Folgt man dieser Meinung, schließt der error in persona des A die Zurechnung der Tatausführung für den B nicht aus. Die Gegenauffassung nimmt dagegen einen Mittäterexzess an, der die Zurechnung ausschließen soll.[36] Der error in persona des A würde danach die Zurechnung der Tatausführung durch A bei B unterbrechen.

Die Vertreter der Ansicht, die vom Mittäterexzess ausgeht, begründen ihren Standpunkt damit, dass der Angriff auf das falsche Opfer über den ursprünglichen Tatplan hinausgehe; das sei auch dann ein beachtlicher Exzess, wenn der ausführende Mittäter sich in einem Irrtum befände.[37] Dem lässt sich entgegenhalten, dass sich der irrende Mittäter gerade an den gemeinsamen Tatplan gebunden fühlt. Anders als der vorsätzlich über den Rahmen der ursprünglichen Tatplanung hinausgehende Mittäter, handelt er, weil er den gemeinsamen Tatplan umsetzen will. Richtig ist es daher, die in der versehentlichen Personenverwechslung liegende Fehlleistung als Teil des mit dem Tatplan verbundenen Risikos der Planverwirklichung anzusehen. Wenn dieses Risiko im Falle der Realisierung für den direkt agierenden Mittäter die Zurechnung nicht unterbricht, besteht kein Anlass, dies bei den anderen Mittätern anders zu handhaben.[38]

---

34 Vgl. dazu auch Hauf NStZ 1994, 263, 265; Lackner/Kühl/Heger § 24 Rn. 26.
35 BGHSt 11, 268, 272; Jakobs 21/45; BeckOK-StGB/Kudlich § 25 Rn. 53; Kühl § 20 Rn. 119 ff.; Küper S. 39 f.; Streng JuS 1991, 910, 916.
36 LK/Schünemann, 13. Aufl., § 25 Rn. 177; LK/Vogel, 13. Aufl., § 16 Rn. 74 f.; Herzberg S. 63 f.; Seelmann JuS 1980, 571, 572; Schreiber JuS 1985, 873, 876.
37 Vgl. auch insoweit die Nachweise in Fn. 33.
38 Streng JuS 1991, 910, 916; Scheffler JuS 1992, 920, 922.

Maßgeblich ist – wie beim vollendeten Delikt für die Frage des Vorsatzes – die Konkretisierung des Opfers. Wenn die Mittäter eine bestimmte Person räumlich und zeitlich konkretisiert haben, bezieht sich der gemeinsame Tatentschluss nur auf diese. Auch eine Konkretisierung über prägnante äußere Merkmale ist möglich. Soweit der jeweils handelnde Mittäter bewusst von dieser abweicht, begründet das einen Exzess; soweit er das konkretisierte Opfer verfehlt, bedeutet das eine aberratio ictus. Wenn ihm hingegen die Konkretisierung des Opfers überlassen bleibt, ist diese auch für seinen Mittäter maßgeblich, und der bloße Identitätsirrtum (error in persona) ändert nichts daran, dass der Ausführungsakt ein dem Tatentschluss konformes unmittelbares Ansetzen darstellt.

Für den vorliegenden Fall bedeutet dies: Da die Konkretisierung des Opfers nach den vereinbarten Kriterien erfolgte und bei Dunkelheit durchgeführte Angriffe stets die Gefahr einer Personenverwechslung beinhalten, kann die Realisierung dieses planimmanenten Risikos für keinen der Täter, der um die Ausführung der Tat unter diesen Umständen wusste, zum Ausschluss der Zurechnung führen. Mithin ist die Personenverwechslung nicht nur für den A selbst, sondern auch für B unbeachtlich.

d) Fraglich ist schließlich, zu welchem Zeitpunkt von einem unmittelbaren Ansetzen des B auszugehen ist, für welchen Zeitpunkt die Zurechnung also wirkt. Überwiegend wird angenommen, dass alle Mittäter einheitlich in das Versuchsstadium eintreten, sobald einer von ihnen zur Ausführungshandlung unmittelbar angesetzt hat.[39] Dagegen gehen die Vertreter der sog. Einzellösung davon aus, dass jeder Mittäter erst dann wegen eines mittäterschaftlich begangenen versuchten Delikts zu bestrafen ist, wenn auch sein verbrecherischer Wille die »Feuerprobe der kritischen Situation« bestanden hat. Unabhängig davon, ob man verlangt, dass der einzelne Mittäter zu seinem ihm nach dem Tatplan obliegenden Tatbeitrag angesetzt haben muss,[40] oder ob man es für erforderlich hält, dass sowohl die Gesamttat in das Ausführungsstadium gelangt als auch der Tatbeitrag des jeweiligen Mittäters erbracht sein muss,[41] wäre nach dieser Auffassung das unmittelbare Ansetzen des A dem B nicht zuzurechnen. In der Sache geht es hier aber nur um eine umformulierte Variante der bereits behandelten Frage, wie sich die Abstandnahme des B von der Tat auswirkt. Nach dem dort begründeten Ergebnis sind die Voraussetzungen der Mittäterschaft erfüllt, und diese ist eine Zurechnung fremden Tatverhaltens. Maßgeblich ist also die Vornahme der jeweiligen Handlung, unabhängig davon, ob sie Teil einer vollendeten oder einer versuchten Tat ist (vgl. § 11 Abs. 1 Nr. 6). Kraft dieser Zurechnung ergibt sich nicht erst die Vollendung, sondern schon der Versuch für alle Mittäter einheitlich.[42] B ist damit das unmittelbare Ansetzen des A zuzurechnen.

III. Rechtswidrigkeit, Schuld und Rücktritt nach § 24

1. Mangels rechtfertigender oder entschuldigender Umstände hat sich damit auch B gemäß §§ 249, 22, 25 Abs. 2 schuldig gemacht.

2. Zu klären bleibt, ob B gemäß § 24 strafbefreiend vom mittäterschaftlichen Raubversuch zurückgetreten ist, indem er seinen Posten verließ. Maßgeblich sind für diesen persönlichen Strafbefreiungsgrund jeweils die Verhältnisse und Vorstellungen des einzelnen Beteiligten. Deshalb ist ein strafbefreiender Rücktritt des B nicht bereits unter dem Gesichtspunkt des

---

39 Sog. Gesamtlösung: BGHSt 39, 236, 237/238; BGH NStZ 1995, 120; SSW-StGB/Kudlich/Schuhr § 22 Rn. 52; Kühl, § 20 Rn. 123; Roxin JuS 1979, 1, 13; Küpper GA 1986, 437, 446.
40 Schilling S. 104.
41 SK-StGB/Jäger § 22 Rn. 34 ff. mwN.
42 Vgl. LK/Hillenkamp, 13. Aufl., § 22 Rn. 171.

fehlgeschlagenen Versuchs ausgeschlossen, denn nach der Vorstellung des B war eine Vollendung des Delikts im Moment seiner Abstandnahme noch möglich.

Da an der Tat mehrere beteiligt waren, müsste B entweder die Vollendung der Tat verhindert (§ 24 Abs. 2 Satz 1) oder sich zumindest freiwillig und ernsthaft darum bemüht haben (§ 24 Abs. 2 Satz 2). Für keine der beiden Möglichkeiten ergeben sich indes Anhaltspunkte aus dem Sachverhalt. Das bloße Aufgeben der weiteren Mitwirkung reicht jedenfalls dann nicht aus, wenn dem Tatbeteiligten bekannt ist, dass die Tat – wie im vorliegenden Fall durch A – möglicherweise trotzdem vollendet werden kann.[43] B hätte sich also zumindest bemühen müssen, die Tatausführung durch A zu verhindern. Folglich ist er nicht strafbefreiend vom mittäterschaftlich begangenen Raubversuch zurückgetreten.

B. Konkurrenzen

B hat sich eines gemeinschaftlichen versuchten Raubes schuldig gemacht (§§ 249, 22, 25 Abs. 2). Aus den zu A bereits dargestellten Gründen treten die tatbestandlich ebenfalls erfüllten §§ 242, 22, 25 Abs. 2; § 240, 22, 25 Abs. 2 sowie §§ 249, 30 Abs. 2 dahinter zurück. Zur ebenfalls enthaltenen Tat nach §§ 223, 25 Abs. 2 besteht Tateinheit.

Teil 3: Strafbarkeit des C

A. Anstiftung zum mittäterschaftlichen Raubversuch von A und B, §§ 249, 22, 25 Abs. 2, 26

I. Objektiver Tatbestand

Die vorsätzlich begangene rechtswidrige Tat iSd § 26 (Haupttat) ist hier der von A und B mittäterschaftlich versuchte Raub (§§ 249, 22, 25 Abs. 2). C müsste A und B bestimmt haben, diese Tat zu begehen. Bestimmen bedeutet Hervorrufen des Tatentschlusses.[44] Durch den Vorschlag, den W zu überfallen, hat C bei A und B den Entschluss hervorgerufen, der sich dann in dem versuchten Raub verwirklicht hat. C hat damit A und B bestimmt, diese Tat zu begehen.

II. Subjektiver Tatbestand

Weiterhin müsste C vorsätzlich gehandelt haben. C wollte A und B dazu bestimmen, den W zu überfallen und auszurauben. Tatsächlich wurde aber G überfallen. Zu prüfen ist daher, welche Auswirkungen der error in persona des Haupttäters auf die Vorsatzstrafbarkeit des Anstifters hat[45] (§ 16 Abs. 1 Satz 1).

1. Nach Auffassung des Preußischen Obertribunals[46] sowie eines Teils des Schrifttums[47] ist der error in persona des Haupttäters stets auch für den Anstifter(vorsatz) unbeachtlich. Legt man diese Meinung zugrunde, schließt die Personenverwechslung durch A die Vorsatzstrafbarkeit des C nicht aus. Nach einer anderen, im Schrifttum verbreitet vertretenen Ansicht liegt aus der Sicht des Anstifters die Konstellation der aberratio ictus vor, mit der Folge, dass der Anstiftervorsatz im Falle der Personenverwechslung durch den Haupttäter stets zu verneinen ist.[48] Auf der Grundlage dieser Auffassung würde die Vorsatzstrafbarkeit des C entfallen.

---

43 Vgl. Fischer § 24 Rn. 40; Lackner/Kühl/Heger § 24 Rn. 26, jeweils mwN.
44 Fischer § 26 Rn. 3 mwN.
45 Vgl. Kubiciel JA 2005, 694 ff. mit Überblick zum »Hoferben«-Fall und zum »Rose-Rosahl«-Fall.
46 GA Bd. 7 (1859), 322, 336 ff.
47 Welzel S. 117.
48 LK/Schünemann, 13. Aufl., § 26 Rn. 85 ff.; SK-StGB/Hoyer Vor § 26 Rn. 49; Jescheck/Weigend § 64 II 4; Schreiber JuS 1985, 873, 877.

III. Beispiel einer Hausarbeitsbearbeitung

Der Bundesgerichtshof und einige Autoren vertreten differenzierende Lösungen: Wenn der abweichende Geschehensablauf im Rahmen des nach allgemeiner Lebenserfahrung Vorhersehbaren liegt[49] bzw. die Fehlkonkretisierung des Tatopfers durch den Haupttäter in dem durch den Anstifter angestoßenen Tatplan angelegt oder durch die Vorgaben des Anstifters vorprogrammiert ist,[50] soll der abweichende Geschehensablauf vom Vorsatz des Anstifters mitumfasst sein. Da es bei im Dunkeln ausgeführten Angriffen stets zu Irrtümern über die Identität des Opfers kommen kann, hielt sich das Geschehen hier angesichts der allen Beteiligten bekannten Sichtverhältnisse im Rahmen des nach allgemeiner Lebenserfahrung Vorhersehbaren. Da der von C angestoßene Plan gerade darauf abzielte, dass die Tat bei Dunkelheit – also mit dem durch die schlechten Sichtverhältnisse behafteten Risiko – ausgeführt werden sollte, und darüber hinaus der Angriff einem Opfer galt, das dem Angreifer nicht von Person bekannt war, war das Risiko der Personenverwechslung auch in dem Plan angelegt bzw. durch diesen vorprogrammiert. Unter Zugrundelegung der differenzierenden Ansätze wäre damit im vorliegenden Fall davon auszugehen, dass die Personenverwechslung vom Vorsatz des C mitumfasst war.

Die Vertreter der Auffassung, dass es sich um die Konstellation der aberratio ictus handeln soll, machen im Wesentlichen zwei Argumente geltend: Zum einen wird betont, dass das vom Anstifter anvisierte und das tatsächlich getroffene Opfer nicht identisch sind. Aus der Sicht des Anstifters liege somit genau die Konstellation vor, die typischerweise zur Annahme einer vorsatzausschließenden aberratio ictus führe. Ob die Abirrung auf dem Versagen eines mechanischen Werkzeugs – zB eines Gewehrs mit einem verzogenen Lauf – oder eines menschlichen Werkzeugs beruhe, sei unerheblich; entscheidend sei allein, dass sich der Kausalverlauf anders entwickelt habe, als dies der Anstifter geplant habe. Zum zweiten wird geltend gemacht, der Anstifter könne in Extremfällen, in denen der Haupttäter möglicherweise mehrfach an falschen Tatopfern ansetze, nicht für das »ganze Gemetzel« verantwortlich gemacht werden.[51]

Gegen das letztgenannte Argument ist einzuwenden, dass der Anstiftervorsatz auf ein einmaliges Ansetzen gerichtet ist, das Verhalten des mehrfach ansetzenden Haupttäters mithin einen Täterexzess darstellt, der einer Zurechnung des »ganzen Blutbades« auch dann entgegensteht, wenn man hinsichtlich des ersten Ansetzens (am falschen Opfer) den Anstiftervorsatz bejaht und damit »verbraucht«.[52] Aber auch die sonstige Argumentation vermag nicht zu überzeugen. Sie lässt die graduellen Unterschiede der Abweichung im Geschehensablauf unberücksichtigt. Für die Beurteilung der Frage, ob sich die tatsächliche Tatausführung im Rahmen dessen gehalten hat, was der Anstifter als mögliches Ergebnis einkalkulieren musste, sind die ihm bekannten und insoweit von ihm auch mitzuverantwortenden Rahmenbedingungen der Tatausführung zu beachten. Insoweit macht es dann aber doch einen wesentlichen Unterschied, ob die Abirrung auf der Fehlfunktion eines mechanischen Werkzeugs oder aber auf dem voraussehbaren oder eben nicht voraussehbaren Agieren einer vom Anstifter in das Geschehen eingeschalteten Person beruht.

Die Auffassung, die für den Anstifter die zum Vorsatzausschluss führende Konstellation der aberratio ictus annehmen will, kann nach alledem nicht überzeugen. Ob man mit einer in

---

49 So: BGHSt 37, 214, 218 f.; BeckOK-StGB/Kudlich § 26 Rn. 24 ff.; Rengier, AT, § 45 Rn. 57 ff.; Wessels/Beulke/Satzger, AT, Rn. 815 c.
50 So: Schönke/Schröder/Heine/Weißer § 26 Rn. 26; Jakobs 22/29; Küpper JR 1992, 294, 296; Streng JuS 1991, 910, 914 f., 917.
51 Vgl. Jäger, AT, Rn. 262; Schreiber JuS 1985, 873, 877; Müller MDR 1991, 830, 831.
52 Geppert Jura 1992, 163, 167/168; vgl. auch Puppe NStZ 1991, 124, 125; Rengier, AT, § 45 Rn. 61; Streng JuS 1991, 910, 915, a. A. Bemmann, Stree/Wessels-FS, S. 402 f.; Roxin, Spendel-FS, S. 297 ff.

der Literatur vertretenen Auffassung davon ausgeht, dass das Gesetz nicht mehr verlange, als dass der Anstifter den Haupttäter zur Begehung der Straftat bestimmt hat und der vom Gesetz vorgesehene Erfolg eingetreten ist, die strafrechtliche Verantwortlichkeit sich also quasi zwingend aus der Akzessorietät der Anstiftung ergibt,[53] oder ob man dies mit der neueren, im Ergebnis auch vom BGH vertretenen Auffassung von den näheren Tatumständen abhängig machen will, nämlich davon, inwieweit der Anstifter die Konkretisierung dem Täter überlassen hat, braucht hier nicht entschieden zu werden, da im vorliegenden Fall nach beiden Ansätzen der Anstiftervorsatz nicht ausgeschlossen wäre.

2. C hat daher sowohl hinsichtlich der Haupttat vorsätzlich gehandelt als auch gewusst und gewollt, dass er den Tatentschluss der Mittäter hervorrufen würde. Der Tatbestand der Anstiftung ist damit insgesamt erfüllt.

III. Rechtswidrigkeit und Schuld

Da auch keine Rechtfertigungs- oder Schuldausschlussgründe eingreifen, hat sich C einer Anstiftung zum versuchten Raub schuldig gemacht.

IV. Strafzumessung

Zwar ist umstritten, ob bei einer fehlenden überschießenden Innentendenz § 28 Abs. 1 anwendbar ist,[54] aber vorliegend hat C zumindest Drittzueignungsabsicht, so dass der Streit hier nicht entschieden zu werden braucht. § 28 Abs. 1 scheidet jedenfalls aus.

B. Konkurrenzen

C hat sich gemäß §§ 249, 22, 26 strafbar gemacht. Die Tat nach §§ 242, 22, 26 tritt dahinter zurück; zur Tat nach §§ 223, 26 besteht Idealkonkurrenz, wie oben zu A näher erläutert.

Teil 4: Gesamtergebnis

A und B haben sich eines versuchten, mittäterschaftlich begangenen Raubes in Tateinheit mit einer mittäterschaftlich begangenen Körperverletzung schuldig gemacht (§§ 249, 22, 25 Abs. 2; 223, 52). C hat sich wegen Anstiftung zum versuchten Raub in Tateinheit mit Anstiftung zur Körperverletzung strafbar gemacht (§§ 249, 22, 26; 223, 52).

---

53 Vgl. BGHSt 37, 214, 217 mit zust. Anm. Puppe NStZ 1991, 124, 126.
54 Beck-OK/Kudlich § 28 Rn. 13.1.

Anhang D: Aufbau einer gerichtlichen Entscheidung

Sowohl das Anfertigen einer Hausarbeit als auch das Lernen für eine Klausur erfordern eine eingehende Auseinandersetzung mit einschlägiger Rechtsprechung. Um die Suche danach und den Umgang mit ihr etwas zu erleichtern, werden im Folgenden am Beispiel eines Urteils des BGH Aufbau und Inhalt einer gerichtlichen Entscheidung vorgestellt und (in den Fußnoten und der Anmerkung am Ende) erläutert. Wie fast immer bei ausbildungsrelevanter Rechtsprechung geht es dabei nicht um das Urteil des Gerichts der ersten Instanz, sondern um eine Entscheidung im Revisionsverfahren. Ihr Gegenstand ist das Urteil der Vorinstanz. Dieses wird nur auf Rechtsfehler überprüft (§ 337 Abs. 1 StPO). Das Revisionsgericht trifft keine eigenen Feststellungen zum Sachverhalt der Tat (höchstens zu Ereignissen im Strafverfahren), sondern muss diese aus dem angegriffenen Urteil übernehmen.

Verfügbar ist die Rechtsprechung insbesondere über Entscheidungssammlungen (namentlich BGHSt), Zeitschriften, juristische Datenbanken sowie eigene Internetseiten der Gerichte.[87] Sammlungen, Zeitschriften und selbst juristische Datenbanken geben Entscheidungen allerdings oft nur gekürzt und redaktionell bearbeitet wieder (was nicht immer gekennzeichnet wird), so dass sich bisweilen dieselbe Entscheidung an verschiedenen Stellen etwas unterschiedlich liest. Das folgende Beispiel ist eine Wiedergabe des „geschwärzten" (in Wirklichkeit sind die betreffenden Stellen weiß) Originalurteils, wie es über die Internetseite des BGH abzurufen ist.[88] Auch hier erfolgt die Wiedergabe allerdings gekürzt (gekennzeichnet durch „[…]") und um Bemerkungen in den Fußnoten ergänzt.

---

87 Vgl. dazu bereits oben 4. Teil III.
88 http://juris.bundesgerichtshof.de/cgi-bin/rechtsprechung/document.py?Gericht=bgh&nr=52999.

BUNDESGERICHTSHOF[89]
IM NAMEN DES VOLKES
URTEIL[90]

2 StR 454/09[91]

vom

25.6.2010

BGHR: ja

BGHSt: ja

Veröffentlichung: ja[92]

StGB §§ 212, 216, 13

BGB §§ 1901a ff.[93]

1. Sterbehilfe durch Unterlassen, Begrenzen oder Beenden einer begonnenen medizinischen Behandlung (Behandlungsabbruch) ist gerechtfertigt, wenn dies dem tatsächlichen oder mutmaßlichen Patientenwillen entspricht (§ 1901a BGB) und dazu dient, einem ohne Behandlung zum Tode führenden Krankheitsprozess seinen Lauf zu lassen.

---

[89] Entscheidungen beginnen mit der Bezeichnung des Gerichts. In Strafsachen hat der Bundesgerichtshof vor allem die Aufgabe, Entscheidungen der Instanzgerichte in Revisionsverfahren zu überprüfen (§ 135 Abs. 1 GVG). Zum Instanzenzug können das Amtsgericht (AG), das Landgericht (LG) und das Oberlandesgericht (OLG – in Berlin unter dem Namen „Kammergericht", KG) gehören; die verschiedenen Instanzenzüge regelt das Gerichtsverfassungsgesetz (GVG). Im Gegensatz zur Berufung (§§ 312 ff. StPO), in der auch die Feststellungen der Tatsachen in einer neuen Beweisaufnahme überprüft werden, werden Urteile in der Revision (§§ 333 ff. StPO) nur auf Rechtsfehler überprüft.
Anders als im common law, wo das „principle of stare decisis" zur Verbindlichkeit von Präzedenzentscheidungen führt, sind die Entscheidungen der Obergerichte in der deutschen Rechtsordnung nur im jeweils entschiedenen Fall verbindlich. Sie haben aber eine sehr starke Leitbildfunktion, und in der Regel folgen die Instanzgerichte in ihrer Rechtsauffassung dem BGH auch in anderen Fällen.

[90] Es gibt abgesehen von Verfügungen zwei Arten gerichtlicher Entscheidungen, die dem Studenten begegnen: Urteile und Beschlüsse. Die folgende Darstellung der beiden Entscheidungsformen bezieht sich auf das Strafverfahren. Die Entscheidung ergeht in Form eines **Urteils**, wenn eine Instanz abschließt und das Gericht sie in oder aufgrund einer Hauptverhandlung (in der es mit den Beteiligten mündlich verhandelt) erlässt (vgl. BGHSt 26, 106 [108]; *Kühne*, Strafprozessrecht, 9. Aufl. 2015, § 60 I, Rn. 989). Das Urteil soll den Prozessgegenstand umfassend erledigen (dazu *Kindhäuser*, Strafprozessrecht, 4. Aufl. 2015, § 24 I 2, Rn. 3). **Beschlüsse** betreffen demgegenüber grds. Einzelfragen zum Fortgang des Verfahrens. Auch sie können aber von zentraler Bedeutung sein und sogar eine vollständige materiellrechtliche Würdigung des Prozessstoffs erfordern, wie zB der Beschluss über die Eröffnung des Hauptverfahrens im Zwischenverfahren (§§ 199 ff. StPO), der Einstellungsbeschluss nach §§ 153 Abs. 2 bzw. 153a Abs. 2 StPO sowie – die häufigste Form der abschließenden Entscheidung im Revisionsverfahren – der Beschluss, eine Revision als unzulässig oder „offensichtlich unbegründet" zu verwerfen (§ 349 Abs. 1 bzw. 2 StPO), sowie der Aufhebungsbeschluss bei einstimmig für begründet erachteter Revision zugunsten des Angeklagten (§ 349 Abs. 4 StPO). In den gerade genannten Fällen des § 349 StPO muss keine (Revisions-)Hauptverhandlung durchgeführt werden. Sonst ist eine solche erforderlich und das Gericht entscheidet dann durch (Revisions-)Urteil (§ 349 Abs. 5 StPO).

[91] Das **Aktenzeichen** (Abkürzung: Az.) ist die eindeutige Kennzeichnung der Akten (und damit des Verfahrens) im Register eines gerichtlichen Spruchkörpers. Zu Einzelheiten siehe die Anmerkung in diesem Anhang am Ende des Urteils.

[92] Die online abrufbaren Entscheidungen des BGH enthalten Vermerke dazu, wo die Entscheidung publiziert bzw. eingetragen werden soll. Das lässt Rückschlüsse auf die Bedeutung der Entscheidung und spätere Fundstellen zu. In andere Formen der Veröffentlichung werden diese Vermerke nicht übernommen. Zeitschriften kennzeichnen die für den Abdruck in BGHSt (bzw. BGHZ, BVerfGE etc.) vorgesehenen Entscheidungen aber oft besonders, zB die NJW mit einem Stern zu Beginn der Orientierungszeile.

[93] Die Liste der für die Entscheidung zentralen Vorschriften ermöglicht eine schnelle erste Orientierung über ihren Inhalt.

Anhang D: Aufbau einer gerichtlichen Entscheidung

2. Ein Behandlungsabbruch kann sowohl durch Unterlassen als auch durch aktives Tun vorgenommen werden.
3. Gezielte Eingriffe in das Leben eines Menschen, die nicht in einem Zusammenhang mit dem Abbruch einer medizinischen Behandlung stehen, sind einer Rechtfertigung durch Einwilligung nicht zugänglich.[94]

BGH, Urteil vom 25.6.2010 – 2 StR 454/09 – LG Fulda

in der Strafsache gegen[95] [...]

wegen versuchten Totschlags

Der 2. Strafsenat[96] des Bundesgerichtshofs hat in der Sitzung vom 25.6.2010 aufgrund der Hauptverhandlung vom 2.6.2010, an denen teilgenommen haben:

Vorsitzende Richterin am Bundesgerichtshof

Prof. Dr. Rissing-van Saan,

Richter [...]

Oberstaatsanwältin [...]

der Angeklagte [...]

Rechtsanwalt [...] als Verteidiger,

---

94 In den **Leitsätzen** fasst das Gericht die aus seiner Sicht für künftige Entscheidungen wesentlichen Inhalte und Erwägungen der Entscheidungsgründe knapp zusammen. Hier vollziehen sich über die Zeit Entwicklungen. So formulierte das Reichsgericht bis in die 1930er Jahre statt der heute üblichen positiv formulierten Leitsätze häufig in Frageform, zB RGSt 71, 21: „Wer kann der Arzt von seiner Schweigepflicht befreien?" Leitsätze sind rechtlich nicht verbindlich (und streng genommen nicht einmal Bestandteil der Entscheidung). Sie zeigen aber bisweilen die auf die künftige Rechtsprechung (gerade auch der Instanzgerichte) gerichteten Intentionen des Gerichts klarer als die Entscheidung selbst.
Die gerichtlichen bzw. amtlichen Leitsätze (zu dem letztlich auf § 5 Abs. 1 UrhG bezogenen Begriff vgl. BGHZ 116, 136) sind von redaktionellen zu unterscheiden. Letztere werden von der Redaktion einer Zeitschrift, die Entscheidung abdruckt, zur Orientierung des Lesers formuliert. Solche Leitsätze werden üblicherweise gesondert gekennzeichnet (zB in der NJW durch den Klammerzusatz „Leitsatz von der Redaktion", in der NStZ entspr. „Ls d. Schriftltg."). Nicht selten formulieren auch Autoren von Anmerkungen eigene Leitsätze. Juris fügt Entscheidungen eigene „Orientierungssätze" bei. Der Unterschied zu den gerichtlichen Leitsätzen ist wichtig, denn alle anderen enthalten keine Stellungnahme des Gerichts selbst, sondern nur eine fremde Interpretation der Entscheidung. BGHSt gibt jeweils nur die eigenen Leitsätze des Gerichts wieder.

95 Das **Rubrum** (der früher mit roter Tinte geschriebene „Kopf" eines Urteils) enthält etliche für die Zuordnung der Entscheidung im realen Verfahren zentrale Informationen zB zu den Verfahrensbeteiligten, Spruchkörper und Sitzungen. Für die an Recht und Rechtsfortbildung interessierten Leser ist ein Großteil dieser Informationen hingegen entbehrlich und wird bei Wiedergabe stark gekürzt.

96 Der BGH ist in **Senate** gegliedert (§ 130 Abs. 1 GVG). Seit 1990 gibt es zwölf Zivilsenate und fünf Strafsenate. Ihre Zuständigkeit regelt der Geschäftsverteilungsplan (online abrufbar). Während die Zuständigkeit der Zivilsenate sich jeweils auf bestimmte Rechtsmaterien richtet, ist die Zuständigkeit der Strafsenate in erster Linie auf geographische Regionen bezogen. Es bestehen aber auch Sonderzuständigkeiten einzelner Strafsenate für bestimmte Rechtsgebiete (zB die Steuerstrafrecht beim ersten Strafsenat, das Staatsschutzstrafrecht beim dritten Strafsenat und das Straßenverkehrsstrafrecht beim vierten Strafsenat).
Über Revisionen entscheiden die Senate in der Besetzung von fünf Mitgliedern einschließlich des Vorsitzenden (§ 139 Abs. 1 GVG). Ihnen gehören aber stets mehr als fünf Richter (idR 7 bis 9) an. Daher entscheiden in einem Senat nicht immer dieselben Richter. Vielmehr gibt es innerhalb der Senate jeweils „Spruchgruppen" (eben verschiedene 5er-Besetzungen). Bei Uneinigkeit innerhalb eines Senats kann es daher auch zu divergierenden Entscheidungen desselben Senats kommen.
Wenn ein Senat von der Rechtsprechung eines anderen (!) abweichen möchte, ist ein Anfrage- und ggf. Vorlageverfahren nach §§ 132, 138 GVG nötig. Hierzu bestehen bei allen obersten Bundesgerichten Große Senate, beim BGH sogar einer für Zivilsachen, ein weiterer für Strafsachen sowie für Abweichungen über die Gebietsgrenzen hinweg ein Vereinigter Großer Senat. Für Divergenzen zwischen den obersten Bundesgerichten sieht Art. 95 Abs. 3 GG einen Gemeinsamen Senat der obersten Gerichtshöfe des Bundes vor.

Justizhauptsekretärin [...] als Urkundsbeamtin der Geschäftsstelle,
für Recht erkannt:[97]

1. Auf die Revision des Angeklagten wird das Urteil des Landgerichts Fulda vom 30.4.2009 aufgehoben. Der Angeklagte wird freigesprochen.
2. Die Revision der Staatsanwaltschaft gegen das vorbezeichnete Urteil wird als unbegründet verworfen.
3. Die Kosten des Verfahrens und die notwendigen Auslagen des Angeklagten fallen der Staatskasse zur Last.

Von Rechts wegen

Gründe:[98]

Das Landgericht hat den Angeklagten wegen versuchten Totschlags zu einer Freiheitsstrafe von neun Monaten verurteilt und deren Vollstreckung zur Bewährung ausgesetzt. Der Angeklagte verfolgt mit seiner auf die Sachrüge gestützten Revision die Aufhebung des Urteils und seine Freisprechung. Die Staatsanwaltschaft beanstandet mit ihrer auf die Sachrüge gestützten, zu Ungunsten des Angeklagten eingelegten Revision die Strafzumessung. Das Rechtsmittel des Angeklagten hat in vollem Umfang Erfolg, das der Staatsanwaltschaft ist unbegründet.[99]

---

97 Der **Tenor** der Entscheidung (auch: die Urteilsformel, das Dispositiv) enthält die eigentliche Entscheidung im Fall. Fehlt sie, handelt es sich nicht um eine Entscheidung, denn es wurde nichts entschieden (vgl. auch *Kühne*, Strafprozessrecht, 9. Aufl. 2015, § 60 II, Rn. 994). In der ersten Instanz muss der Tenor des Urteils v. a. den Schuld- und Rechtsfolgenausspruch enthalten. Der Tenor einer Revisionsentscheidung muss insbesondere über das Ob und ggf. den Umfang der Aufhebung des angefochtenen Urteils Aufschluss geben und ggf. die Sache an eine Tatsacheninstanz zurückverweisen. Das Gericht kann aber auch ausnahmsweise eine eigene Sachentscheidung treffen, vgl. § 354 Abs. 1 StPO. Auch diese fallbezogenen Informationen sind für Leser außerhalb des Verfahrens aber oft nur von begrenztem Interesse und werden daher meist ebenfalls nicht mit abgedruckt.

98 In den **Entscheidungsgründen** stellt das Gericht dar, welche Erwägungen seine Entscheidung (den Tenor) tragen. Obwohl die Richter keineswegs einstimmig entscheiden müssen, wird (außer beim BVerfG) nur die Mehrheitsansicht dargestellt.
Publiziert werden meist nur die Gründe. Diese werden anonymisiert, meist aber auch inhaltlich gekürzt (insbesondere auch in BGHSt). Ungekürzte Versionen von Entscheidungen des BGH ab 1.1.2000 sind allerdings über dessen Internetpräsenz abrufbar. Manche Zeitschriften verändern in gewissem Umfang sogar die vom Gericht angegebenen Zitate, indem diese auf Produkte des jeweiligen Verlagshauses und dort erschienene Anmerkungen umgestellt werden.

99 Am Anfang der Entscheidungsbegründung steht oft eine sehr prägnante Zusammenfassung (die leider nicht immer abgedruckt wird), die – wie hier – folgende Fragen beantwortet: (1.) Was hatte das Verfahren zum Gegenstand? Hier: Das landgerichtliche Urteil mit dem angegebenen Schuld- und Rechtsfolgenausspruch. (2.) Über welchen Antrag wird entschieden? Hier: Über die unbeschränkte Sachrüge des Angeklagten sowie eine auf die Strafzumessung beschränkte Sachrüge der Staatsanwaltschaft, letztere in einer zu Ungunsten des Angeklagten eingelegten Revision. (3.) Inwieweit erachtet das Gericht diese Anträge als zulässig und begründet? Die eigentliche Entscheidung stand schon im Tenor, die ausführliche Begründung folgt nach; hier geht es nur um eine Einordnung, ob den Anträgen ganz oder teilweise stattgegeben wurde und inwieweit ein Misserfolg an Unzulässigkeit oder Unbegründetheit des Antrags liegt.
Einerseits interessieren diese technischen, auf den Einzelfall bezogenen Informationen für Klausuren und Hausarbeiten eigentlich nicht; andererseits ist es gerade deshalb wichtig, sie sich vor Augen zu halten: In gerichtlichen Entscheidungen wurde niemals der Fall der Klausur, der Hausarbeit etc. entschieden (selbst wenn dieser der Entscheidung nachgebildet sein sollte). Außer in Vorlageverfahren vom EuGH (und manchmal vom BVerfG) wird nicht einmal über eine abstrakte Rechtsfrage entschieden, sondern immer nur über den jeweiligen Einzelfall. Insbesondere enthält nicht etwa der Leitsatz die Entscheidung. Freilich entscheidet das Gericht den Fall nach allgemeinen Rechtsregeln und legt diese in den Gründen (und ggf. dem Leitsatz) dar. Das macht die Entscheidungen für künftige Fälle relevant. Inwieweit die vom Gericht angenommenen Regeln auf einen neuen Fall übertragbar sind, ist aber immer eine erst vom Urteiler im neuen Fall (bzw. vom Bearbeiter der Prüfungsaufgabe) zu beantwortende Frage (dh sie muss argumentativ behandelt werden!).

Anhang D: Aufbau einer gerichtlichen Entscheidung

A.[100]

Das Landgericht hat folgende Feststellungen getroffen:

Der Angeklagte ist ein für den Fachbereich des Medizinrechts, insbesondere auf Palliativmedizin spezialisierter Rechtsanwalt. Er beriet seit 2006 die beiden Kinder der 1931 geborenen E. K., nämlich die ursprünglich Mitangeklagte G. und deren inzwischen verstorbenen Bruder P. K.

[…][101]

B.

Das Landgericht hat das Handeln des Angeklagten am 21.12.2007 als einen gemeinschaftlich mit Frau G. begangenen versuchten Totschlag durch aktives Tun gewürdigt, der weder durch eine mutmaßliche Einwilligung der Frau K. noch nach den Grundsätzen der Nothilfe oder des rechtfertigenden Notstandes gerechtfertigt sei. Auch auf einen entschuldigenden Notstand könne sich der Angeklagte nicht berufen. Soweit er sich im Erlaubnisirrtum befunden habe, sei dieser für ihn als einschlägig spezialisierten Rechtsanwalt vermeidbar gewesen.

Die Mitangeklagte G. hat das Landgericht freigesprochen, weil sie sich angesichts des Rechtsrats des Angeklagten in einem unvermeidbaren Erlaubnisirrtum befunden und deshalb ohne Schuld gehandelt habe.

---

100 Wenn Entscheidungen nicht nur ganz kurz sind, werden sie gegliedert. Entscheidungen desselben Gerichts sind meist mehr oder minder gleichförmig aufgebaut. Von Gericht zu Gericht unterscheiden sich die Strukturen aber sehr. Zumindest bei längeren Entscheidungen sollte man sich unbedingt einen **Überblick über die Struktur** verschaffen. Erstens erleichtert das das Auffinden der primär interessierenden Passagen. Zweitens hilft es, Fehlinterpretationen zu vermeiden. Oft stellen Gerichte nämlich zunächst den Sachverhalt, das bisherige Prozessgeschehen, die Gesetzeslage, den Vortrag der Parteien und deren Argumente und die bisherige Rechtsprechung dar; und all das ist nur Hintergrundinformation. Insbesondere bedeutet die Wiedergabe einer Stellungnahme eines Beteiligten nicht, dass das Gericht diese Auffassung teilt. Gerade in langen Entscheidungen stehen die tragenden Erwägungen des Gerichts erst im letzten Drittel. Ganz am Ende folgen dann allerdings meist ganz andere, recht technische Ausführungen zB zur Kostenentscheidung.

101 Anhand des vom Gericht wiedergegebenen **Sachverhalts** (in der Urteilssprache: „Tatbestand") lässt sich abschätzen, inwieweit der damals entschiedene Fall dem eigenen Fall ähnelt. Relevant ist aber nicht ein Gesamtvergleich der Fälle. Vielmehr ist zu prüfen, (1.) welche vom Gericht im weiteren Verlauf der Begründung angenommene Rechtsregel im eigenen Fall angewendet werden könnte, (2.) auf welche Aspekte des vom Gericht entschiedenen Falles es die Anwendung der Regel in jenem Fall gestützt hat (dh was die insoweit maßgeblichen Umstände des Falles waren) und (3.) ob der eigene Fall in gerade diesen Aspekten dem damals entschiedenen gleicht.
Kurzfassung des weiteren Sachverhalts im obigen Urteil: Die nach einer Hirnblutung komatöse Geschädigte K. befand sich in einem Pflegeheim. Sie wurde mittels einer Sonde künstlich ernährt, war nicht ansprechbar, und eine Verbesserung ihres Gesundheitszustandes war unwahrscheinlich. Gegenüber ihren Angehörigen hatte sie den Wunsch geäußert, dass im Falle ihrer Einwilligungsunfähigkeit keine künstliche Ernährung und Beatmung und lebensverlängernden Maßnahmen erfolgen sollten. Ihre zur Betreuerin bestellte Tochter bemühte sich um eine Einstellung der künstlichen Ernährung. Auch der behandelnde Hausarzt verneinte eine medizinische Indikation zur Fortsetzung der künstlichen Ernährung. Die Heimleitung akzeptierte dies zunächst, setzte die Ernährung dann indes auf Weisung der Geschäftsleitung fort und drohte der Tochter mit einem Hausverbot. Der Angeklagte riet dieser daraufhin, die Magensonde durchzuschneiden, was sie auch tat. Das Heimpersonal bemerkte den Eingriff und brachte eine neue Sonde an. K. verstarb wenig später aus anderen Gründen.

C.

I. Die Revision des Angeklagten

Der Angeklagte rügt mit seiner Revision die Verletzung sachlichen Rechts. Sie führt zur Aufhebung des Urteils und zum Freispruch des Angeklagten. Die Annahme des Landgerichts, das Verhalten des Angeklagten P. und das ihm nach § 25 Abs. 2 StGB zurechenbare, auf seinen Rat hin erfolgte Durchtrennen des Versorgungsschlauchs der PEG-Sonde durch die frühere Mitangeklagte G. seien als versuchter Totschlag weder durch Einwilligung noch aufgrund des Eingreifens sonstiger Rechtfertigungsgründe gerechtfertigt, hält im Ergebnis rechtlicher Prüfung nicht stand.

1. [... a) ... b) ...]

c) Rechtsfehlerfrei[102] hat das LG daher angenommen, dass die von der Heimleitung angekündigte Wiederaufnahme der künstlichen Ernährung einen rechtswidrigen Angriff gegen die körperliche Integrität und das Selbstbestimmungsrecht der Patientin dargestellt hätte. Nach der schon zur Tatzeit ganz herrschenden Rechtsauffassung verliehen weder der Heimvertrag noch die Gewissensfreiheit (Art. 4 I GG) der Heimleitung oder dem Pflegepersonal das Recht, sich über das Selbstbestimmungsrecht von Patienten hinwegzusetzen und eigenmächtig in deren verfassungsrechtlich verbürgtes Recht auf körperliche Unversehrtheit einzugreifen. [...]

2. Zutreffend hat das Landgericht die Frage verneint, ob die der Verurteilung zu Grunde gelegten Handlungen des Angeklagten [...] nach den Regeln der Nothilfe (§ 32 StGB) gerechtfertigt waren. Zwar lag, [...] eine Notwehrlage i.S.v. § 32 StGB vor, welche den Angeklagten und die Betreuerin zur Nothilfe gem. § 32 II StGB berechtigt hätte. Die Verteidigungshandlungen richteten sich hier aber nicht oder nicht allein gegen Rechtsgüter des Angreifers (Sachbeschädigung durch Zerschneiden des Schlauchs), sondern vor allem gegen ein höchstrangiges, anderes Rechtsgut der Angegriffenen selbst. [...]

Auch eine Rechtfertigung aus dem Gesichtspunkt des Notstands gem. § 34 StGB scheidet, [...], vorliegend schon deshalb aus, weil sich der Eingriff des Angeklagten hier gegen das höchstrangige Rechtsgut (Leben) derjenigen Person richtete, [...] Eine Entschuldigung gem. § 35 StGB oder aus dem Gesichtspunkt des „übergesetzlichen" Notstands scheidet ebenfalls aus.

3. Eine Rechtfertigung für die Tötungshandlung konnte sich daher hier allein aus dem von den Kindern der Frau K. als deren Betreuern geltend gemachten Willen der Betroffenen, also ihrer Einwilligung ergeben, die künstliche Ernährung abzubrechen und ihre Fortsetzung oder Wiederaufnahme zu unterlassen.

---

102 Hier wird immer noch die Auffassung der Vorinstanz referiert. Das Revisionsgericht nimmt dazu aber auch bereits Stellung. Mit Attributen wie „rechtsfehlerfrei", „zutreffend" oder „rechtlich nicht zu beanstanden" zeigt es, dass seine eigene Rechtsauffassung der Vorinstanz in dem gerade referierten Aspekt entspricht. Eine vom Landgericht abweichende Auffassung würde es durch Formulierungen wie „rechtsfehlerhaft", „nicht frei von Rechtsfehlern" oder „hält rechtlicher Überprüfung nicht stand" kennzeichnen. In ähnlicher Weise bedeutet eine Formulierung wie „Der Senat teilt auch nicht die Auffassung der Revision, wonach ...", dass der folgende Text den Vortrag des Verfahrensbeteiligten wiedergibt, dessen Revisionsantrag gerade erörtert wird (ob es sich um Vortrag der Verteidigung oder der Staatsanwaltschaft handelt, muss also am Anfang des jeweiligen Gliederungsabschnitts nachgesehen werden), und dass das Revisionsgericht seiner Argumentation nicht zustimmt. Für Klausuren sind derartige Formulierungen kein Vorbild, denn dort ist eine eigene Rechtsauffassung unter Auseinandersetzung mit Gegenauffassungen darzustellen, nicht aber aus Perspektive einer höheren Instanz über die anderen Auffassungen zu richten.

Im Unterschied zu den bislang vom Bundesgerichtshof entschiedenen Fällen weist der vorliegende die Besonderheit auf, dass die die Wiederaufnahme der künstlichen Ernährung verhindernde, direkt auf die Lebensbeendigung abzielende Handlung [...] nach den allgemeinen Regeln nicht als Unterlassen, sondern als aktives Tun anzusehen ist. Für diesen Fall ist eine Rechtfertigung direkt lebensbeendender Maßnahmen unter dem Gesichtspunkt der „Sterbehilfe" von der Rechtsprechung bisher nicht anerkannt worden. Hieran hält der Senat, auch im Hinblick auf die durch das Dritte Gesetz zur Änderung des Betreuungsrechts vom 29.7.2009 (BGBl I 2286) geänderte zivilrechtliche Rechtslage, nicht fest.

a) [...]

b) Diese Neuregelung entfaltet auch für das Strafrecht Wirkung. Allerdings bleiben die Regelungen der §§ 212, 216 StGB von den Vorschriften des Betreuungsrechts unberührt, welche schon nach ihrem Wortlaut eine Vielzahl weit darüber hinaus reichender Fallgestaltungen betreffen und auch nach dem Willen des Gesetzgebers nicht etwa strafrechts-spezifische Regeln für die Abgrenzung erlaubter Sterbehilfe von verbotener Tötung enthalten (vgl. BT-Drucks. 16/8442 S. 7f. u. 9). [...] Wo die Grenze einer rechtfertigenden Einwilligung verläuft und der Bereich strafbarer Tötung auf Verlangen beginnt, ist, ebenso wie die Frage nach der Reichweite einer eine Körperverletzung rechtfertigenden Einwilligung (§ 228 StGB), eine strafrechtsspezifische Frage, über die im Lichte der Verfassungsordnung und mit Blick auf die Regelungen anderer Rechtsbereiche, jedoch im Grundsatz autonom nach materiell strafrechtlichen Kriterien zu entscheiden ist (ebenso [...]). Nach dem Willen des Gesetzgebers sollte diese Grenze durch die Regelungen der §§ 1901a ff. BGB nicht verschoben werden (BT-Drucks. 16/8442 S. 9). Die §§ 1901a ff. BGB enthalten aber auch eine verfahrensrechtliche Absicherung für die Verwirklichung des Selbstbestimmungsrechts von Patienten, die selbst zu einer Willensäußerung nicht (mehr) in der Lage sind. [...] Diese Neuregelung, die ausdrücklich mit dem Ziel der Orientierungssicherheit für alle Beteiligten geschaffen wurde, muss unter dem Gesichtspunkt der Einheitlichkeit der Rechtsordnung (vgl. Reus JZ 2010, 80, 83f.) bei der Bestimmung der Grenze einer möglichen Rechtfertigung von kausal lebensbeendenden Handlungen berücksichtigt werden.

4. Das Landgericht hat [...] das Durchtrennen des Schlauchs der PEG-Sonde als aktives Handeln gewertet und deshalb der Einwilligung der Patientin eine rechtfertigende Wirkung abgesprochen.

a) Diese Ansicht entspricht der bisher in Rechtsprechung und Literatur ganz überwiegend vertretenen Auffassung, [...]

b) An diesem an den äußeren Erscheinungsformen von Tun und Unterlassen orientierten Kriterium für die Abgrenzung zwischen gerechtfertigter und rechtswidriger Herbeiführung des Todes mit Einwilligung oder mutmaßlicher Einwilligung des betroffenen Patienten hält der Senat nicht fest. [...]

aa) [...]

bb) Die Grenze zwischen erlaubter Sterbehilfe und einer nach den §§ 212, 216 StGB strafbaren Tötung kann nicht sinnvoll nach Maßgabe einer naturalistischen Unterscheidung von aktivem und passivem Handeln bestimmt werden. [...]

[...] Ein „Behandlungsabbruch" erschöpft sich nämlich nach seinem natürlichen und sozialen Sinngehalt nicht in bloßer Untätigkeit; er kann und wird vielmehr fast regelmäßig eine Vielzahl von aktiven und passiven Handlungen umfassen, deren Einordnung nach Maßgabe der in der Dogmatik und von der Rechtsprechung zu den Unterlassungstaten des § 13 StGB entwickelten Kriterien problematisch ist und teilweise von bloßen Zufällen abhängen kann. Es ist deshalb sinnvoll und erforderlich, alle Behandlungen, die mit einer solchen Beendigung einer ärztlichen Behandlung im Zusammenhang stehen, in einem normativ-wertenden Oberbegriff des *Behandlungsabbruchs* zusammenzufassen, der neben objektiven Handlungselementen auch die subjektive Zielsetzung des Handelnden umfasst, eine bereits begonnene medizinische Behandlungsmaßnahme gemäß dem Willen des Patienten insgesamt zu beenden oder ihren Umfang entsprechend dem Willen des Betroffenen oder seines Betreuers nach Maßgabe jeweils indizierter Pflege- und Versorgungserfordernisse zu reduzieren. […] Denn wenn ein Patient das Unterlassen einer Behandlung verlangen kann, muss dies gleichermaßen auch für die Beendigung einer nicht (mehr) gewollten Behandlung gelten, gleich, ob dies durch Unterlassen weiterer Behandlungsmaßnahmen oder durch aktives Tun umzusetzen ist, […].

cc) Da eine Differenzierung nach aktivem und passivem Handeln nach äußerlichen Kriterien nicht geeignet ist, […] müssen andere Kriterien gelten, anhand derer diese Unterscheidung vorgenommen werden kann.[103] Diese ergeben sich aus den Begriffen der „Sterbehilfe" und des „Behandlungsabbruchs" selbst und aus der Abwägung der betroffenen Rechtsgüter vor dem Hintergrund der verfassungsrechtlichen Ordnung.

Der Begriff der Sterbehilfe durch Behandlungsunterlassung, -begrenzung oder -abbruch setzt voraus, dass die betroffene Person lebensbedrohlich erkrankt ist […]

Eine durch Einwilligung gerechtfertigte Handlung der Sterbehilfe setzt überdies voraus, dass sie objektiv und subjektiv unmittelbar auf eine medizinische Behandlung im oben genannten Sinn bezogen ist. Erfasst werden hiervon nur das Unterlassen einer lebenserhaltenden Behandlung oder ihr Abbruch sowie Handlungen in der Form der sogenannten „indirekten Sterbehilfe", die unter Inkaufnahme eines möglichen vorzeitigen Todeseintritts als Nebenfolge einer medizinisch indizierten palliativen Maßnahme erfolgen.

Das aus Art. 1 Abs. 1, 2 Abs. 1 GG abgeleitete Selbstbestimmungsrecht des Einzelnen legitimiert die Person zur Abwehr gegen nicht gewollte Eingriffe in ihre körperliche Unversehrtheit und in den unbeeinflussten Fortgang ihres Lebens und Sterbens; es gewährt ihr aber kein Recht oder gar einen Anspruch darauf, Dritte zu selbstständigen Eingriffen in das Leben ohne Zusammenhang mit einer medizinischen Behandlung zu veranlassen. Eine Rechtfertigung durch Einwilligung kommt daher nur in Betracht, wenn sich das Handeln darauf beschränkt, einen Zustand (wieder) herzustellen, der einem bereits begonnenen Krankheitsprozess seinen Lauf lässt, indem zwar Leiden gelindert, die Krankheit aber nicht (mehr) behandelt wird, so dass der Patient letztlich dem Sterben überlassen wird. […]

[…]

---

103 Die hier wiedergegebene Passage wurde vielfach dahin gehend verstanden, der BGH habe die Unterscheidung zwischen positivem Tun und Unterlassen in Fällen der Sterbehilfe – auch mit Auswirkung auf den objektiven Deliktstatbestand – aufgegeben. Ob das zutrifft (oder dem Text nicht vielmehr zu entnehmen ist, dass der BGH hier nur von den Voraussetzungen einer Rechtfertigung spricht), mag dahingestellt bleiben. Jedenfalls müsste die Bearbeitung von Klausur und Hausarbeit sich streng an den **Prüfungsaufbau** halten und hätte die Abgrenzung zwischen Tun und Unterlassen im objektiven Deliktstatbestand bei der Tathandlung zu erörtern. Deren Auswirkungen auf die rechtfertigende Wirkung einer Erklärung des Geschädigten sind allerdings ganz richtig beim betreffenden Rechtfertigungsgrund zu behandeln.

Die tatbestandlichen Grenzen des § 216 StGB bleiben hierdurch unberührt.[104] [...]

dd) Für die Feststellung des behandlungsbezogenen Patientenwillens gelten beweismäßig strenge Maßstäbe, die der hohen Bedeutung der betroffenen Rechtsgüter Rechnung zu tragen haben [...]. Die Verfahrensregeln der §§ 1901a ff. BGB, insbesondere das zwingend erforderliche Zusammenwirken von Betreuer oder Bevollmächtigtem und Arzt sowie gegebenenfalls die Mitwirkung des Betreuungsgerichts, sichern die Beachtung und Einhaltung dieser Maßstäbe.

c) Die Anwendung der oben dargelegten Grundsätze einer Rechtfertigung des Behandlungsabbruchs ist nicht auf das Handeln der den Patienten behandelnden Ärzte sowie der Betreuer und Bevollmächtigten beschränkt, sondern kann auch das Handeln Dritter erfassen, soweit sie als von dem Arzt, dem Betreuer oder dem Bevollmächtigten für die Behandlung und Betreuung hinzugezogene Hilfspersonen tätig werden. [...]

5. [...]

6. Der Angeklagte hat als von den Betreuern der Frau K. hinzugezogener und sie beratender Rechtsanwalt ebenso wenig rechtswidrig gehandelt wie die Betreuer selbst. Er war deshalb gemäß § 354 Abs. 1 StPO durch den Senat freizusprechen.

II. Die Revision der Staatsanwaltschaft

Die allein gegen die Strafzumessung gerichtete Revision der Staatsanwaltschaft ist nach alledem unbegründet und war deshalb zu verwerfen.

Rissing-van Saan Fischer Roggenbuck
Appl Schmitt[105]

Anmerkung zu Aktenzeichen:

Das **Aktenzeichen** (Abkürzung: Az.) ist die eindeutige Kennzeichnung der Akten und damit des Verfahrens im Register eines gerichtlichen Spruchkörpers. Revisionen in Strafsachen werden im Aktenregister „StR" (= Registerzeichen) geführt.[106] Jeder Senat, jede Kammer usw. eines Gerichts hat ein eigenes Verfahrensregister. Deshalb steht vor dem Registerzeichen der Senat, der das Verfahren führt. Dabei werden beim BGH die Strafsenate mit arabischen Zahlen, Zivilsenate mit römischen Zahlen angegeben. Das

---

104 Bisweilen geht der BGH in seinen Bemerkungen etwas über den Gegenstand der aktuellen Entscheidung hinaus. Hier zB haben weder die Vorinstanz noch der BGH § 216 StGB angewendet, und das ganz zutreffend auch gar nicht in Betracht gezogen, da im Fall kein aktuelles Verlangen iSd § 216 StGB vorlag. Außerdem bezieht sich die Begründung des BGH an dieser Stelle schon lange auf Fragen der Rechtswidrigkeit, nicht des Deliktstatbestandes. Dennoch macht er hier Bemerkungen zu § 216 StGB, die ihm aus Klarstellungsgründen mit Blick auf künftige Fälle veranlasst erscheinen. Solche Passagen der Gründe sind gewissermaßen „beiseite gesprochen" (*obiter dictum*), eine Art Anmerkung zur eigenen Begründung. Es träfe daher streng genommen nicht zu, zu sagen, der BGH habe hier entschieden, dass die tatbestandlichen Grenzen des § 216 StGB durch die Regeln zur Rechtfertigung eines Behandlungsabbruchs unberührt bleiben; er schreibt das zwar, es stand aber gar nicht zur Entscheidung. Für die Interpretation der Entscheidung und die Fortbildung der Rechtsprechung sind freilich gerade solche Bemerkungen sehr wertvoll. Nicht selten dienen sie auch der Andeutung künftiger Rechtsprechungsänderungen, um Entscheidungen zu vermeiden, die Rechtsunsicherheit erzeugen.

105 Studierende des Rechts sollten die Zeiten, in denen sie Vorlesungsevaluationen anonym abgeben dürfen, besonders genießen. Bald schon müssen sie ihre „Evaluationen" der Prozessparteien, nämlich ihre Schriftsätze und Entscheidungen, unterschreiben. Als Staatsanwälte und Richter erscheinen sie mit ihren Fällen, Anklagen und Urteilen sogar in der Tagespresse. Als Richter am BGH sind ihre Namen unter den Urteilen weltweit abrufbar – auch durch den Mafiaboss, dessen Verhalten im Urteil „evaluiert" wurde.

106 Eine Tabelle aller Registerzeichen des BGH ist unter http://www.bundesgerichtshof.de/DE/DasGericht/Verfahren/Registerzeichen/registerzeichen_node.html abrufbar; eine allgemeine Tabelle der Registerzeichen deutscher Gerichte findet sich im Anhang des *Habersack*, Deutsche Gesetze.

Jahr, in dem das Verfahren bei diesem Spruchkörper eingegangen ist, steht als zweistellige Zahl ganz am Ende des Aktenzeichens. Alle Verfahren im gleichen Aktenregister bekommen in der Reihenfolge des Eingangs bei Gericht eine eindeutige fortlaufende Nummer, wobei die Zählung am Jahresanfang jeweils wieder bei 1 beginnt. Diese laufende Nummer steht im Aktenzeichen mit Schrägstrich (den man als „aus" liest) getrennt vor dem Eingangsjahr, d. h. direkt nach dem Registerzeichen. Dem Aktenzeichen „2 StR 454/09" (lies: „zwei S T R vierhundertvierundfünfzig *aus* null neun") ist also zu entnehmen, dass die Entscheidung im 454. Revisionsverfahren aus dem Jahr 2009 des 2. Strafsenats erging (gezählt werden die Verfahren, nicht die Entscheidungen).

238 Alle Entscheidungen dieses Spruchkörpers in diesem Verfahren (d. h. „in dieser Sache") tragen dasselbe Aktenzeichen. So sind z. B. unter dem Aktenzeichen 5 StR 394/08 drei Entscheidungen ergangen. Zwei davon sind sehr bedeutsam: Der erste Beschluss in dieser Sache vom 24.3.2009 betraf nur die Besetzung des Gerichts. Mit dem zweiten Beschluss wurde am 9.6.2009 die Revision des Beschuldigten verworfen. In dieser Entscheidung ging es um grundsätzliche Fragen des Betrugs. Ihre Bedeutung zeigt sich nicht zuletzt darin, dass dieser Beschluss sogar in der NJW abgedruckt wurde (NJW 2009, 2900). Noch bedeutsamer ist das Revisionsurteil vom 17.7.2009, das die Garantenpflichten von Compliance Officern behandelt (BGHSt 54, 44). Wenn der Angeklagte sich mit der Gehörsrüge gegen den Verwerfungsbeschluss („o. u.-Beschluss") gewendet hätte (§ 356a StPO) oder dem Gericht später relevante Schreibfehler in seinen Entscheidungen aufgefallen wären, hätte es jeweils noch weitere Beschlüsse gegeben. In solchen Fällen genügt dann das Aktenzeichen allein nicht, um die Entscheidung eindeutig zu identifizieren, da es nur das Verfahren bezeichnet. Zusammen mit dem Datum und der Form (Beschluss oder Urteil) bestimmt das Aktenzeichen die Entscheidung aber praktisch immer eindeutig. Eine eindeutige Kennzeichnung von Entscheidungen ergibt der European Case Law Identifier (**ECLI**)[107], der zu neueren Entscheidungen zumindest der obersten Gerichte von diesen und in Datenbanken jeweils mit angegeben wird.[108]

239 Allerdings liefert ein Aktenzeichen auch für das Gesamtverfahren keine eindeutige Kennzeichnung. Im Ermittlungsverfahren erhält es ein Aktenzeichen der Staatsanwaltschaft (wenn zunächst „gegen unbekannt" ermittelt wird sogar zwei und bei Abgabe an eine andere Staatsanwaltschaft wieder ein neues). Vor der ersten Instanz (und ggf. noch einmal vom Berufungsgericht) bekommt es dessen Aktenzeichen, das mit dem vorherigen in Zusammenhang stehen kann. Vor dem Revisionsgericht erhält das Verfahren ein weiteres neues Aktenzeichen. Wenn es beim BGH zunächst vor dem für Urteile vom betreffenden Landgericht zuständigen Senat geführt wird, dieser es aber später wegen einer Sonderzuständigkeit an einen anderen Senat abgibt, erhält es auch dort ein eigenes Aktenzeichen. Falls dieser Senat dann von der Rechtsprechung anderer Se-

---

[107] Daten und Metadaten zu den Entscheidungen sind mittels ECLI über die freie Suchmaschine https://e-justice.europa.eu/content_ecli_search_engine-430-de.do abrufbar. Zu weiteren Informationen vgl. https://e-justice.europa.eu/content_european_case_law_identifier_ecli-175-de-de.do.

[108] Beispiel: BGHSt 61, 318 gibt die Entscheidung ECLI:DE:BGH:2016:221116U1STR354.16.0 wieder. Schon dem ECLI lässt sich einige Information entnehmen. In der Reihenfolge der einzelnen Felder: (1.) Der Code ist ein ECLI. (2.) Die Entscheidung ist aus Deutschland, vom BGH, aus dem Jahr 2016. (3.) Auch die im letzten Feld enthaltene eindeutige Kennung setzt der BGH informativ zusammen: Die Entscheidung erging am 22.11.2016 in Form eines Urteils (sonst „B" für Beschluss) unter dem Aktenzeichen 1 StR 354/16. Praktisch alle ECLIs des BGH enden auf „.0". Nur wenn wirklich einmal am selben Tag in selber Form unter selbem Aktenzeichen verschiedene Entscheidungen ergehen würden, wären diese hier durchzunummerieren.

Anhang D: Aufbau einer gerichtlichen Entscheidung

nate abweichen möchte und dazu bei diesen anfragt, ob sie an ihrer Rechtsprechung festhalten, führen alle diese Senate Anfrageverfahren unter einem jeweils eigenen Aktenzeichen. Falls schließlich der Große Strafsenat angerufen wird, führt der das Vorlageverfahren wiederum unter einem eigenen Aktenzeichen.[109] Wenn der BGH das Urteil in seiner Revisionsentscheidung ganz oder teilweise aufhebt und die Sache zur neuen Verhandlung zurückverweist (§§ 353, 354 Abs. 2 StPO), erhält es bei der Vorinstanz auch ein (teilweise) neues Aktenzeichen. Wenn gegen das dann zu fällende zweite erstinstanzliche Urteil wieder Revision eingelegt wird, trägt dieses Revisionsverfahren ebenfalls ein eigenes Aktenzeichen usw.[110] Bei der Rekonstruktion solcher Zusammenhänge sind in Juris die Einträge zum Verfahrensgang sehr nützlich.

---

[109] Beispiel: Das Revisionsverfahren gegen das Urteil des LG Meiningen v. 30.5.2012, Az. 110 Js 19545/12 – 1 KLs wird beim 2. Strafsenat unter dem Az. 2 StR 495/12 geführt. Auf den Anfragebeschluss v. 28.1.2014 (unter diesem Az.) antworteten die anderen Senate mit Beschlüssen v. 24.6.2014 – 1 ARs 14/14, v. 30.9.2014 – 3 ARs 13/14 v. 11.9.2014 – 4 ARs 12/14 sowie v. 16.7.2014 – 5 ARs 39/14 abschlägig. Der 2. Strafsenat legte die Frage der Vereinbarkeit der Rechtsfigur der gesetzesalternativen Wahlfeststellung daraufhin dem Großen Strafsenat erstmalig mit Beschluss v. 11.3.2015 vor. Dort wurde das Verfahren unter dem Az. GSSt 2/15 geführt. Eine Entscheidung erging unter diesem Az. indes nicht, denn der 2. Strafsenat nahm die Vorlage mit Beschluss v. 9.8.2016 (unter seinem Az., also 2 StR 495/12) zurück. Ein neuerlicher Vorlagebeschluss datiert v. 2.11.2016, was zu einem neuen Vorlageverfahren vor dem Großen Strafsenat unter neuem Aktenzeichen geführt hat. Mit Beschluss vom 8.5.2017, Az. GSSt 1/17 (Großer Strafsenat, Verfahren eins aus siebzehn) m. Anm. Kudlich JA 2017, 870 hat er die gesetzesalternative Wahlfeststellung wegen Diebstahls oder Hehlerei für zulässig erklärt.

[110] Beispiel: Im „Berliner Schönheitschirurgenfall" erging ein erstes erstinstanzliches Urteil des LG Berlin am 1.3.2010 unter dem Az. (535) 1 Kap Js 721/06 Ks (15/08). Es wurde mit Urteil des BGH vom 7.7.2011 – 5 StR 561/10 teilweise aufgehoben und die Sache an das LG Berlin zurückverwiesen (BGHSt 56, 277). Dessen zweites Urteil in dieser Sache vom 16.12.2011 erging unter dem Az. (540) 1 Kap Js 721/06 Ks (12/11). In der zweiten Revision wurde es mit Beschluss vom 16.8.2012 – 5 StR 238/12 wieder teilweise aufgehoben und die Sache ein weiteres Mal zurückverwiesen (NJW 2012, 2898). Auch das daraufhin ergangene Urteil des LG Berlin vom 13.8.2013 – (522) 1 Kap Js 721/06 Ks (13/12) wurde wieder mit der Revision angegriffen. Diese hat der BGH allerdings mit Beschluss vom 10.3.2014 – 5 StR 51/14 verworfen. Im mittleren Teil des landgerichtlichen Az. besteht Kontinuität im ganzen Verfahren. Im Az. des BGH sind solche Zusammenhänge nicht zu erkennen.

Anhang E: Literaturhinweise

240 Das vorliegende Buch verfolgt ein didaktisches Ziel: Es soll Studierenden das Anfertigen erster Klausuren und Hausarbeiten erleichtern. Die Darstellung verfolgt keinen wissenschaftlichen Anspruch. Es soll gezeigt werden, wie es geht. Damit ist aber nicht gesagt, dass es nicht u. U. auch anders ginge. Im Gegenteil ist es ein Zeichen erworbener Reife und Erfahrung, wenn ein Studierender sich später – je nach Fall – über hier gegebene Anregungen gezielt hinwegsetzt, indem er die Form seiner Darstellung – wo nötig – auf den jeweils darzustellenden Inhalt zuschneidet. Ein wissenschaftlicher Fußnotenapparat würde einen falschen Eindruck vom Inhalt des Buches vermitteln, weshalb bewusst auf ihn verzichtet wurde. Das vorliegende Buch ist in seiner Darstellung nicht »wissenschaftlich« – wohl aber seinen Aussagen nach insofern, als es dem Leser die ersten Schritte hin zu einer später selbstständigen wissenschaftlichen Auseinandersetzung mit Rechtsfragen ebnen soll. Um sowohl auf einige andere Werke zum gleichen Thema hinzuweisen, als auch um den Einstieg in eine tiefere Beschäftigung mit den in Anhang A skizzierten Fragen juristischer Methode zu erleichtern, seien hier – ohne Anspruch auf Vollständigkeit – einige Literaturhinweise gegeben.

I. Technik der Fallbearbeitung

Arzt, Die Strafrechtsklausur, 7. Aufl. 2006
Beck, Juristische Klausuren von Anfang an (richtig) schreiben, Jura 2012, 262
Fahl, 10 Tipps zum Schreiben von (nicht nur) strafrechtlichen Klausuren und Hausarbeiten, JA 2008, 350
Hardtung, Das Springen im strafrechtlichen Gutachten, JuS 1996, 610 (1. Teil), 706 (2. Teil), 807 (3. Teil)
Herold/Müller, No-Gos in Seminaren, JA 2013, 808
Lagodny, Juristisches Begründen, Argumentations- und Prüfungstraining für ein zentrales Studienziel, 2013
Möllers, Juristische Arbeitstechnik und wissenschaftliches Arbeiten, 10. Aufl. 2021
Noltensmeier/Schuhr, Hinweise zum Abfassen von (Pro-)Seminararbeiten, JA 2008, 576
Puppe, Juristische Methodenlehre für die Strafrechtshausarbeit, JA 1989, 345
Putzke, Juristische Arbeiten erfolgreich schreiben, 7. Aufl. 2021
Schimmel/Weinert/Basak, Juristische Themenarbeiten, Anleitung für Klausur und Hausarbeit im Schwerpunktbereich, Seminararbeit, Bachelor- und Master-Thesis, 2. Aufl. 2011
Valerius, Einführung in den Gutachtenstil – 15 Klausuren zum Bürgerlichen Recht, Strafrecht und Öffentlichen Recht, 4. Aufl. 2017
Zwickel/Lohse/Schmid, Kompetenztraining Jura – Leitfaden für eine juristische Kompetenz- und Fehlerlehre, 2014

II. Einige Ausgangspunkte zur Vertiefung

Adrian, Grundprobleme der juristischen Methodenlehre, 2009
Alexy, Theorie der juristischen Argumentation, 1983
Binding, Die Normen und ihre Übertretung, Band 1: Normen und Strafgesetze, 1872 (Neudruck: 1991)
Bydlinski, Juristische Methodenlehre und Rechtsbegriff, 2. Aufl. 1991
Engisch, Einführung ins juristische Denken, 11. Aufl. hrsg. und bearbeitet von Würtenberger/Otto, 2010
Fikentscher, Methoden des Rechts in vergleichender Darstellung, 5 Bde. 1975–1977
Gabriel/Gröschner (Hrsg.), Subsumtion, Schlüsselbegriff der Juristischen Methodenlehre, 2012

II. Einige Ausgangspunkte zur Vertiefung

Gast, Juristische Rhetorik, 5. Aufl. 2015
Joerden, Logik im Recht, 3. Aufl. 2018
Klug, Juristische Logik, 4. Aufl. 1982
Koch/Rüßmann, Juristische Begründungslehre, 1982
Kudlich/Christensen, Theorie richterlichen Begründens, 2001
Kudlich/Christensen, Die Kanones der Auslegung als Hilfsmittel für die Entscheidung von Bedeutungskonflikten, JA 2004, 74
Larenz, Methodenlehre der Rechtswissenschaft, 6. Aufl. 1991 sowie Canaris/Larenz, Methodenlehre der Rechtswissenschaft, 4. Aufl. 2014
Müller/Christensen, Juristische Methodik, Bd. 1 11. Aufl. 2013, Bd. 2 3. Aufl. 2012
Pawlowski, Methodenlehre für Juristen, 3. Aufl. 1999
Puppe, Kleine Schule des juristischen Denkens, 5. Aufl. 2023
Reiners, Stilfibel. Der sichere Weg zum guten Deutsch, 1963
Rödig, Einführung in eine analytische Rechtslehre, 1986
Röhl/Röhl, Allgemeine Rechtslehre, 4. Aufl. 2017
Rüthers/Fischer/Birk, Rechtstheorie, mit Juristischer Methodenlehre, 12. Aufl. 2022
Schapp, Stilfibel für Juristen, 2004.
v. Schlieffen, Wie Juristen begründen – Entwurf eines rhetorischen Argumentationsmodells für die Rechtswissenschaft, JZ 2011, 109
Schuhr, Zur Vertretbarkeit einer rechtlichen Aussage, JZ 2008, 603
Stuckenberg, Der juristische Gutachtenstil als cartesische Methode, FS Wolfgang Frisch 2013, S. 165
Walter, Kleine Stilkunde für Juristen, 3. Aufl. 2017

Musterhausarbeiten im Strafrecht in den Ausbildungszeitschriften*

Verfasser	Titel	Inhalt/Themen/Schwerpunkte	Fundstelle
Albrecht, Inka/ Kaspar, Johannes	„Der tödliche Berglauf"	Fahrlässigkeitsdelikte, objektive Zurechnung, Garantenstellung, mittelbare Täterschaft	JuS 2010, 1071–1077
Berster, Lars	„Leber oder Leben"	Arztstrafrecht: gefährliche Körperverletzung, hypothetische Einwilligung, Tötung auf Verlangen	JA 2015, 911–916
ders.	„Himmelfahrt eines Bikers"	Putativnotwehr, intensiver Putativnotwehrexzess, analoge Anwendung des § 33 StGB, Erlaubnistatbestandsirrtum, Entschuldigungstatbestandsirrtum, Erlaubnisirrtum	JuS 2014, 998–1003
ders.	„Nox irae flagrantis – Kulturkampf im Sauerland"	Sachbeschädigungs- und Brandstiftungsdelikte, objektive Zurechnung, unmittelbares Ansetzen beim Unterlassen	ZJS 2017, 468–481
Böhm, Nicolas	„Ein nervenaufreibender Urlaub"	Strafanwendungsrecht, Rechtfertigung, insbesondere Erlaubnistatbestandsirrtum, Irrtumslehre, Körperverletzungsdelikte	ZJS 2019, 231–236
Böhringer, Jacob/Wagner, Markus	„Von hessischen Geizhälsen und norddeutschen Hilfspolizisten"	Abgrenzung Diebstahl und Betrug an Selbstbedienungstankstelle, Festnahmerecht gem. § 127 I 1 StPO, Schiffsverkehrsdelikte, versuchter Mord durch Unterlassen	ZJS 2014, 557–570, 692–700
Börner, René	„Zorn braucht Zaster"	Struktur des § 253 I StGB, Vollendungsvoraussetzungen des § 306 a I StGB, Bezugstat im Sinne des § 306 b II Nr. 2 StGB, erfolgsqualifizierter Versuch und Aufbauprobleme des § 251 StGB	JA 2017, 832–838
Böß, Tillmann	„Jugendfreunde"	Mittäterschaft im Fahrlässigkeitsbereich, sukzessive (fahrlässige) Mittäterschaft, Beendigung eines Delikts, objektive Zurechnung, Rücktritt	JA 2012, 348–355
Buchholz, Momme	„Ein ganz normaler Spieltag der Fußball-Bundesliga"	Rechtfertigung von Verletzungen und im Zusammenhang mit dem Sport, insbesondere die Einwilligung und die Notwehr, Tatbestand der Beleidigung, Rechtfertigung nach § 193 StGB, Körperverletzungsdelikte	ZJS 2017, 681–688
Çelik, Oğuzhan	„Für eine Handvoll Leergut"	Vermögensdelikte, fehlende Zueignungsabsicht bei Wegnahme, sukzessive Mittäterschaft, Betroffensein beim räuberischen Diebstahl	JA 2010, 855–867
Corell, Christian	„Eine Brandstiftung kommt selten alleine"	Mittäterschaft, räuberische Erpressung, Brandstiftung, Betrug	Jura 2010, 627–635

---

* Beiträge aus JA, Jura, JuS und ZJS in den Jahren 2010 bis 2019. Auch über den „Klausurenfinder" kann man in der JuS sehr schnell Klausuren und Hausarbeiten für das Selbststudium finden (https://rsw.beck.de/zeitschriften/jus/klausurfinder).

Musterhausarbeiten im Strafrecht in den Ausbildungszeitschriften

Verfasser	Titel	Inhalt/Themen/Schwerpunkte	Fundstelle
Christoph, Stephan	Fortgeschrittenenhausarbeit: Große und kleine Finanzgeschäfte	Untreue, Betrug, Mittäterschaft	ZJS 2022, 761–771
Drenkhahn, Kirstin	„Alles, was das Herz begehrt: Falschgeld, Drogen, alte Möbel"	Bande, Betäubungsmittel als Vermögen, Beteiligung, Betrug, Geldfälschung, Hehlerei	Jura 2011, 63–72
Dzatkowski, Benjamin	„Zwei Fälscher und ein Promille"	Probleme aus dem Bereich der Urkundendelikte in Verbindung mit dem Problem der Akzessorietät von Regelbeispielen, Verkehrsdelikte und Rechtfertigung, insbesondere der Nötigungsnotstand	JA 2019, 36–43
Eiden, Joachim/ Köpferl, Georg	„Von wegen „schlecht gefahren ist besser als gut gelaufen"!"	Notwehr, Aussetzung, erfolgsqualifizierter Versuch, Garantenstellung, Abgrenzung Täterschaft und Teilnahme beim Unterlassensdelikt, Pflichtenkollision	Jura 2010, 780–790
El-Ghazi, Mohamad	„Missgriffe im Friseursalon"	Diebstahl, Irrtum, Hehlerei, Betrug	JA 2014, 26–31
Engelhart, Marc	„Der missglückte (?) Anschlag im Museum"	Fehlgeschlagener Versuch, Notwehr bei rechtswidrigem Vorverhalten, Freiheitsberaubung, Entschuldigung, Körperverletzung	Jura 2016, 934–948
Ensenbach, Kai	„Nebenverdienste des A"	Raub, räuberische Erpressung, schwerer Raub, räuberischer Angriff auf Kraftfahrer, erpresserischer Menschenraub, Sachbeschädigung, versuchte Brandstiftung	JURA 2011, 787–795
Erlebach, Kimberly/ Hermann, Carolin/ Kahl, Nikolas	Fortgeschrittenenhausarbeit: Über Umwege zum Ziel	Nichtanzeige geplanter Straftaten, Freiheitsberaubung, Aussetzung, Diebstahl, Hausfriedensbruch, Raub, Erpressung, Beihilfe, Tatmehrheit	ZJS 2020, 59–69
Fahrner, Matthias	„Fantasie-Reich"	Probleme des Vorsatzes, des Rechtsirrtums und -protests, der Kausalität, der Mordmerkmale, der Strafvereitelung, des Computerbetrugs im Mahnverfahren und der Urkundendelikte	JA 2019, 499–507
Freund, Georg/ Telöken, Verena	„Von Höllen-Engeln und Banditen"	Diebstahl, Körperverletzung, fahrlässige Körperverletzung im Amt, Garantenstellung eines Amtsträgers, Notwehr	ZJS 2012, 796–806
Gerhold, Sönke	„Eine verhängnisvolle Partynacht"	Körperverletzungsdelikte, Straßenverkehrsdelikte, Täterschaft und Teilnahme, dolus alternativus, teleologische Reduktion im Strafrecht	JA 2019, 358–364
Gilles, Fabian/ Stiel, Michael	„Betrug-Günstig in die Anden"	Vermögensdelikte, insbesondere der Betrug, Probleme der Irrtumserregung, Fragen der Vermögensverfügung und des Vermögensschadens, Anstiftung	JuS 2017, 748–753

Verfasser	Titel	Inhalt/Themen/Schwerpunkte	Fundstelle
Großmann, Sven	StR-Fortgeschrittenenhausarbeit zu Eigentums- und Vermögensdelikten	Raub. Begünstigung, Beihilfe, Diebstahl, Hausfriedensbruch, Betrug	JURA 2021, 571-584
Günther, Tobias	„Der arme Student"	Rücktritt vom versuchten Raub mit Todesfolge, der gefahrspezifische Zusammenhang bei der Freiheitsberaubung mit Todesfolge, der Betrug im Rahmen der Banküberweisung, Aussagedelikte	ZJS 2018, 352–368
Haas, Janick/ Häncke, Marie Thamar	StR-Anfängerhausarbeit zum Allgemeinen Teil „Ein Hauch von „Saw" – Der erzwungene Überlebenskampf	Totschlag, Versuch, Rücktritt, Notwehr, Notstand, entschuldigender Notstand, gefährliche Körperverletzung, mittelbare Täterschaft	JURA 2021, 1508-1521
Hermann, Carolin	Anfängerhausarbeit: Eheglück am Valentinstag	Totschlag, Mord, Versuch, mittelbare Täterschaft, besondere gesetzliche Minderungsgründe, gefährliche Körperverletzung, Mittäterschaft, Anstiftung, Beihilfe, besondere persönliche Merkmale,	ZJS 2020, 150-161
Herrmann, Mareike/ Heyer, Antje	„Früher Tod"	Verfrühter Erfolgseintritt, Totschlag, fahrlässige Tötung	JA 2012, 190-193
Höffler, Katrin/ Marsch, Sophie-Kristin	„Verbrechen im Nahbereich: Neonatizid; Kinder und Freunde als Opfer"	Aligemeiner Teil des Strafrechts, die Abgrenzung von Tun und Unterlassen, der zweiaktige Geschehensablauf und die Irrtümer, insbesondere der Erlaubnistatbestandsirrtum, Tötungsdelikte	JA 2017, 677-684
Jänicke, Thomas	„Papierkram"	Urkundendelikte, Rechtsbeugung, Strafprozessrecht	JA 2016, 430-436
Jansen, Scarlett	„Kein Geld für die Disco"	Vermögensdelikte, insbesondere Raub, schwerer Raub, Betrug und Hehlerei, StPO-Zusatzfrage	JA 2017, 750-757
Kett-Straub, Gabriele	„Zerplatzte Träume"	Ehrverletzungsdelikte im Internet, Konkretisierung des Anstiftervorsatzes, Mordmerkmal beim Brückenattentat, Irrtum bei Tötung auf Verlangen, mittelbare Täterschaft durch Abbruch von Rettungsmaßnahmen	JA 2012, 831-838
Kett-Straub, Gabriele/ Linke, Laura	„Boxende Brüder"	Ernsthaftes Bemühen beim Rücktritt, Boxkampf als Körperverletzung, Ende der Garantenpflicht unter Eheleuten, Einschränkung des Notwehrrechts, Beihilfe durch neutrale Handlungen	JA 2010, 25-32
Kett-Straub, Gabriele/ Müller, H. Christian	„‚Der Weg ist das Ziel' – möglichst kurz sollte er trotzdem sein…"	Körperverletzung, Betrug zum Nachteil des Preisspenders und der Zuschauer bei Doping	JA 2013, 182-187
Krack, Ralf/ Kische, Sascha	„Nachstellung mit unverhofften Folgen"	Nachstellung: Beharrlichkeit, Sozialadäquanz, Betrug durch Bestellung in falschem Namen	ZJS 2010, 734-741

Musterhausarbeiten im Strafrecht in den Ausbildungszeitschriften

Verfasser	Titel	Inhalt/Themen/Schwerpunkte	Fundstelle
Lenk, Maximilian	Anfängerhausarbeit – Strafrecht: Die Drohne des Amor	Bedrohung, Nötigung, Hausfriedensbruch, Sachbeschädigung, gefährliche Körperverletzung	JuS 2021, 754-762
Li, Yao/ Kürten, Sebastian	Fortgeschrittenenhausarbeit: Seeteufel á l'ancienne	Betrug, Werkvertrag, Kaufvertrag, Einrede des nicht erfüllten Vertrages, Versuch, Rücktritt, Erpressung, Nötigung, Totschlag, Mord, Anstiftung, besondere persönliche Merkmale, Raub	ZJS 2020, 269-278
Lieb, Andrea/ Wende, Juliane	„Wissenschaftlicher Mitarbeiter auf Abwegen"	Strafrechtliche Bewertung wissenschaftlicher Plagiate, inhaltliche Unrichtigkeit einer Urkunde, Wissenszurechnung beim Betrug, Bereicherung als notwendige Nebenfolge, Anstellungsbetrug	Jura 2013, 1186–1196
Lorenz, Henning	„Danke, ich brauche keinen Arzt!"	Körperverletzungsdelikte, insbesondere die schwere Körperverletzung, Probleme der objektiven Zurechnung, Vorsatzirrtümer, Rechtfertigungsgründe	JA 2019, 424–432
Lorenz, Henning/ Rehberger, Samuel	StR Anfängerhausarbeit zum Rücktritt und Garantenstellung bei Notwehr „Eine schreckliche nette Familie"	Gefährliche Körperverletzung, Versuch, Rücktritt, fahrlässige Körperverletzung, Aussetzung, Totschlag, Unterlassen, unterlassene Hilfeleistung	JURA 2022, 242-252
Mavany, Markus	„Zwei wie Pech und Schwefel"	Grundsatz in dubio pro reo, seelische Beeinträchtigungen als Körperverletzung, Beleidigungsdelikte, Konkurrenzen bei ehemals fortgesetzter Handlung, Einwilligung in Körperverletzungen	JA 2015, 823–828
Merkel, Grischa	„Wer den Pfennig nicht ehrt…"	Versuchter schwerer Raub in Mittäterschaft, versuchte schwere Erpressung in Mittäterschaft, Freiheitsdelikte, Straßenverkehrsdelikte, Nötigung	Jura 2013, 152–166
Ordner, Jakob	„Strafrechtlicher Vermögensschutz im Milieubereich und auf Kaffeefahrten	Vermögensdelikte, strafrechtlicher Vermögensschutz im Drogenmilieu, Strafbarkeit eines Verteidigers, Betrug bei mehraktigen Verfügungen	JA 2016, 826–830
Penkuhn, Christopher	„Grenzüberschreitende Rachegelüste"	Totschlag, Notwehrrestriktion durch EMRK, Diebstahl, objektive Zurechnung bei Retterfällen	ZJS 2016, 232–244
ders.	„Eine Frage der Ehre"	Unmittelbares Ansetzen bei Fallenstellung, actio libera in causa, Vollrausch, Fehlgehen der Tat bei mittelbarer Individualisierung des Opfers, Notwehrprovokation	ZJS 2016, 497–509
Popp, Andreas/ Hotz, Dominik	„Kleine Kinder, kleine Sorgen, große Kinder, große Sorgen"	Psychische Erkrankungen als Erfolg bei Körperverletzungsdelikten, Objektive Zurechenbarkeit eines tatbestandlichen Erfolges als Folge ärztlicher Aufklärung, subjektives Rechtfertigungselement, Notwehr bei Kollektivrechtgütern	JA 2016, 268–272

Verfasser	Titel	Inhalt/Themen/Schwerpunkte	Fundstelle
Reinhardt, Marc	„Judoka und Kampfrichter an der Grenze der Strafbarkeit"	Garantenstellungen, Beteiligung durch Unterlassen, Irrtum über die Garantenpflicht, eigenverantwortliches Dazwischentreten Dritter, Sportverletzung als strafbare Körperverletzung	JuS 2016, 423–430
Rotsch, Thomas	„Schwarze Kassen bei der S-AG"	Untreue, fakultative Milderungsmöglichkeit	JA 2013, 278–283
Schmitt-Leonardy, Charlotte	„Von der Bahre bis zur Wiege"	Tötungsdelikte, insbesondere §§ 216, 217 StGB, Teilnahme, Versuch, Rücktritt	JA 2018, 187–194
Schröder, Thomas	„Der schöne Schein"	Betrug, Geldwäsche, Untreue, Hehlerei, Begünstigung, versuchte Erpressung, versuchte Nötigung, Aussagedelikte, Vortäuschen einer Straftat, Verleumdung	Jura 2017, 210–225
Sebastian, Sascha/Lorenz, Henning T.	„Jacqueline und der Fluch der Damenhandtasche"	Diebstahl, Sicherungsbetrug, Mittäterschaft durch Beutesicherung, Begünstigung, Erschleichen von Leistungen durch Schwarzfahren, § 127 StPO und subjektives Rechtfertigungselement	ZJS 2017, 84–100
Sobota, Sebastian/ Kahl, Marcel	„Rocker knacken Schlösser und Knochen"	Gewahrsamsinhaber beim Diebstahl, Einzel- und Gesamtbetrachtung, Korrektur des Rücktrittshorizonts, außertatbestandliche Zielerreichung, Unmittelbarkeit bei Einsatz eines gefährlichen Werkzeuges, § 224 I Nr. 2 Var. 2 StGB	ZJS 2015, 206–221
Steinberg, Georg/Bonnin, Steven	„Heiße Quellen"	Verwendung eines Pseudonyms bei Urkundenfälschung, Betrug, Gewahrsam an Kasseninhalt bei Diebstahl	ZJS 2017, 342–350
Steinberg, Georg/Lachenmaier, Andreas	„Segeltour mit Folgen"	Obj. Zurechnung bei Totschlag, übergesetzlicher entschuldigter Notstand	ZJS 2012, 649–653
Steinberg, Georg/Wolf, Christoph/ Füllsack Anna Lena	„Die Glasflasche"	Erlaubnistatbestandsirrtum, Putativnothilfeexzess	ZJS 2016, 484–488
Stiel, Michael	„Die Affäre B"	Fragen aus dem Bereich der Ehrdelikte, Abgrenzung von Werturteilen und Tatsachenbehauptungen, Rechtfertigungsanforderungen, insbesondere § 193 StGB und die Abwägung der betroffenen Grundrechte	JURA 2017, 1327–1333
Strauß, Samuel	„Rechtfertigung-All animals are equal?"	Fragen der Rechtfertigung, insbesondere Notwehr, Nothilfe und die zivilrechtlichen Notstände, eingebettet in Kontext tierischen Verhaltens, Körperverletzungsdelikte, Sachbeschädigung	JuS 2018, 1203–1208

Musterhausarbeiten im Strafrecht in den Ausbildungszeitschriften

Verfasser	Titel	Inhalt/Themen/Schwerpunkte	Fundstelle
Timpe, Gerhardt	„Das scharfe Brotmesser"	Totschlag, actio libera in causa, Trunkenheitsfahrt, Vollrausch, Beihilfe zum Totschlag, unterlassene Anzeige	JA 2010, 514–520
Trentmann, Christian	„Die digitale Selbstschussanlage"	Fragen aus dem Bereich der Rechtfertigung, insbesondere die antizipierte Notwehr und der Nötigungsnotstand, Fahrlässigkeitsdelikte	JURA 2019, 330–339
Veljovic, Miguel/ Koch, Michael	Fortgeschrittenenhausarbeit: „Gambling auf Abwegen"	Betrug, Sportwettbetrug, Straßenverkehrsdelikte, Widerstand gegen Vollstreckungsbeamte	ZJS 2022, 436-448
Walter, Florian	„Schwammerl am Wilden Kaiser"	Anwendbarkeit des deutschen Strafrechts, Körperverletzung, fahrlässige Tötung, einverständliche Fremdgefährdung, Körperverletzung mit Todesfolge, Mord, Aussetzung, versuchte Anstiftung zum Mord durch Unterlassen	Jura 2014, 117–130
Walter, Tonio/Schwabenbauer, Petra	„Eine folgenreiche Schwangerschaft"	Tatbestands- und Verbotsirrtum, Hypothetische Einwilligung, Notstand, Notwehr, Aggressivnotstand, Entschuldigung, § 218a I StGB	JA 2012, 504–510
Walter, Tonio	StR-Hausarbeit zur Anwendbarkeit deutschen Strafrechts, Brandstiftung und Sterbehilfe	Volksverhetzung, Ort der Tat, Beleidigung, Beihilfe, Brandstiftung, Versuch, fahrlässige Körperverletzung, Tötung auf Verlangen	JURA 2022, 970-987
Walter, Tonio/ Michler, Patrick	StR Anfängerhausarbeit zu Rechtfertigungs- und Entschuldigungsgründen „Folgenschwere Vorurteile"	Notwehr, entschuldigender Notstand, fahrlässige Körperverletzung, gefährliche Eingriffe in den Straßenverkehr, Sachbeschädigung	JURA 2021, 844-855
Weißer, Bettina	„Die Nöte eines Lehrers"	Beteiligung am unechten Unterlassungsdelikt, Abgrenzung zwischen untauglichem Versuch und Wahndelikt, Nötigung, Erpressung, Aussage- und Urkundendelikte	JA 2010, 433–438
Wörner, Liane	„Amoklauf an der Schule"	Raub, erpresserischer Menschenraub, Nötigung, Ankündigung einer Straftat und unmenschliche Gewaltdarstellung durch Ankündigung eines Amoklaufs, Mordmerkmale bei Amoklauf, Tötung durch Unterlassen	ZJS 2012, 661–671

143

Stichwortverzeichnis

Die Angaben verweisen auf die Randnummern des Buches.

Abgrenzung zum Urteilsstil 2 ff.
Aktenzeichen 237 ff.
Alternative Straftatmerkmale 10 ff.
alternative Tatbestände 87
alternative Tatbestandsmerkmale 11
Analogieverbot 143, 212 f.
Anfertigen von Übungsarbeiten 223 ff.
Anwendung Urteilsstil 30 ff.
Argumentationstypen 188, 215 ff.
- argumentum ad absurdum 219
- argumentum a fortiori 217
- argumentum a maiore ad minus 217
- argumentum a simile 216
- fragmentarischer Charakter des Strafrechts 222
- in dubio pro libertate 222
- in dubio pro reo 220 f.
argumentum ad absurdum 219
argumentum a fortiori 217
argumentum a maiore ad minus 217
argumentum a simile 216
AT-Normen 77 ff.
Aufbauhinweis 49 ff.
Auslegung 20 ff.
- Gesetze 184 ff.
- normative/deskriptive Begriffe 187
- unstreitige Merkmale 109
- wertausfüllungsbedürftige Begriffe 186
Auslegungsmethoden
- grammatische Auslegung 189 ff.
- historische Auslegung 205 ff.
- Rangfolge 210
- systematische Auslegung 192 ff.
- teleologische Auslegung 200 ff.
Auslegungsmethodik 143, 144 ff.
Ausnahmen vom Gutachtenstil 30 ff.

Bearbeitervermerk 70
Behauptungsstil 32
besonders schwere Fälle 75
Bestandteile Hausarbeit 168 ff.
- Abkürzungsverzeichnis 176
- Deckblatt 169
- Gliederung 177
- Literaturverzeichnis 171 ff.

- Sachverhalt 170
Beteiligte
- im Sachverhalt 58
Chronologie 53 ff.
Definition 20 ff.
Deliktsstruktur 153, 155
Echo-Prinzip 37
Einleitungssatz 13 ff., 85
- für die Prüfung von Tatbestandsmerkmalen 17 ff.
Entscheidungen
- Zugänglichkeit 130
Ergebnis 28 f.
Fallbearbeitung
- Beispiel 229 ff.
Fallfrage 3, 69 ff.
Floskeln 95 ff.
Formalien 147 ff.
- Deckblatt 149 f.
- Nummerierung 148
- Unterschrift 151
Formalien Hausarbeit 162 ff.
Fußnoten 101 ff.
Fußnotenzeichen 111

gemeinsame Tatbestandsmerkmale 86
Gerichtsentscheidung
- Beispiel 235 ff.
Gesetzeszitat 105
Gesetzlichkeitsprinzip 211 f.
Gliederungssystem 159 f.
Gutachtenstil 1

Hausarbeitsbearbeitung
- Beispiel 234 ff.
herrschende Meinung 119
historische Auslegung 205
- gesetzgeberischer Wille 206 ff.
- objektiv-historisch 206
- subjektiv-historisch 206

iInnere Tatsachen 45 ff.
in dubio pro libertate 222
in dubio pro reo 44, 220 f.

inhaltliche Bemerkung in Fußnoten 112
inzidente Prüfungen 67
Klausurbearbeitung
- Beispiel 232 ff.
kognitives Vorsatzelement 46
Konklusion 28 f.
lebensnahe Auslegung 41 ff., 42
Legaldefinition 191
Lerntechnik 146 f.
Meinungsstreitigkeiten 133 ff.
- Entscheidung 138
Methoden der Auslegung 188
- grammatische Auslegung 189 ff.
Methodik des Gutachtenstils 6 f.
Mittäterschaft 63 ff.
mittelbarer Täter 68

Offener Sachverhalt 40 ff.

Personengliederung 59 ff.
Primärzitate 117
Privilegierungstatbestand 89
Problemorientierte Auslegung 43 ff.

Qualifikationstatbestand 88
Quellenangaben 103
Quellenzitate 113

Recherche
- Gerichtsentscheidung 236
Recherchemittel
- Datenbanken 126
- Kommentar 122
- Lehrbuch 123
Rechtanwendungsfragen 84
Rechtfertigung 68
Rechtfertigungsgründe
- außerhalb des StGB 71
rechtliche Handlung 84
Rechtsansichten im Sachverhalt 39 f.
Rechtsbegriff 191
Rechtswidrigkeit 99

Sachverhalt
- Feststehen des 38
- lebensnahe Auslegung 42
Sachverhaltsarbeit 34 ff.

Sachverhaltsquetsche 43 ff.
Schritte im Gutachten 6 f.
Schuld 100
Schwerpunktsetzung 33, 107 ff.
Sekundärzitate 117
ständige Rechtsprechung 121
Strafrechtlicher Gutachtenstil 8 f.
strafrechtliches Bestimmtheitsgebot 190
Strafzumessung 74 f.
subjektive Tatbestandsmerkmale 45 ff.
Subsumtion 25 ff.
Suchmaschinen 131
systematische Auslegung 192 ff.
- amtliche Überschrift 194
- gesetzesübergreifende Systematik 197
- innerhalb einer Norm 196
- innerhalb eines Gesetzesabschnitts 194

Tatbestandsvarianten 94
Tatkomplexe 53 ff.
Teilnehmer 68
teleologische Auslegung 200 ff.
- Rechtsgut 203 f.
- Ultima-Ratio-Funktion 202 ff.
- Verhältnismäßigkeitsgrundsatz 202 ff.
These 13 ff.

Überschriften 154, 156 ff., 161
Übersichtlichkeit im Gutachten 60 ff.
Ultima-Ratio-Funktion 202 ff., 212
Urteilsstil 2 ff., 4

verfassungskonforme Auslegung 199
Verhältnismäßigkeitsgrundsatz 202 ff.
verstorbener Täter 68
Verweise 97 ff.
voluntatives Vorsatzelement 47
Vorbemerkung 49 ff.
Vorbemerkungen 83

wertausfüllungsbedürftige Begriffe 186
wörtliche Zitate 110

Zeichenbegrenzung 165 f.
Zitate
- wörtliche 110